AF357844

SOLFÉGE NATIONAL

PREMIÈRE PARTIE

Tout exemplaire non revêtu de la signature de l'Auteur sera réputé contrefait.

MUSIQUE TYPOGRAPHIQUE

DE TANTENSTEIN ET CORDEL

92, rue de la Harpe.

PARIS. — IMP. SIMON RAÇON ET COMP., RUE D'ERFURTH, 1.

SOLFÉGE NATIONAL

OU

COURS ÉLÉMENTAIRE

DE

MUSIQUE VOCALE

PAR

P. GUERRE

Auteur de l'INTONATION MUSICALE, ou l'*Étude des Dièses et des Bémols réduite à sa plus simple expression*,
et du SYLLABAIRE DES FAMILLES

PREMIÈRE PARTIE

Étude théorique et pratique de l'Intonation et du Rhythme à l'aide des formules musicales créées par l'Auteur ;
Traité complet de Transposition à l'usage des Vocalistes et des Instrumentistes ;
Notices sur la Construction mélodique et sur les Modulations, etc.

TOUTE TRADUCTION OU REPRODUCTION EST INTERDITE

A PARIS

CHEZ L'AUTEUR, RUE TAITBOUT, 81

ET CHEZ COLOMBIER, ÉDITEUR DE MUSIQUE
RUE VIVIENNE, 6, AU COIN DU PASSAGE VIVIENNE

1856

PRÉFACE.

L'introduction de l'enseignement musical dans les écoles primaires a fait reconnaître, dès le principe, la nécessité d'une méthode spéciale appropriée au but qu'on désirait atteindre. En effet, les méthodes dont on s'était servi jusqu'alors, dans un enseignement restreint et presque toujours individuel, devenaient insuffisantes pour l'enseignement collectif que l'on voulait développer sur la plus vaste échelle.

Pour obtenir l'uniformité de l'enseignement dans les écoles, la première condition demandée à la méthode devait être la plus grande simplicité des moyens d'application; mais l'expérience seule pouvait conduire à la découverte des procédés les plus simples, et, par conséquent, les plus propres à donner de bons résultats. Dans ses créations, l'homme commence presque toujours par les mécanismes les plus compliqués; c'est successivement qu'il parvient à éliminer les rouages inutiles.

Il en a été ainsi de la question de l'enseignement musical; c'est pourquoi elle a donné lieu à la production d'un grand nombre d'ouvrages dans lesquels la question a été étudiée avec ardeur et persévérance. Cependant, malgré les travaux de MM. Choron, Galin, Massimino, Wilhem, Jue, Aimé Paris, Chevé, et de tant d'autres, on s'aperçoit que si, en effet, le goût de la musique s'est beaucoup répandu en France depuis trente ans, il n'en est pas de même des connaissances musicales proprement dites. On peut en conclure que les moyens de transmission de ces connaissances n'ont pas encore atteint le degré d'efficacité nécessaire. Poussé par cette conviction, nous nous sommes mis à l'œuvre; nous avons recherché avec soin les difficultés que présente aux commençants la lecture musicale; nous avons étudié les moyens que les méthodes en usage offrent aux élèves pour les surmonter, afin de nous assurer s'il ne serait pas possible de trouver des procédés à la fois plus simples et plus puissants. Si, aujourd'hui, nous pouvons offrir au public des moyens d'étude ou d'enseignement d'une puissance infiniment supérieure à celle des moyens usités, nous devons en reporter le mérite à nos devanciers dont les utiles travaux nous ont permis de discerner les voies qu'il fallait suivre au milieu de celles qu'il fallait éviter.

Il serait trop long d'exposer ici les motifs qui nous ont fait préférer une manière de procéder à toute autre en usage dans tel ou tel système d'enseignement. On a déjà beaucoup controversé sur cette question sans qu'elle soit plus rapprochée de la solution. C'est par ses résultats qu'une méthode peut être jugée. Les pièces du procès sont sous les yeux du public; lui seul peut prononcer en dernier ressort.

Nous nous bornerons ici à présenter au lecteur un exposé sommaire des principes et du plan de cet ouvrage.

Le *Solfège national* est divisé en deux Parties :

La première Partie contient trois Livres : les deux premiers traitent de l'étude théorique et pratique de l'*Intonation* et du *Rhythme* à l'aide des procédés nouveaux que nous avons créés et qui peuvent se résumer par la solution du problème suivant :

« Réunir dans le cadre le plus restreint possible les difficultés progressives « des deux éléments principaux de la lecture musicale, de telle sorte que chaque « difficulté vaincue serve à vaincre la suivante, le point de départ étant un ou « plusieurs faits connus des élèves. En un mot, procéder toujours du connu à « l'inconnu, du simple au composé. »

Les intervalles multiples de notre système musical se réduisent en réalité à un petit nombre de types faciles à retenir. Ces types ont été réunis en plusieurs groupes auxquels nous avons donné le nom de *Formules musicales*. Ce sont de petites phrases rhythmées, sans aucune valeur mélodique, dont l'unique but est de faciliter l'étude de tous les intervalles semblables à ceux des types contenus dans les Formules. Celles-ci doivent remplacer les gammes ou exercices d'intervalles dont on se sert dans la plupart des méthodes; elles doivent être répétées ou récitées jusqu'à ce que les éléments qu'elles contiennent soient gravés dans la mémoire.

Le même principe est appliqué à l'étude du Rhythme.

Les notes qui forment l'*Appendice* de la première Partie (page 179 et suivantes), ainsi que le Tableau synoptique de la page 185, serviront de guide pour l'application du *Solfège national* à l'enseignement simultané, mutuel ou individuel.

Le Livre troisième contient :

1° Un Traité complet de Transposition dont l'utilité sera évidente pour toutes les personnes qui s'occupent de musique vocale ou instrumentale. Cette partie importante de la lecture musicale, qui est à peine énoncée dans la plupart des ouvrages élémentaires, est traitée ci avec tous les développements qu'elle comporte au point de vue théorique et pratique. Ce Traité est accompagné d'exercices spéciaux et d'un nouveau Tableau comparateur des gammes; celui-ci peut réduire la transposition à une opération toute mécanique.

Ce Livre est terminé par un chapitre sur la Construction mélodique, extrait de Reicha, et par un chapitre sur les modulations. Ces courtes notices ont seulement pour but de donner aux élèves des notions suffisantes pour l'analyse d'une mélodie.

La deuxième Partie du *Solfége national* est un véritable manuel pratique de lecture musicale. Elle contient 977 mélodies dans tous les Tons majeurs et mineurs, classées par ordre de difficultés de Rhythme et d'Intonation. La lecture de ces mélodies étant faite pour ainsi dire à livre ouvert, suivant la progression indiquée au tableau de la page 185, sert d'application pratique aux études d'Intonation et de Rhythme dont elle est le complément.

Cette collection sera suivie d'une seconde où trouveront place un grand nombre de mélodies dont le succès a été populaire, et, entre autres, le complément des airs choisis par nos meilleurs poètes lyriques comme les mieux appropriés au caractère de leurs poésies.

Toutefois, comme ces collections sont indépendantes l'une de l'autre, nous attendrons que le jugement du public nous fasse connaître si, en effet, il lui serait agréable de trouver dans un ouvrage de la nature de celui-ci une espèce de Panthéon musical reproduisant la plupart des meilleures inspirations mélodiques de nos compositeurs, ce qui justifierait complètement le titre de cet ouvrage; il serait vraiment alors un *Solfége national,* puisque, outre les rapides moyens d'enseignement destinés à satisfaire l'impatience du caractère français, lorsqu'il s'agit d'obstacles à vaincre, il offrirait aux amateurs une collection nombreuse, variée, et pour ainsi dire historique, de musique nationale.

Dans tous les cas, le recueil que nous offrons aujourd'hui au public suffit pour atteindre le but que nous nous sommes proposé au point de vue de l'enseignement.

Nul ne peut être juge dans sa propre cause. Il ne suffit pas qu'un auteur ait l'intime conviction (sans laquelle son livre n'aurait aucune raison d'être) d'avoir créé une œuvre utile, il doit faire partager cette conviction au public, qui se défie toujours des idées nouvelles, et avec raison, car l'auteur le mieux intentionné peut prendre l'erreur pour la vérité. Mais, si nous ne devons rien ajouter sur l'efficacité des moyens nouveaux que nous offrons à l'enseignement, on nous permettra du moins de consigner ici l'opinion d'un honorable membre du Conservatoire de Musique, M. Meifred, qui, dans un opuscule intitulé: *Sur l'Enseignement populaire de la Musique en France,* après avoir examiné les résultats obtenus par les méthodes les plus répandues, résume ainsi (page **31**) les avantages qui lui paraissent devoir être la conséquence de l'application de nos procédés d'enseignement:

« **1°** Instruction positive dans les deux parties essentielles de la musique élé-« mentaire, l'Intonation et le Rhythme; ce qui est le seul moyen de préparer de « bons exécutants, de vrais musiciens;

« **2°** Facilité de transmission. Il n'est pas un musicien, si médiocre qu'il soit, « qui ne puisse faire l'application de cette méthode essentiellement pratique;

« **3°** Séparation de l'instruction et de l'exécution; celle-ci est entièrement « réservée. Ce système aurait l'avantage de ne pas imposer à tout jamais aux « écoles l'exécution des mêmes morceaux, et, de plus, de laisser le champ ouvert « aux inspirations de nos compositeurs.

« **4°** Application peu dispendieuse; les exercices d'Intonation et de Rhythme, « les seuls nécessaires aux élèves pour l'étude première, pouvant être imprimés « séparément et former à peine quelques feuilles d'un prix peu élevé. »

C'est là, en effet, le programme que nous avons voulu remplir; et l'expérience viendra peut-être bientôt justifier la bienveillante appréciation de M. Meifred. Déjà quelques professeurs enseignent d'après la nouvelle méthode, après en avoir éprouvé la puissance; d'autres ne tarderont pas, nous l'espérons, à suivre cet exemple, et à prêter le concours de leur talent à la propagation d'une idée utile et qui intéresse à un si haut degré l'avenir de l'art musical.

TABLE DES MATIÈRES

DE LA

PREMIÈRE PARTIE DU *SOLFÉGE NATIONAL.*

DE LA MESURE.

LIVRE TROISIÈME.

LIVRE PREMIER.

THÉORIE DE L'INTONATION.

INTRODUCTION.

1. Diviser les difficultés, classer les faits d'après leur ordre de génération, de manière à en former une chaîne dont tous les anneaux soient égaux; tel est le but vers lequel doivent tendre toutes les méthodes; et un enseignement sera d'autant plus parfait qu'il s'en rapprochera davantage.

Nous devons donc étudier les faits, les grouper, de telle sorte que le premier conduise infailliblement au second, celui-ci au suivant, et ainsi de suite jusqu'au dernier. Cette liaison des faits entre eux peut seule rendre une étude facile et féconde. Une observation analogue à celle-ci a sans doute donné lieu à ce dicton, qu'en toutes choses, le premier pas est le plus difficile à franchir.

Il est en effet indispensable de s'assurer, avant de s'engager dans une voie, qu'elle conduit bien au but que l'on veut atteindre. On se trouve dans la position d'un voyageur placé devant plusieurs routes dont une seulement peut le conduire au terme de son voyage ; s'il s'en éloigne, il s'égare et ne peut plus retrouver son chemin.

2. On a dit, on entend dire chaque jour, que la Musique est une langue. C'est une langue, en effet, et quoiqu'elle ne ressemble pas à celle dont nous nous servons journellement, nous allons l'envisager sous ce point de vue; examiner, d'une manière générale, comment on doit s'y prendre pour étudier un idiôme quelconque, afin d'appliquer ensuite les observations que nous aurons faites à l'étude de la langue musicale et de ses signes.

La parole, l'écriture, ou un système quelconque de signes propres à en tenir lieu, ne sont que la représentation de nos idées, c'est-à-dire, que nos idées ont nécessairement existé avant les signes au moyen desquels nous les représentons, et qu'elles sont même indépendantes de tous les systèmes de signes.

Jamais dans notre intelligence le signe ne peut précéder l'idée, ou, en d'autres termes, tant que l'idée n'a point pénétré dans notre cerveau, le signe qui la représente ne saurait avoir aucune signification pour nous.

Ainsi, un enfant entendra en vain prononcer les mots *pain, habit, chapeau,* ces mots ne seront pour son oreille qu'un choc de syllabes sans signification, jusqu'au moment où on lui aura montré les objets auxquels ils sont appliqués; car alors seulement l'enfant pourra comprendre que ces trois mots : *pain, habit, chapeau* sont les signes parlés dont il doit se servir pour indiquer les objets que ses yeux lui avaient déjà fait connaître.

Et sans recourir à l'enfance pour trouver des exemples, ne nous arrive-t-il pas à tous, et à chaque instant, d'entendre prononcer des termes techniques des arts, des sciences, de l'industrie, dont nous ignorons la signification ? nous nous trouvons alors dans la même position que l'enfant; nous pouvons bien employer, répéter par imitation ces expressions ou ces signes; mais ils n'ont pour nous un sens, une valeur, qu'autant qu'on nous montre à quels objets ils s'appliquent, c'est-à-dire, qu'après en avoir acquis l'idée.

En un mot, le signe a pour fonction de rappeler l'idée, il ne peut la faire naître.

3. Cette vérité est générale; elle s'applique à toutes les langues et à tous les systèmes de signes qui ont pour objet la transmission des idées. Toutefois, la Musique, considérée comme *langue,* offre quelques particularités qu'il est utile d'étudier.

Si une voix émet un son, celui-ci pourra se prolonger pendant une, deux, trois ou un nombre quelconque de secondes; d'où l'on voit que ce son peut être considéré sous deux points de vue; sous celui de ses propriétés comme son, et sous celui des propriétés de sa durée.

Isolons d'abord ces deux éléments principaux, afin d'en étudier les propriétés séparément; ne nous occupons ici que de ce qui est relatif aux sons, et renvoyons à l'introduction de la seconde Partie de cette Théorie ce qui concerne la *durée.*

Dans le langage usuel, chaque mot est le signe représentatif de l'idée, et remplit pour ainsi dire les fonctions d'indicateur mnémonique, en outre, chaque mot s'applique à une chose matérielle ou à une action perceptible à nos sens, surtout à la vue; tandis que, dans la Musique, l'idée c'est le *son,* c'est-à-dire tout ce qu'il y a de moins matériel, tout ce qu'il y a de plus fugitif; et que nous ne pouvons percevoir qu'au moyen d'un organe : l'*ouïe.*

4. Les idées musicales, ou les propriétés des sons, leurs rapports entre eux, ont dû, comme toutes les autres, exister longtemps avant qu'on ne songeât à créer des signes pour les représenter, ou qu'on en eût trouvé le moyen. Sans doute, à l'origine, ces idées étaient informes et grossières, comme celles qu'on pourrait trouver de nos jours chez les peuplades sauvages; et, sans aller si loin, comme celles dont nous avons des exemples trop fréquents dans nos campagnes et même dans nos villes, par les chants (s'il est permis de les nommer ainsi) que font entendre des voix qui, au manque de goût, joignent l'ignorance la plus complète des premières notions de l'art, tel que nous l'entendons.

De même que les langues usuelles n'ont pu commencer à se perfectionner et à s'enrichir chaque jour d'éléments nouveaux, qu'après la création des signes propres à représenter les idées (et il faut entendre par signes, non seulement les signes parlés, qui ont pu servir à transmettre de génération en génération les premières découvertes de l'homme ; mais encore et surtout les signes écrits, qui la transmettent d'une manière bien plus certaine) ; de même aussi la Musique ne put devenir un art, se perfectionner, qu'après la création des signes parlés et écrits propres à représenter les rapports des sons les uns avec les autres. Sans doute, comme pour la langue usuelle, les premiers signes créés furent les signes vocaux, les syllabes, dont chacune eut pour objet de rappeler toujours la même idée de rapport ; mais l'invention des signes écrits dut suivre de près celle des signes syllabiques.

Ces observations nous conduisent à conclure que celui qui apprend à lire n'apprend pas sa langue : il la connaît bien ou mal. Il apprend seulement à reconnaître, sous des signes de convention, les idées qu'il possède et qu'il a l'habitude d'exprimer. Il va sans dire que cette connaissance des signes lui sert ensuite à perfectionner ce qu'il sait, et à apprendre ce qu'il ne sait pas, en multipliant chaque jour les combinaisons des idées qu'il possédait, avec celles qu'il peut acquérir ; mais il est essentiel de bien remarquer ceci, qu'avant de commencer l'étude des signes on possède toujours une somme plus ou moins considérable de faits ou d'idées positives, que nous pouvons appeler *connaissances prénotionnelles*, c'est-à-dire *antérieures* à l'étude d'un système quelconque de signes.

Ainsi, on tenterait inutilement d'enseigner les éléments d'arithmétique à un enfant, s'il ne possédait pas d'abord l'idée des nombres un, deux, trois, etc., ces idées prénotionnelles lui sont indispensables pour commencer. L'étude, il est vrai, ne tarde pas à lui rendre faciles de nouvelles combinaisons de nombres, des calculs dont il aurait toujours été incapable sans le secours des signes écrits ; mais il n'en est pas moins certain, qu'avant d'entreprendre l'étude des signes, il devait posséder l'*idée* de nombre.

La Musique est dans le même cas. Lorsqu'on veut commencer l'étude des signes au moyen desquels on représente les idées musicales, il faut que d'abord ces idées existent dans le cerveau de celui qui veut apprendre ; car si elles n'y existaient pas, à un degré quelconque, on tenterait en vain de les découvrir sous les signes ; dans ce cas, il faudrait préalablement acquérir les idées pour y appliquer ensuite les signes.

Il en est de la faculté de percevoir des sons et d'exprimer leurs rapports, comme de toutes les facultés de notre intelligence ; chacun les possède à un degré plus ou moins élevé. Il y a une quantité innombrable de nuances entre l'individu chez lequel une faculté est extrêmement développée et celui qui en est complétement privé. Comme, par exemple, entre celui qui voit très bien à une grande ou à une petite distance, et celui qui voit peu ou pas du tout ; entre l'homme robuste qui soulève aisément un poids énorme et l'homme débile qui succombe sous le plus léger fardeau.

Quant à l'objet qui nous occupe, il est certain que les organisations tout à fait inhabiles à percevoir les rapports des sons entre eux sont au moins aussi rares que les aveugles qui ne peuvent distinguer les couleurs.

Cette faculté de percevoir ou d'émettre quelques idées musicales au moyen de la voix, si peu développée qu'elle soit, doit toujours être mise à profit, puisque c'est là que se trouvent les connaissances prénotionnelles que nous avons reconnues nécessaires au début d'une étude quelconque.

5. Comme le nombre des faits connus ou des idées prénotionnelles n'est pas le même chez tous, il est utile de savoir quel est le minimum nécessaire pour entreprendre l'étude d'un système de signes quelconque. Ce minimum paraît fixé par le nombre des signes qui forment la base d'un système, c'est-à-dire, au moyen desquels on peut composer tous les autres.

Ainsi, dans les langues modernes, l'alphabet est la base du système de nos signes; les combinaisons multiples des lettres dont il est formé servent à représenter toutes les combinaisons possibles de nos idées. Le minimum de connaissances prénotionnelles que l'on doive posséder avant d'entreprendre l'étude de ce système de signes, doit donc être tel que tous les signes fondamentaux du système s'y trouvent contenus, autrement il y aurait tel de ces signes dont l'usage ne pourrait être compris, puisqu'on ne pourrait en faire l'application à aucune idée connue.

Dans le système des signes de numération, le minimum des idées prénotionnelles est évidemment indiqué par la nomenclature des chiffres 0, 1, 2, 3,..... 9. En effet, comment ferait-on comprendre, par exemple, l'usage des chiffres 8 et 9 à un enfant qui ne saurait compter que jusqu'à 7 ? Mais l'idée de quantité des dix nombres qui forment la base de notre système de numération lui étant connue, il devient facile de le familiariser avec les signes qui les représentent et de lui montrer ensuite comment, par la combinaison de ces signes, il est possible d'exprimer toutes les idées numériques imaginables.

6. Il est donc utile de rechercher le minimum des connaissances prénotionnelles qu'il faut posséder avant d'entreprendre l'étude des signes de la langue musicale ; afin que celui qui sait le moins, apprenne en combinant les idées qu'il possède, à en acquérir de nouvelles et à les multiplier indéfiniment.

Dans la langue usuelle, les lettres de l'alphabet servent à former les mots représentatifs des idées; prises isolément, elles n'ont aucune signification; elles n'en acquièrent que par leurs combinaisons les unes avec les autres; de même, dans la langue musicale, un son pris isolément n'a aucune signification musicale, il n'en acquiert qu'autant qu'il est précédé ou suivi d'un autre son ayant un rapport déterminé avec lui. Il s'ensuit que la langue musicale n'est pas formée de sons proprement dits; mais bien plutôt de *rapports de sons,* et que ce que nous devons rechercher, c'est le nombre minimum des rapports qui constituent notre système musical, en un mot, ceux au moyen desquels on peut composer tous les autres par des combinaisons ou des transpositions successives.

Ce nombre minimum des rapports qui servent de base à notre système musical étant trouvé, il nous restera à chercher comment leurs diverses combinaisons peuvent servir de type ou de modèle pour étudier et apprendre tous les autres. Afin de rendre cette recherche intelligible même aux personnes qui n'ont aucune notion des caractères de la langue musicale, nous la ferons au moyen des signes numériques, qui seront plus facilement compris de tous.

7. L'alphabet musical est composé de sept signes, ou syllabes que nous désignerons par les chiffres 1 2 3 4 5 6 7. Le chiffre **1**, représentera le son le plus grave de cette échelle, et le chiffre **7**, le son le plus aigu. Au-dessus de cette échelle nous en supposerons une seconde, semblable de tous points à la première, c'est-à-dire contenant les mêmes rapports, et ne différant de l'autre que par le timbre des sons qui devient de plus en plus aigu; enfin, distinguons les chiffres de cette seconde échelle par un point placé au-dessus de chacun d'eux, comme dans la figure ci-contre.

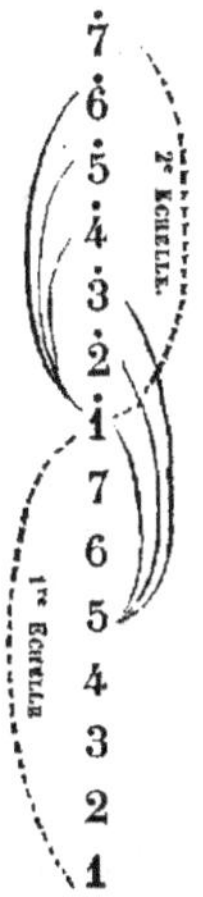

Les rapports qui constituent l'alphabet musical de 1 à sa reproduction 1̇, se divisent en deux parties exactement semblables, qui sont : d'une part, 1 2 3 4 et de l'autre, 5 6 7 1̇.

De 1 à 1̇, il y a sept rapports, savoir :

de 1 à 2, de 2 à 3, de 3 à 4, de 4 à 5, de 5 à 6, de 6 à 7, de 7 à 1̇.

les deux parties semblables dont se compose l'échelle, sont séparées par le rapport de 4 à 5; nous verrons bientôt comment on peut trouver ce septième rapport au moyen des autres.

De la similitude des rapports représentés par les chiffres 1 2 3 4 et 5 6 7 1̇, nous pouvons dès à présent conclure que tous les rapports donnés par les combinaisons de l'une quelconque de ces deux séries peuvent servir de modèle ou de type aux combinaisons analogues de l'autre, c'est-à-dire que si nous connaissions, par exemple, toutes les combinaisons possibles, *deux à deux,* des chiffres 1 2 3 4, les divers rapports qui en résulteraient seraient identiquement les mêmes que dans les combinaisons correspondantes de 5 6 7 1̇; celles-ci n'offriraient aucun rapport nouveau à étudier, mais seulement des signes différents à appliquer à des rapports semblables. Ainsi, supposons que tous les rapports résultant des diverses combinaisons des chiffres 1 2 3 4, deux à deux, forment un couplet de chanson, il est évident que les rapports de 5 6 7 1̇, pris dans le même ordre, formeront un couplet différent, mais sur le même air.

Tous ces rapports sont superposés dans les deux lignes suivantes :

1 2	1 3	1 4	2 3	2 4	3 4	4 3	4 2	4 1	3 2	3 1	2 1
5 6	5 7	5 1̇	6 7	6 1̇	7 1̇	1̇ 7	1̇ 6	1̇ 5	7 6	7 5	6 5

Ces deux séries étant connues, il nous reste à les unir pour avoir la série complète des rapports de l'alphabet musical. Dans les deux échelles superposées ci-dessus, on observe que le chiffre 1̇ peut être considéré comme le dernier de la série 5 6 7 1̇, ou comme le premier de la série 1̇ 2̇ 3̇ 4̇, qui n'est que la reproduction des rapports 1 2 3 4 au moyen de sons plus aigus.

Donc, rien de plus facile que d'ajouter aux rapports connus de 5 6 7 1̇ le rapport connu aussi de 1̇ à 2̇, ce qui donne la succession de quatre rapports représentés par les chiffres 5 6 7 1̇ 2̇. Ces chiffres présenteraient à étudier les combinaisons deux à deux de 2̇ avec 1̇ 7 6 et 5. Ces rapports étant connus, de même que les rapports de 5 6 7 1̇ et de 1 2 3 4 ont pu être, pour ainsi dire, calqués les uns sur les autres, les rapports de 5 6 7 $\overset{.}{1}$ $\overset{.}{2}$ pourront servir de type à $\mathbf{1}$ 2 3 4 5, car le rapport de 4 à 5 qui nous manquait est le même que celui de 1 à 2. Nous obtenons ainsi la série complète des sept rapports qui constituent l'alphabet de la langue musicale.

Si à 5 6 7 $\overset{.}{1}$ $\overset{.}{2}$ on ajoute le rapport connu de $\overset{.}{2}$ à $\overset{.}{3}$, on a une nouvelle série de rapports, par la combinaison de $\overset{.}{3}$ avec les cinq premiers chiffres. Cette série peut encore servir de type à la série des six chiffres 1 2 3 4 5 6.

Nous ne pousserons pas plus loin ce raisonnement. Les personnes les plus étrangères à la musique comprendront, par ce qui précède, comment les faits s'enchaînent, et comment une connaissance acquise sert à en acquérir de nouvelles. Il suffira d'ajouter que ce principe est appliqué de la manière le plus complète dans la suite de cet ouvrage.

Il résulte de ce que nous venons de voir que *le minimum* des *connaissances prénotionnelles* nécessaires pour commencer l'étude de la *Lecture musicale*, se borne aux idées musicales contenues dans l'une des séries de rapports, représentées par les chiffres $\mathbf{1}$ $\mathbf{2}$ $\mathbf{3}$ $\mathbf{4}$ ou 5 6 7 $\overset{.}{1}$.

Il est extrêmement rare de rencontrer des organisations défectueuses au point de n'avoir pu retenir un des nombreux airs populaires que l'on entend chanter chaque jour, ou seulement un fragment de ces airs, contenant les éléments que nous avons reconnus nécessaires, comme idées prénotionnelles ; il sera presque toujours possible d'en trouver qui auront impressionné assez vivement l'oreille pour y rester gravés.

Il en est de la faculté de percevoir les rapports des sons et de les exprimer comme de toutes les autres ; elle se fortifie et se développe par l'exercice, et telle organisation défectueuse d'abord, peut s'améliorer et devenir excellente ; il suffit, pour cela, de l'exercer convenablement en ne recherchant pas des résultats trop prompts : les progrès dans une étude quelconque doivent être en rapport avec l'aptitude particulière de chacun, en supposant l'égalité de travail.

Après avoir examiné la question d'un point de vue général, il nous reste à déduire les conséquences des principes que nous avons posés.

CHAPITRE Ier.

GAMME. — PORTÉE. — INTERVALLES.

8. En substituant aux paroles de la chanson de *Malbrough* les syllabes de la langue musicale qui représentent les rapports musicaux exprimés par l'air de la chanson, et en chantant ces syllabes comme on ferait de celles d'un couplet, on obtient les rapports suivants :

AU LIEU DE : Malbrough s'en va-t-en guerre, mironton, mironton, mirontai-ne,
CHANTEZ . . *sol   si   si si   la ut si   ut si la   la la la   sol la si sol.*
OU BIEN . . *ut   mi   mi mi   ré fa mi   fa mi ré   ré ré ré   ut ré mi ut.*

La deuxième de ces trois lignes donne, par la substitution indiquée, la succession presque régulière des quatre syllabes *ut, si, la, sol* ou *sol, la, si, ut,* en commençant par le son le plus grave.

La troisième ligne donne la succession de quatre autres syllabes : *fa, mi, ré, ut* ou *ut, ré, mi, fa,* en commençant par le son le plus grave.

Chacun de ces groupes de quatre syllabes ou notes, se nomme *tétracorde* (nom d'un instrument composé de quatre cordes).

9. En prenant le son *ut* du tétracorde *sol, la, si, ut* pour point de départ ou son grave du tétracorde *ut, ré, mi, fa,* on obtient la série de sept notes *sol, la, si, ut, ré, mi, fa* (Voir la partie pratique, Tab. 1, exercice 5).

Enfin, si l'on applique l'air ou les rapports des cinq premières notes de cette série . . . *sol, la, si, ut, ré*

aux syllabes *ut, ré, mi, fa, sol,* on obtient un nouveau rapport, celui de *fa* à *sol;* alors, en intervertissant l'ordre dans lequel on a produit les deux tétracordes (ce qui se fait en prenant le son du *sol* de *ut, ré, mi, fa, sol,* pour point de départ ou son grave du tétracorde *sol, la, si, ut*), on peut former l'échelle *ut, ré, mi, fa, sol, la, si, ut.* Les sept premières de ces syllabes sont l'alphabet complet de la langue musicale, la huitième est la reproduction de la première ; ces huit notes ou degrés constituent ce qu'on appelle la *gamme.*

Dans la pratique, lorsque deux notes se succèdent dans l'ordre naturel de la *gamme,* comme *ut ré, ré mi, mi fa,* etc., on dit qu'elles sont par *degrés conjoints.*

On appelle *degré disjoint* le rapport entre deux notes, comme *ut mi, ut fa, ré sol,* qui, dans l'ordre naturel, sont séparées par un ou plusieurs degrés.

L'*ut* aigu de la gamme sert de point de départ ou de base à une nouvelle échelle semblable à la première, c'est-à-dire composée des mêmes syllabes, ayant entre elles les mêmes rapports ou le même air, en un mot, ne différant de l'échelle primitive que par le timbre des nouveaux sons qui est plus aigu.

De même l'*ut* grave peut servir de point de départ à une autre gamme descendante, *ut, si, la, sol, fa, mi, ré, ut,* composée de sons plus graves, mais ayant entre eux les mêmes rapports. Il n'y a d'autres limites à cette superposition de gammes que celles des voix ou des instruments qui les exécutent.

10. L'étendue moyenne, qu'on nomme le *diapason* des voix, est de 9 à 12 degrés ; ainsi, en appelant *ut* le son le plus grave qu'une voix puisse émettre, cette voix pourra produire en montant la gamme, en sons pleins, à peu près la série suivante :

$$\textit{ut, ré, mi, fa, sol, la, si, ut, ré, mi, fa, sol.}$$

quelques voix dépasseront cette limite, mais beaucoup d'autres ne pourront l'atteindre.

11. Pour représenter cette étendue moyenne de 9 à 12 degrés, on se sert de cinq lignes parallèles, auxquelles on a donné le nom de *portée,* probablement parce qu'elles servent à indiquer la puissance ou la portée ordinaire des voix. On compte ces lignes et leurs interlignes de bas en haut. Exemple :

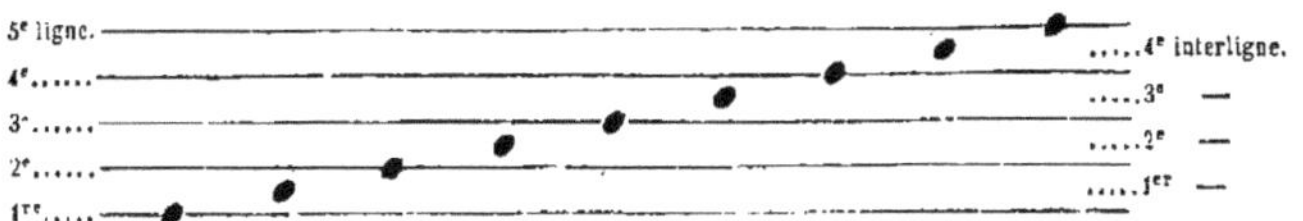

Les sons ou intonations s'écrivent sur la portée au moyen de points noirs que l'on place sur les lignes ou dans les interlignes. Le point placé sur la première ligne est le plus grave, les autres se succèdent en montant dans l'ordre naturel de la gamme jusqu'à la cinquième ligne qui reçoit le plus aigu.

Le nom de chacun de ces points dépend de la position qu'il occupe relativement à l'une des lignes de la portée, désignée par un signe particulier dont il sera question plus tard.

En attendant, si l'on convient, par exemple, d'appeler *mi* le point noir placé sur la première ligne de la portée, les autres recevront les noms indiqués au-dessous de chacun d'eux, dans l'exemple suivant A.

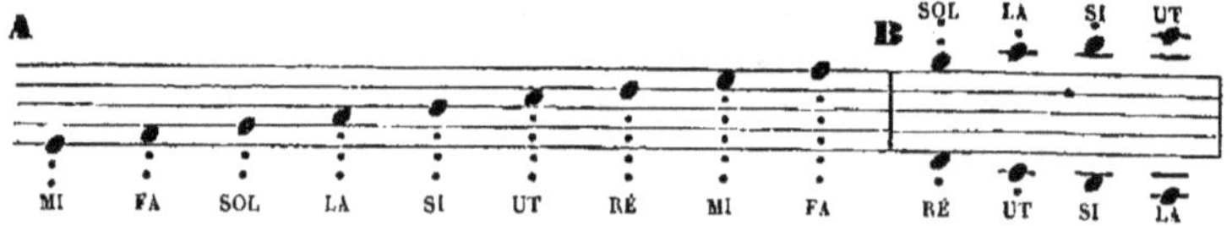

Il arrive fréquemment qu'un air dépasse les limites de la portée soit au grave soit à l'aigu. Dans ce cas, on ajoute à la portée, comme on le voit dans l'exemple B ci-dessus, de nouvelles lignes tracées seulement dans les passages où se trouvent les sons à représenter, ce qui leur a fait donner le nom de *lignes supplémentaires*. On suit, pour la dénomination des points qui sont sur ces lignes ou dans leurs interlignes la même règle que pour ceux de la portée.

EXERCICES

POUR ACQUÉRIR DE LA VOLUBILITÉ A LA LECTURE DES NOTES SUR LA PORTÉE.

12. Il est de la plus haute importance de lire sans hésiter le nom des notes sur la portée. Il ne faut pas, lorsqu'en solfiant on aura à vaincre les difficultés d'intonation et de rhythme, que l'on puisse être arrêté par le nom de la note.

Les exercices suivants n'ont d'autre but que de graver dans la mémoire le nom de chaque ligne ou interligne de la portée, et d'habituer l'œil à les reconnaître avec promptitude. Les notes en sont prises au hasard et n'ont aucun sens musical; il est inutile d'ajouter qu'elles ne peuvent être l'objet d'aucune étude d'intonation.

En consacrant chaque jour quelques instants à ces exercices, on parviendra bientôt à lire avec assurance le nom des notes.

EXERCICES.

1er Exercice.

2e EXERCICE.

3ᵉ Exercice.

DES INTERVALLES.

13. Le mot *Intervalle*, dans le langage musical, signifie la distance qui sépare deux sons de la gamme. Cette distance se mesure par le nombre des degrés que l'on peut compter d'un son à l'autre inclusivement. On appelle *unisson* la répétition du même son : seconde, tierce, quarte, quinte, sixte, septième, octave, neuvième, dixième, etc., les intervalles d'une note quelconque au 2e, 3e, 4e, 5e, 6e, 7e, 8e, 9e, 10e degré au-dessus.

La note grave est toujours le premier degré des deux termes d'un intervalle, à moins de désignation contraire.

Avant de donner la nomenclature de ces intervalles, nous adopterons, pour plus de clarté et de briéveté dans la démonstration, des signes plus concis que ne le sont les syllabes dont nous nous sommes servi jusqu'ici, ou plus clairs que les notes sur la portée. Les chiffres rempliront parfaitement le but que nous nous proposons; ainsi, toutes les fois que nous y trouverons un avantage pour *la démonstration, au lieu* des syllabes, *ut, ré, mi, fa, sol, la, si.*
Nous nous servirons des chiffres, 1 2 3 4 5 6 7 [1].

Ces chiffres, on le voit, indiquent les degrés de la gamme par leur ordre numérique : ils cessent d'être des chiffres; en recevant le nom des notes auxquelles ils correspondent, ils deviennent de véritables signes de la langue musicale.

Au moyen de ces nouveaux signes, avec lesquels on se familiarise promptement, le tableau suivant sera facile à comprendre.

14. TABLEAU DES INTERVALLES CONTENUS DANS LA GAMME.

8e degré. OCTAVES (répétition du 1er son) .	4	1	5	2	6	3	7
7e — SEPTIÈMES	3	7	4	1	5	2	6
6e — SIXTES	2	6	3	7	4	1	5
5e — QUINTES	1	5	2	6	3	7	4
4e — QUARTES	7	4	1	5	2	6	3
3e — TIERCES.	6	3	7	4	1	5	2
2e — SECONDES	5	2	6	3	7	4	1
1er — UNISSONS (ou même son) . . .	4	1	5	2	6	3	7

Ce tableau doit être consulté de bas en haut. Les chiffres placés à gauche indiquent le nombre des degrés ; ils sont suivis du nom de chaque intervalle jusqu'au huitième degré.

En prenant successivement pour point de départ chacune des notes 1, 2, 3, 4, 5, 6, 7, on trouve, par conséquent, sur chaque ligne horizontale, tous les intervalles de même espèce contenus dans la gamme, jusqu'à l'octave inclusivement.

COMPLÉMENTS D'INTERVALLES.

15. Le complément d'un intervalle est ce qui lui manque pour former une octave.
Il s'ensuit que les intervalles moindres que l'octave peuvent seuls avoir un complément.

[1] La série des sons plus aigus sera écrite avec des points au-dessus des chiffres $\dot{1}\ \dot{2}\ \dot{3}\ \dot{4}\ \dot{5}\ \dot{6}\ \dot{7}$; et la série des sons plus graves avec des points au-dessous : $\underset{.}{1}\ \underset{.}{2}\ \underset{.}{3}\ \underset{.}{4}\ \underset{.}{5}\ \underset{.}{6}\ \underset{.}{7}$. Toutefois, lorsque les notes

16. Le tableau suivant présente chaque intervalle de seconde, tierce, quarte, etc., à partir de la note *ut*, avec son complément.

Octave. , .	1	1	1	1	1	1	1	1 1	Unisson.
Septième. .	7	7	7	7	7	7	7 7	7	Seconde.
Sixte. . . .	6	6	6	6	6	6 6	6	6	Tierce.
Quinte. . .	5	5	5	5	5 5	5	5	5	Quarte.
Quarte. . .	4	4	4	4 4	4	4	4	4	Quinte.
Tierce . .	3	3	3 3	3	3	3	3	3	Sixte.
Seconde . .	2	2 2	2	2	2	2	2	2	Septième.
Unisson . .	1 1	1	1	1	1	1	1	1	Octave.

A gauche du tableau se trouve le nom de chaque espèce d'intervalle, et à droite, sur la même ligne horizontale, le nom de son complément.

Chaque note de la gamme pourrait servir de base à la formation d'un tableau semblable.

Voici le même tableau reproduit sur la portée à partir de la note *mi*.

Le chiffre indiqué par un intervalle, ajouté à celui de son complément, donne toujours 9 pour total, c'est-à-dire, un de plus que l'octave; cela vient de ce que l'un des degrés de la gamme est compté 2 fois, comme on le voit dans le tableau ci-dessus : une fois comme note aiguë de l'intervalle, et une fois comme note grave du complément.

Pour trouver le nom du complément, il suffit donc de déduire le chiffre indiqué par l'énoncé de l'intervalle, du nombre 9; ainsi, le complément de la sixte est la tierce, parce qu'en déduisant 6 de 9 il reste 3, de même pour tous les autres.

On trouve encore le complément d'un intervalle en renversant ses termes, c'est-à-dire, en faisant passer le son grave de cet intervalle à son octave aiguë; ainsi, le complément de 13 est 3 1; c'est ce qui a fait dire des compléments qu'ils sont des *intervalles renversés*.

INTERVALLES REDOUBLÉS.

17. Les *Intervalles redoublés* sont ceux qui dépassent l'octave, tels que les *neuvièmes*, *dixièmes*, *onzièmes*, etc. On dit que la neuvième est une *seconde redoublée* parce qu'elle dépasse l'octave d'une *seconde*, de même, la dixième est une *tierce redoublée* parce qu'elle dépasse l'octave d'une tierce, et que ces intervalles se trouvent aussi dans l'octave précédente. Exemple : la dixième 1 3 dépasse l'octave 1 1 de la tierce 1 3, qui se trouve aussi à l'octave inférieure 1 3.

seront placées les unes au-dessus des autres, comme dans le tableau n° 14, nous nous dispenserons de nous servir du point, parce qu'alors il est évident que la note placée au-dessus d'une autre est plus aiguë que celle-ci.

Pour trouver l'intervalle simple d'un intervalle redoublé quelconque, il suffit de retrancher du nombre indiqué par l'énoncé des *neuvièmes, dixièmes*, etc., autant de fois 7 qu'il peut le contenir, le reste est le chiffre de l'intervalle simple cherché.

Réciproquement, pour connaître le nom d'un intervalle plus grand que l'octave, il suffit d'ajouter 7 au chiffre de l'intervalle simple autant de fois qu'il y a d'octaves entre les deux extrêmes. Ainsi, l'intervalle 1 $\overset{3}{3}$ est une dixième. En effet, si l'on ajoute 7 au chiffre 3 indiqué par la tierce simple 1 3, on obtient 10 pour résultat.

18. Voici sur la portée un exemple des intervalles redoublés contenus dans une échelle de deux octaves à partir de la même note *ut*.

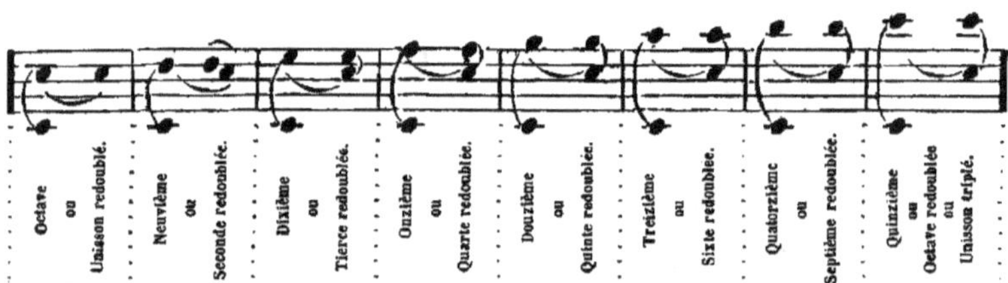

On pourrait faire un tableau semblable pour chacune des notes de la gamme.

⎯⎯◈◈◈⎯⎯

CHAPITRE II.

INTERVALLES MAJEURS ET MINEURS. — CLASSIFICATION DES VOIX. — CLÉS. — ACCORDS.
MODE MAJEUR ET MODE MINEUR. — GAMME MINEURE.

19. Les deux hexacordes (1) *ut, ré, mi, fa, sol, la,* et *sol, la, si, ut, ré, mi* sont semblables, puisqu'ils peuvent reproduire les mêmes airs, ainsi que le prouvent les formules 1, 2 et 3, écrites sur ces deux échelles (partie pratique, 1er Tableau).

De cette similitude, on peut déduire les équations suivantes, que l'on interrogera de bas en haut.

$$
\begin{array}{llll}
\text{La seconde} & \quad \dots & 5\ 6 \overset{C}{=} \overset{\bullet}{2}\ \overset{\bullet}{3} & {}^{(2)} \\
\text{———} & \dots & 4\ 5 \overset{A}{=} \overset{\bullet}{1}\ \overset{\bullet}{2} & \\
\text{———} & \dots & 3\ 4 \overset{E}{=} 7\ \overset{\bullet}{1} & \\
\text{———} & \dots & 2\ 3 \overset{D}{=} 6\ 7 & \\
\text{———} & \dots & 1\ 2 \overset{B}{=} 5\ 6 &
\end{array}
$$

D'après cet axiôme que deux quantités égales à une troisième sont égales entre elles, ces équations donnent, en suivant l'ordre indiqué par les lettres A, B, C, D, E:

$$ 4\ 5 \overset{A}{=} 1\ 2 \overset{B}{=} 5\ 6 \overset{C}{=} 2\ 3 \overset{D}{=} 6\ 7 $$

$$ \text{Et } 3\ 4 \overset{E}{=} 7\ \overset{\bullet}{1}. $$

---

(1) Nom d'un instrument composé de six cordes.

(2) Les deux traits = signifient *égale.*

C'est-à-dire, on a d'une part, les cinq secondes : 1 2, 2 3, 4 5, 5 6, 6 7 égales entre elles, et de l'autre, les deux secondes 3 4, 7 1, aussi égales entre elles, sans que rien ici montre le rapport qui existe entre les cinq premières et les deux autres.

20. Pour reconnaître la nature de ce rapport, il faut faire une nouvelle expérience qui permette de comparer chacune des secondes *mi-fa* et *si-ut* à l'une des autres secondes de la gamme. Il suffit pour cela d'élever ou d'abaisser d'un degré l'une des deux échelles (n° 19), comme dans l'exemple ci-contre, l'échelle de *sol* relativement à celle d'*ut*.

Dans le premier cas, on pourrait comparer les notes *la, si, ut* aux notes *mi, fa, sol*; dans le second, *si, ut, ré*, à *ré, mi, fa*.

Les termes de ces deux comparaisons étant équivalents, le résultat de l'une d'elles s'appliquera également à l'autre.

$$\begin{array}{ccc} & & 6 \\ 1 & 5 & \\ 7 & 4 & 2 \\ 6 & 3 & 1 \\ 5 & 2 & 7 \\ 1 & & 6 \\ & 5 & \end{array}$$

Nous savons déjà que la tierce *mi-sol* égale la tierce *la-ut*, puisqu'on trouve dans *mi, fa, sol* et dans *la, si, ut* la seconde *mi-fa*, égale à *si-ut*, et la seconde *fa-sol*, égale à *la-si*. Il est donc certain que les termes extrêmes *mi-sol* et *la-ut* sont séparés par des distances égales.

Quant aux termes moyens *fa* et *si*, l'expérience seule peut montrer s'ils partagent ou ne partagent pas également les deux tierces *mi-sol* et *la-ut*.

En superposant, pour ainsi dire, les intervalles dont il s'agit, l'oreille appréciera bien leur similitude ou leur différence.

21. Les deux phrases suivantes ont pour objet cette comparaison :

Il faut chanter plusieurs fois la première ligne pour prendre l'impression du *fa;* puis, afin de comparer l'effet des trois notes *mi, fa, sol* qui commencent et terminent cette phrase à celui des notes *la, si, ut* de la phrase n° 2, appeler le son du dernier *sol, ut*, comme il est indiqué; passer à la seconde ligne et répéter plu-

(1) Les signes ⊕ ⅍ sont des *signes de renvoi;* ils signifient qu'il faut aller ou retourner à l'endroit où l'on a vu le même signe.

Le signe ⌒ se nomme *point d'orgue;* il veut dire que l'on peut soutenir à volonté le son de la note au-dessus, et quelquefois au-dessous de laquelle il est placé.

Pour les personnes auxquelles cette notation serait familière, voici les deux phrases ci-dessus traduites en chiffres :

		A								B		
N° 1.	5	3 4	5	4	3 3 4 4	4	4 3	4 4	3 4	5	5	
N° 2.	1	6 7	1	7	1 1 7 7	7	7 6	7 7	6 7	1	1	

sieurs fois les trois notes **a** *en leur donnant le même air* qu'aux trois notes B de la première phrase ; continuer ensuite, en ayant soin de soutenir le son *ut* qui termine les notes **a**, afin de rappeler l'air que l'on connaît des trois notes *ut-si-la* ; enfin comparer l'effet des *si* qui se trouvent dans cette seconde partie de la phrase, à celui du *si* qui est dans la première, et auquel on a donné l'intonation du *fa* de *mi-fa-sol*.

Dans cette expérience, l'oreille reconnaît bientôt que le son du premier *si* qu'elle a entendu est différent du *si* qui est répété dans la suite de la phrase. Le premier semble attiré vers *la*, tandis que les suivants tendent à se rapprocher d'*ut*; d'où elle conclut que ces derniers sont plus aigus ou plus élevés, comme on le dit dans l'usage.

On fait la contre-épreuve de cette expérience en commençant par la seconde ligne, et en donnant au son *ut* qui la termine le nom de *sol*, pour revenir à la première ligne sur laquelle on opère comme on a fait sur la seconde.

Ici l'oreille s'aperçoit d'un autre changement, le *fa* des notes A ayant reçu l'intonation du *si* de *la-si-ut*, semble attiré vers *sol*, tandis que ceux qui suivent sont évidemment attirés vers *mi*, d'où elle conclut que ces derniers sont plus graves ou plus bas.

22. Pour rendre ceci parfaitement intelligible, reprenons les deux tierces *mi-sol* et *la-ut*; supposons pour un moment que les deux termes moyens *fa* et *si*, qui séparent les extrêmes, en soient à égale distance, comme dans la figure ci-contre.

La première expérience prouve que le *si* est plus aigu que le *fa*, et par conséquent plus rapproché de *ut* que de *la*.

La seconde expérience prouve que le *fa* est plus grave que le *si*, et par conséquent plus rapproché de *mi* que de *sol*.

Sans pouvoir, dans le premier cas, préciser de quelle quantité *si* se rapproche d'*ut*, et dans le second, de quelle quantité *fa* se rapproche de *mi*, ce qui, au surplus n'est pas nécessaire au but que nous nous proposons ; il suffit de savoir que les secondes *mi-fa* et *si-ut*, qui sont égales entre elles, sont plus petites que les deux secondes *la-si* et *fa-sol*, et par conséquent plus petites que les autres secondes de la gamme.

Pour distinguer ces deux espèces de secondes, on appelle les grandes : *secondes majeures*, et les petites : *secondes mineures*.

On dit aussi qu'il y a un *ton* d'intervalle entre les deux notes qui forment seconde majeure, et un *demi-ton* entre celles qui forment seconde mineure. Ce qui précède doit faire comprendre qu'il ne faut pas attacher à ces expressions un sens rigoureux.

On dit encore que la gamme est composée de *cinq tons* et *deux demi-tons*. Il nous semble plus rationnel de dire *cinq secondes majeures* et *deux secondes mineures*.

23. Les rapports qui existent entre les sons de la gamme peuvent donc être représentés pour l'œil à peu près comme dans la figure ci-contre, où l'on voit que les deux secondes mineures *mi-fa* et *si-ut* sont placées du 3ᵉ au 4ᵉ et du 7ᵉ au 8ᵉ degré. La gamme ainsi constituée se nomme *gamme naturelle* ou *gamme diatonique*.

L'inégalité des secondes de la gamme exerce, on le conçoit, une influence sur tous les autres intervalles de tierce, quarte, etc., selon le nombre des secondes majeures et mineures dont ils sont composés.

24. Le tableau suivant donne la nomenclature exacte de tous les intervalles majeurs et mineurs compris dans une octave, à partir de chacune des notes de la gamme.

NOMS des INTERVALLES.	NOMBRE des tons et demi-tons des INTERVALLES — majeurs A	mineurs B								NOMBRE des tons et demi-tons des COMPLÉMENTS. majeurs C	mineurs D	NOMS des COMPLÉMENTS. —
Octaves		5 2	4	1	5	2	6	3	7			Unissons.
Septièmes majeures	5 1		3	7	·	·	·	·	·		0 1	Secondes mineures.
Septièmes mineures		4 2	·	·	4	1	5	2	6	1 0		Secondes majeures.
Sixtes majeures	4 1		2	6	3	7	·	·	·		1 1	Tierces mineures.
Sixtes mineures		3 2	·	·	·	·	4	1	5	2 0		Tierces majeures.
Quintes majeures	3 1		1	5	2	6	3	7	·		2 1	Quartes mineures.
Quinte mineure / Quarte majeure	3 0	2 2	7	·	·	·	·	·	4	3 0	2 2	Quarte majeure. / Quinte mineure.
Quartes mineures		2 1	·	4	1	5	2	6	3	3 1		Quintes majeures.
Tierces majeures	2 0		6	3	7	·	·	·	·		3 2	Sixtes mineures.
Tierces mineures		1 1	·	·	·	4	1	5	2	4 1		Sixtes majeures.
Secondes majeures	1 0		5	2	6	3	7	·	·		4 2	Septièmes mineures.
Secondes mineures		0 1	·	·	·	·	·	4	1	5 1		Septièmes majeures.
Unissons			4	1	5	2	6	3	7		5 2	Octaves.

EXPLICATION DU TABLEAU CI-DESSUS. — La gamme étant composée de cinq tons et deux demi-tons, si l'on réduit les tons en demi-tons, on trouve pour une octave douze demi-tons. Nous supposerons que ces demi-tons sont égaux, cela ne pouvant changer en rien le résultat de nos observations. Les sept colonnes du tableau indiquent l'ordre de succession des tons et demi-tons à partir de chacune des notes de la gamme jusqu'à son octave aiguë, et forment treize degrés, en comptant les points qui indiquent la division des secondes majeures en deux parties.

Les secondes mineures *mi-fa* et *si-ut* sont indiquées par deux chiffres consécutifs sans point intermédiaire, et plus rapprochés l'un de l'autre.

A gauche du tableau sont placés les noms des intervalles majeurs et mineurs ascendants, c'est-à-dire partant du son grave de l'octave. A la suite des noms des intervalles, et sur la même ligne horizontale, on trouve dans la colonne A deux chiffres; celui de gauche indique le nombre de tons, et celui de droite le nombre de demi-tons contenus dans chaque intervalle majeur. Les deux chiffres de la colonne B, indiquent de la même manière, la composition des intervalles mineurs.

A droite du tableau sont les noms des intervalles complémentaires, c'est à-dire partant du son aigu de l'octave. Les colonnes C et D ne sont autre chose que les deux colonnes A et B renversées.

Pour chercher les intervalles de même espèce qu'offre la gamme, il faut consulter ce tableau comme celui n° 16, c'est-à-dire suivre la ligne horizontale indiquée par le nom des intervalles cherchés, et prendre les chiffres qui se rencontrent dans les colonnes verticales. Chacun de ces chiffres est l'un des termes de l'intervalle dont la première note de la colonne où il se trouve est l'autre terme, en supposant que l'on cherche un intervalle ascendant. Ce serait au contraire la note aiguë de l'octave qui serait le second terme, si l'on cherchait un intervalle descendant.

Il y a une seule exception à cette règle; elle est l'objet de l'observation suivante.

REMARQUE SUR LA QUARTE MAJEURE ET LA QUINTE MINEURE.

25. Ces deux intervalles se trouvent, quoique portant des noms différents, sur la même ligne horizontale du tableau. Cela vient de ce que l'octave étant divisée en douze demi-tons, chacun de ces intervalles de quinte mineure et de quarte majeure en contient une quantité égale, *six*;

mais comme ces demi-tons ne sont pas répartis entre un même nombre de degrés, les intervalles auxquels ils appartiennent reçoivent un nom différent. Les six demi-tons de la *Quarte majeure* sont répartis entre trois secondes majeures formant *quatre degrés*, tandis que les six de la *Quinte mineure* sont répartis entre deux secondes majeures et deux mineures formant *cinq degrés*. Ces deux intervalles uniques dans la gamme la divisent pour l'œil en deux parties égales, et ils sont *compléments* l'un de l'autre.

COMPLÉMENTS ET REDOUBLEMENTS D'INTERVALLES.

26. Une conséquence de l'égalité des octaves, c'est qu'un intervalle majeur a toujours pour complément un intervalle mineur, et réciproquement. En déduisant, comme il a été dit (n° 16), le chiffre d'un intervalle du nombre 9, le reste donne le chiffre du complément. De plus, toute octave contenant cinq tons et deux demi-tons, on doit obtenir ce nombre en ajoutant les tons et demi-tons d'un intervalle à ceux de son complément (Voyez le tableau n° 24). Exemple :

La tierce maj. contient 2 tons, elle a pour complément la sixte mineure qui a 3 tons 2 demi-tons. Total, 5 tons 2 demi-tons

La quarte maj. » 3 » » » la quinte mineure » 2 » 2 » » 5 » 2 »

Une autre conséquence de l'égalité des octaves, c'est qu'un intervalle majeur ou mineur étant donné, le même intervalle *redoublé*, *triplé*, etc., ne change pas de nature, ce qui se conçoit aisément, puisqu'on ne fait qu'ajouter une ou plusieurs fois à cet intervalle celui d'octave qui est invariable.

PORTÉE GÉNÉRALE. — CLÉS.

27. Lorsqu'une voix d'homme et une voix de femme ou d'enfant semblent chanter à l'unisson, en réalité celle-ci chante toujours à l'octave au-dessus de la voix d'homme. L'observation de ce fait remarquable a probablement été le point de départ de la création de notre gamme, et c'est pour cela que nous avons pu dire que l'*ut* aigu est la répétition de l'*ut* grave.

28. C'est aussi pour ce motif que l'on a divisé les voix en deux classes principales, les unes graves, les autres aiguës. Les premières sont les voix d'hommes, et les secondes les voix de femmes et d'enfants. Ces deux espèces de voix sont elles-mêmes subdivisées en plusieurs catégories.

La somme ou réunion des sons différents que peuvent émettre toutes ces voix du grave à l'aigu, ne dépasse guère 21 à 22 degrés diatoniques.

29. Nous avons dit (n° 10) que la série des sons que peut émettre chaque espèce de voix se nomme son *diapason*.

On a donné aux diapasons réunis de toutes les voix, soit graves, soit aiguës, le nom de *Clavier* ou *Portée générale*.

Cette portée est de onze lignes. La première représente le son le plus grave, et correspond au *sol* donné par la neuvième touche du piano.

30. Le diapason moyen de chaque espèce de voix varie de 9 à 12 degrés, ce qui est à peu près la moitié de la portée générale. La moitié des lignes de cette portée est donc suffisante pour représenter les sons que peut émettre une espèce de voix prise isolément. C'est pourquoi on écrit la musique sur cinq lignes, auxquelles on a donné, ainsi que nous l'avons déjà vu, le nom de *Portée ordinaire*, ou simplement *Portée*.

51. L'emploi de la portée ordinaire a nécessité la création de signes particuliers destinés à indiquer la partie du clavier correspondant aux cinq lignes sur lesquelles la musique est écrite. Ces signes se nomment *Clés*. On aurait pu créer autant de clés qu'il y a d'espéces de voix, mais l'usage en a décidé autrement.

On a adopté trois signes qui ont été placés au milieu de la portée générale, à intervalle de quinte les uns des autres, de telle sorte que l'on ne saurait prendre cinq lignes sans rencontrer au moins un ou deux de ces signes, et même tous les trois; mais comme on ne se sert pas de deux clés à la fois, on a donné à chacune d'elles un emploi spécial.

Voici le nom et la forme de ces clés :

La 1re est la clé de *Fa* ℈, la 2e est la clé d'*Ut* ≣, et la 3e la clé de *Sol* 𝄞. Dans ces signes, la portion traversée par l'une des lignes de la portée constitue seule la clé, c'est elle qui donne son nom à cette ligne, ainsi que cela est indiqué dans le tableau suivant par les points placés à chacune des lignes qui reçoivent une clé sur la portée générale.

Le nom d'une ligne de la portée ordinaire étant indiqué par l'une des trois clés, les notes s'échelonnent toujours au-dessus et au-dessous d'elle, dans l'ordre de la gamme (1).

52. Voici le Tableau général des Clés, indiquant la position et la dénomination de chacune d'elles, ainsi que le nom et les limites ordinaires des voix pour lesquelles on les emploie.

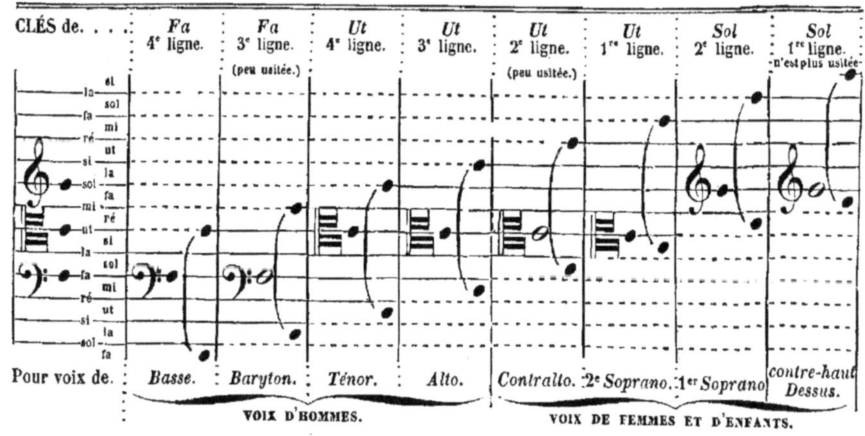

(1) Les exercices de lecture (n° 12) ne portent aucune indication de *clé*, parce qu'ils peuvent servir à les étudier toutes. C'est donc à ces exercices qu'il faudra recourir lorsqu'on voudra se familiariser promptement avec le nom des notes sur une clé quelconque. Indépendamment de l'usage des différentes clés pour chaque espèce de voix, nous verrons plus tard l'importance du rôle de ces signes dans notre système musical.

On le voit par le tableau ci-dessus, les noms que nous avons appliqués aux lignes et interlignes de la portée correspondent à la *clé de sol*. Cette clé est celle dont l'usage est le plus fréquent.

ACCORDS.

33. On nomme *Accord* la production simultanée de plusieurs sons dont l'impression est agréable à l'oreille, comme celle qui résulte de l'audition d'une note quelconque accompagnée de sa tierce et de sa quinte, c'est-à-dire de deux tierces superposées. Ces tierces n'étant pas toutes de même espèce, les unes étant majeures, les autres mineures, les accords eux-mêmes ne sont pas tous semblables, et les effets qu'ils produisent diffèrent selon la manière dont les tierces sont superposées. On peut avoir une tierce mineure superposée à une tierce majeure, ou une tierce majeure à une mineure, ou enfin une tierce mineure à une autre tierce mineure. Ces trois combinaisons sont les seules qui se trouvent dans la gamme.

34. Le tableau suivant donne la nomenclature des accords de chacune de ces catégories. Comme dans les précédents exemples, une plus grande distance laissée entre les deux termes des intervalles sert à distinguer les tierces majeures des mineures.

A la gauche du tableau se trouvent les noms génériques par lesquels on désigne chacune des notes d'un accord, et au-dessus de chaque catégorie le nom qui sert à la distinguer des deux autres.

ACCORDS	MAJEURS. TIERCE MINEURE superposée à une TIERCE MAJEURE.			MINEURS. TIERCE MAJEURE superposée à une TIERCE MINEURE.			NEUTRE. TIERCE MINEURE superposée à une TIERCE MINEURE.
Quinte *majeure* . . .	1	5	2	6	3	7	•
» *mineure* . . .	•	•	•	•	•	•	4
Tierce *majeure* . . .	6	3	7	•	•	•	•
» *mineure* . . .	•	•	•	4	1	5	2
Note fondamentale. .	4	1	5	2	6	3	7

35. Les propriétés des sons qui composent un accord existent aussi aux octaves de ces sons, c'est-à-dire que si au lieu de chanter, par exemple, les trois notes 1 3 5, on chante 3 5 i̇, ou 5 i̇ 3̈, l'accord n'est pas détruit; mais il est *renversé*. La nature du renversement d'un accord est déterminée par le plus grave des sons qui le composent.

Lorsque le son le plus grave est la *note fondamentale*, comme dans 1 3 5, l'accord est à l'*état direct*.

Si c'est la *tierce*, comme dans 3 5 i̇, l'accord est à son *premier renversement;* si c'est la *quinte*, comme dans 5 i̇ 3̈, il est à son *deuxième renversement*.

56. Lorsque les notes d'un accord sont produites simultanément, on lui donne le nom d'*accord plaqué*. Ces notes peuvent aussi être produites successivement. Dans ce cas on l'appelle *accord brisé*.

37. L'audition simultanée des trois notes de l'accord *ut-mi-sol*, ou de tout autre accord à l'état direct, donne lieu aux observations suivantes:

1° La *note fondamentale* ut sert de base à l'accord, c'est sur elle que l'oreille exige le repos final; elle est, pour ainsi dire, le point d'appui des deux autres : elle leur donne le *Ton*; 2° la *quinte* SOL domine les deux notes *ut-mi*; 3° et enfin la *tierce* MI occupe la position intermédiaire, la plus difficile, puisque cette note doit résister à la fois à l'attraction du son grave et à celle du son aigu.

La note *si* a, dans la gamme, une propriété remarquable. C'est dans un grand nombre de cas, et particulièrement à la fin d'un air, de faire désirer à l'oreille le repos sur la note *ut*. On reconnaît aisément cette propriété en montant plusieurs fois la gamme et en essayant de s'arrêter sur *si*. On a donné un nom à ces fonctions ou propriétés des divers degrés de la gamme, *ut, mi, sol, si;* les trois autres, *ré, fa, la,* dont les propriétés sont moins importantes, ont été dénommés d'après leur position par rapport aux premiers.

38. Voici la nomenclature de ces dénominations :

7	dont la propriété est de faire désirer ou *sentir* le repos sur *ut*.	*Sensible.* . . . ou Septième.(1)
6	. . . .	*Sous-Sensible.* . ou Sixte.
5	qui est le son dominant des notes de l'accord 1 3 5. . . .	*Dominante.* . . ou Quinte.
4	. . . .	*Sous-Dominante* ou Quarte.
3	à cause de sa position dans l'accord 1 3 5.	*Médiante.* . . ou Tierce.
2	. . . .	*Sous-Médiante.* . ou Seconde.
1	Note fondamentale de l'accord, note finale d'un air, celle qui sert de terme de comparaison à tous les autres degrés de la gamme, et leur donne le Ton.	*Tonique.* . . . . ou Tonique.

Il est bien de se familiariser avec ces noms de propriétés des divers degrés de la gamme; mais il ne faut pas les appliquer d'une manière absolue aux notes *ut, ré, mi, fa, sol, la, si,* car elles ne les conservent pas toujours, ainsi qu'on le verra bientôt.

39. On trouve dans la gamme deux autres accords qui ont la propriété de caractériser le Ton de la manière la plus énergique. Il sont l'un et l'autre composés de trois tierces superposées. L'un est l'accord de *septième de dominante*, ainsi nommé parce que sa *note fondamentale* est la dominante *sol*, et qu'à son état direct sa note aiguë est à un intervalle de *septième mineure* de la note fondamentale. Exemple : 5 7 2 4.

L'autre est l'accord de *septième de sensible*, ainsi nommé parce que sa *note fondamentale* est en même temps *note sensible*. La note aiguë de cet accord à l'état direct est, comme dans le précédent exemple, à une *septième mineure* de la note fondamentale. Exemple : 7 2 4 6.

Outre l'état direct, ces accords ont trois renversements que l'on désigne par 1er, 2e, 3e, selon que le son le plus grave est la 2e, 3e ou 4e note de l'accord à son *état direct*.

DU MODE MINEUR.

40. Les formules du deuxième tableau de la partie pratique de ce livre, et les mélodies qui la terminent, ont pour *note finale*, les unes *ut*, et les autres *la*. Cette différence n'est pas un effet du hasard, mais bien une exigence de l'oreille, qui

---

(1) Les expressions *tierce, quarte,* etc., peuvent être employées de deux manières. Par exemple, *une tierce, une quarte,* en général, signifient l'une quelconque des tierces ou quartes de notre système musical; mais *la tierce, la quarte,* etc., ont la même signification que les expressions de *médiante, sous-dominante,* etc.; elles indiquent les propriétés des divers degrés de la gamme.

demande le repos final sur l'un ou sur l'autre de ces sons, ainsi qu'il est facile de le remarquer.

Ces deux espèces d'airs produisent aussi des effets différents; ceux qui sont terminés par *ut* ont en général un caractère plus énergique, plus brillant, et ceux terminés par *la* un caractère plus doux et parfois empreint de tristesse. Dans les premiers on rencontre fréquemment les notes de l'accord *ut-mi-sol*, et dans les autres celles de l'accord *la-ut-mi*, ce qui explique pourquoi dans un cas l'oreille exige le repos sur *ut*, et dans l'autre sur *la*, ces deux notes étant les fondamentales des accords.

Le *la*, dans ce cas, a tous les caractères observés dans une note tonique. La différence de l'impression produite par ces airs, cette circonstance que l'accord *ut-mi-sol* est majeur, tandis que l'accord *la-ut-mi* est mineur, ont fait distinguer ces deux types par les dénominations de *mode majeur* pour le premier, et de *mode mineur* pour le second. On a vu que c'est la tierce qui caractérise les accords; elle est aussi un des caractères essentiels du mode. Ainsi la tierce *ut-mi* de *ut-mi-sol* caractérise à la fois l'accord et le mode majeurs, de même que *la-ut* de *la-ut-mi* caractérise l'accord et le mode mineurs.

41. Le mode mineur, comme le mode majeur, exige une note sensible, c'est-à-dire un son qui forme avec la tonique un intervalle de seconde mineure, comme *si-ut*.

C'est pourquoi, dans le ton de LA *mode mineur*, le *sol*, dominante de la gamme d'*ut majeur*, est remplacé par un son plus aigu qu'on appelle *sol dièse*, qui est la note sensible de la tonique mineure *la*.

Le *sol dièse* prend la place du *sol naturel* sur la portée, seulement on le fait précéder du signe ♯ qu'on appelle *dièse*. L'introduction du *sol* ♯ apporte à l'échelle musicale des éléments nouveaux qu'il est important d'examiner.

42. Reprenant la division des cinq secondes majeures en deux moitiés, on a, pour l'octave, douze demi-tons limités par treize degrés; cette division servira ici à comparer terme à terme les degrés des deux échelles majeure et mineure.

	ÉCHELLES	MAJEURE.	MINEURE.	
8ᵉ degré.	Tonique.	1 **A**	6	**B**
7ᵉ »	Sensible.	7	5	5
		•	•	•
6ᵉ »	*Modale majeure.* Sous-sensible. {	6	•	•
		•	4 *Modale mineure.*	4
5ᵉ »	Dominante.	5	3	3
		•	•	•
4ᵉ »	Sous-Dominante.	4	2	2
3ᵉ »	*Modale majeure.* Médiante. {	3	•	•
		•	1 *Modale mineure.*	1
2ᵉ »	Sous-médiante.	2	7	7
		•	•	•
1ᵉʳ degré.	Tonique.	1	6	6

5 Sensible.

Le trait oblique tiré de bas en haut ⟋ sur le chiffre 5, est le signe adopté pour annoncer que cette note est diésée.

43. 1re Observation. L'échelle majeure a deux secondes mineures placées du troisième au quatrième degré et du septième au huitième.

L'échelle mineure a trois secondes mineures placées du deuxième au troisième degré, du cinquième au sixième, et enfin du septième au huitième; cette dernière est la seule qui soit placée au même degré de l'échelle dans les deux modes.

2e Observation. L'échelle mineure a trois secondes majeures (deux de moins que l'échelle majeure) placées du premier au deuxième degré, du troisième au quatrième et du quatrième au cinquième, comme trois des cinq secondes majeures du mode majeur.

3e Observation. Enfin, la sixième seconde de l'échelle mineure est *fa-sol* ♯, qui ne se trouve pas dans l'échelle majeure, parce qu'elle est formée, d'abord de la seconde majeure *fa-sol*, plus de l'intervalle de *sol* à *sol* ♯ (1). Cette seconde est donc plus grande que la seconde majeure, c'est pourquoi on l'a appelée seconde *maxime*, et plus communément seconde *augmentée* ou *superflue*.

En résumé, dans les deux échelles, les 1er, 4e, 5e et 7e degrés sont également distants les uns des autres.

Au contraire, les 3e et 6e degrés qui, dans le mode majeur, sont à une tierce et à une sixte majeures au-dessus de la tonique, n'en sont qu'à une tierce et à une sixte mineures dans le mode mineur.

La tierce et la sixte, on le voit, sont les deux degrés qui caractérisent le mode. C'est ce qui leur a fait donner le nom de *notes modales*.

44. La fig. B n'est autre chose que la division des secondes de la gamme mineure de la sensible *sol* ♯ à son octave.

Si l'on part du *sol* ♯ grave, on trouve que les degrés qui formaient des intervalles majeurs avec *sol naturel*, ayant maintenant un demi-ton chromatique de moins, deviennent mineurs, et les degrés *ut* et *fa* qui formaient avec *sol* des intervalles mineurs forment maintenant des intervalles moindres, qu'on appelle diminués ou minimes; ainsi, *sol* ♯-*ut* et *sol* ♯-*fa* sont une *quarte* et une *septième diminuées* ou *minimes*.

En partant du *sol* ♯ aigu on trouve, au contraire, que les intervalles mineurs deviennent majeurs par l'addition d'un demi-ton chromatique, et les deux intervalles majeurs *fa-sol* et *ut-sol* deviennent *fa-sol* ♯ et *ut-sol* ♯, qu'on appelle une *seconde* et une *quinte augmentées* ou *maximes*.

Nota. Nous nous bornerons pour le moment aux notions qui précèdent sur le mode mineur. Elles seront suffisantes pour faire comprendre les formules 4, 5, 14 et 15 du 2e tableau des exercices d'intonation, et pour en rendre l'étude possible ainsi que celle des exercices qui les accompagnent.

Plus tard, nous reviendrons sur le mode mineur et ses caractères particuliers.

---

(1) On appelle cet intervalle *demi-ton chromatique*, et celui de sol ♯-la *demi-ton diatonique*.

CHAPITRES III ET IV.

FORMATION DES TONS (1).

45. L'expérience décrite n° 21 a servi à prouver qu'en chantant les trois notes *la, si, ut,* sur l'air des notes *mi, fa, sol,* le terme moyen *si* ne conserve pas les mêmes rapports avec *la* et *ut;* c'est-à-dire qu'il est remplacé par un son plus grave. Si l'on indique ce nouveau son par un trait oblique tiré de haut en bas sur le chiffre 7, on pourra figurer la similitude des notes *la, si, ut* et *mi, fa, sol,* comme dans l'exemple ci-contre où l'on voit que les deux termes moyens sont à une seconde mineure de la note grave, et à une seconde majeure de la note aiguë.

Ce nouveau *si,* plus grave que le premier, se nomme *si bémol.* On l'indique sur la portée au moyen du signe ♭, placé avant la note qui en est frappée.

Cette similitude des deux groupes *la, si* ♭, *ut* et *mi, fa, sol,* permet de remplacer celui-ci par le premier; si l'on ajoute à ces trois notes *la, si* ♭, *ut* les degrés qui les précèdent ou les suivent dans l'ordre naturel de la gamme, et qu'on les compare terme à terme à la gamme primitive, on trouve qu'en descendant, *sol* correspond à *ré,* et *fa* à *ut,* et en montant *ré* à *la* et *mi* à *si;* en un mot, de *fa* à son octave, on a une échelle exactement semblable à celle de la gamme qui a *ut* pour point de départ. En effet, on y retrouve cinq secondes majeures et deux mineures disposées dans le même ordre. (*Voir* la figure ci-contre.)

46. En chantant au contraire les trois notes *mi, fa, sol* sur l'air des notes *la, si, ut,* on a observé (n° 21), qu'on altérait les rapports de *fa* avec *mi* et *sol,* c'est-à-dire que le son de cette note était remplacé par un son plus aigu. Si l'on représente ce nouveau son au moyen d'un trait tiré de bas en haut / sur le chiffre 4, on pourra indiquer la similitude des notes *mi, fa, sol* et *la, si, ut,* comme ci-contre, où l'on voit que les deux termes moyens sont à une seconde mineure de la note aiguë, et à une seconde majeure de la note grave, ce qui est l'inverse de la première expérience.

Ce nouveau *fa,* plus aigu que le premier, se nomme *fa dièse.* On le représente sur la portée par le signe ♯ placé avant la note qui en est frappée.

La similitude des notes *mi, fa* ♯, *sol* et *la, si, ut* permet de remplacer celles-ci par les premières. Si l'on ajoute au trois notes *mi, fa* ♯, *sol* les degrés qui les précèdent dans l'ordre naturel de la gamme et qu'on les compare terme à terme à la gamme primitive, on trouve que les notes *ré, ut, si, la, sol* au-dessous de *mi* offrent les mêmes rapports que *sol, fa, mi, ré, ut;* en un mot, par l'introduction du *fa* ♯, on obtient de *sol* à son octave une échelle semblable de tous points à celle qui a *ut* pour point de départ.

(1) Afin de ne pas diviser ce qui est relatif à l'étude importante de la formation des Tons, nous en avons fait un seul chapitre correspondant aux chapitres III et IV, *de la Partie pratique de l'Intonation et de la Théorie de la Durée.*

Fig. **B**

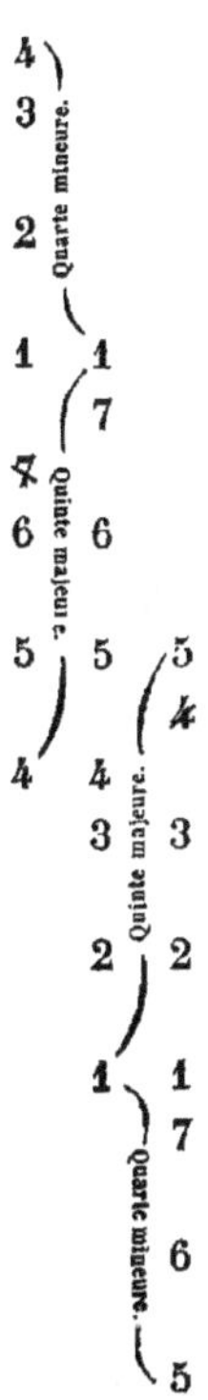

Fig. **A.**

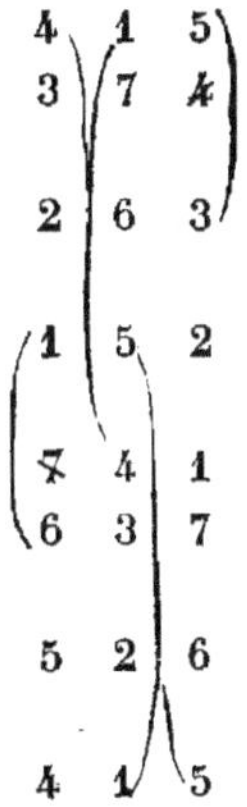

47. Nous réunissons ici (*fig.* **A**) les trois échelles que nous avons vu se former en prenant successivement pour point de départ *ut*, puis *fa*, et enfin *sol*. Cette réunion aura pour résultat de rendre plus intelligibles les observations qui vont suivre.

L'introduction du *si* ♭ ou du *fa* ♯ dans les deux échelles où se trouvent çes nouveaux sons a pour effet de transporter aux divers degrés de ces échelles les mêmes propriétés qui ont été remarquées aux degrés qui leur correspondent dans la gamme d'*ut*.

Le *si* ♭ qui remplace le *fa* de la gamme d'*ut* acquiert la propriété de *sous-dominante*, *fa* devient *tonique*, *la* médiante, *ut dominante*, etc.

De même le *fa* ♯ qui remplace le *si* de la gamme d'*ut* s'empare de la propriété de note *sensible*; *sol* devient *tonique*, *si médiante*, *ré dominante*, etc.

C'est pourquoi on dit la gamme de *fa*, la gamme de *sol*, pour exprimer que ces échelles présentent les mêmes éléments d'intervalles et de propriétés que la gamme d'*ut*, et qu'elles diffèrent seulement par l'acuité relative du son qui leur sert de point de départ ou de *tonique*, comme on le voit par la *fig.* **B**.

On dit aussi : le *ton de* FA, le *ton de* SOL, comme on dit le *ton* d'UT.

48. L'examen attentif de la formation de ces trois gammes suffit pour en déduire les lois générales de la formation d'une gamme quelconque.

La gamme de *fa* a été formée par la substitution du *si bémol* au *si* que dans l'usage on appelle naturel, c'est-à-dire que, par l'altération de la septième ou *note sensible* de la gamme naturelle, la tonalité s'est transportée sur *fa* à une quinte majeure au-dessous de la tonique primitive *ut*, ou à une quarte mineure au-dessus (Voir *fig.* **B**).

La gamme de *sol* a été formée par la substitution du *fa* ♯ au *fa naturel*, c'est-à-dire que par l'altération de la quatrième note ou *sous-dominante* de la gamme d'*ut*, la tonalité s'est transportée sur *sol* à une quinte majeure *au dessus* de la tonique primitive, ou, ce qui est la même chose, à une quarte mineure au-dessous.

La tonalité se déplace dans les deux cas d'une quinte majeure; seulement dans le premier cas, c'est en descendant, et dans le second en montant.

49. De ce qui précède, on déduit la règle suivante : Pour abaisser la tonalité d'une quinte majeure à partir d'une gamme quelconque, il suffit de remplacer sa note sensible par un son plus grave qui soit à une seconde mineure de sa sous-sensible, ou, en d'autres termes, en abaissant la note sensible d'une gamme, on transporte la tonalité à la quinte inférieure (1).

50. Réciproquement, pour élever la tonalité d'une quinte majeure à partir d'une gamme quelconque, il suffit de remplacer sa *sous-dominante* ou quarte par un son

---

(1) Lorsqu'on dit simplement *quinte* sans spécifier, c'est toujours la *quinte majeure*.

plus aigu, ou, en d'autres termes, en élevant **la sous-dominante d'une gamme**, on transporte la tonalité à la quinte supérieure.

51. Appliquons ce qui vient d'être dit de la gamme d'*ut* par rapport à la gamme de *fa*, à la formation d'une nouvelle gamme semblable à cette dernière, et par conséquent à celle d'*ut* qui leur sert de type commun.

La sensible du Ton de *fa* est *mi,* qu'il faut changer contre un son plus grave qui est *mi bémol;* par le déplacement des secondes mineures, la tonalité se porte sur *si bémol,* à une quinte majeure au-dessous de *fa*.

La quinte au-dessous de *si* ♭ est *mi* ♭, qui, pour devenir tonique, exige le remplacement de la sensible *la,* du Ton de *si* ♭, par *la* ♭, qui devient sous-dominante du Ton de *mi* ♭.

La quinte au-dessous de *mi* ♭ est *la* ♭. Cette nouvelle tonique veut le remplacement du *ré*, note sensible de *mi* ♭, par *ré* ♭, qui devient sous-dominante du Ton de *la* ♭.

La quinte au-dessous de *la* ♭ est *ré* ♭. Cette tonique demande le remplacement de *sol*, note sensible de *la* ♭, par *sol* ♭, qui devient sous-dominante du Ton de *ré* ♭.

La quinte au-dessous de *ré* ♭ est *sol* ♭. Cette note comme tonique amène le remplacement de *ut* sensible de *ré* ♭ par *ut* ♭, qui devient sous-dominante du Ton de *sol* ♭.

Enfin la quinte au-dessous de *sol* ♭ est *ut* ♭, dont la propriété de tonique exige le remplacement du *fa* sensible de *sol* ♭ par *fa* ♭, sous-dominante du nouveau Ton *ut* ♭.

Dans cette dernière gamme, tous les degrés de l'échelle sont bémolisés, et comme les rapports qui constituent chacune de ces gammes sont identiques, il s'ensuit que celle d'*ut* ♭, dont tous les degrés sont bémolisés, ne présente en réalité pour la voix aucune difficulté de plus que la gamme d'*ut* naturel. Toute la différence qui existe entre elles vient de ce que chacun des degrés de la gamme d'*ut* ♭ est à un demi-ton chromatique au-dessous du degré correspondant de la gamme d'*ut* naturel; mais comme les noms et les rapports sont les mêmes, l'exécution vocale reste aussi la même, à l'acuité ou gravité des sons près.

Si du ton d'*ut* ♭ on descend d'une quinte, la tonalité se porte sur *fa* ♭; mais comme, pour constituer cette nouvelle gamme, il faut abaisser la sensible d'*ut* ♭ qui est une note déjà bémolisée (*si* ♭), on remplace cette dernière par un son plus grave qu'on appelle si *double bémol*.

Sur la portée, le *double bémol* s'indique par le signe ♭♭ placé devant la note qu'il modifie. Sur le chiffre, on indique le *double bémol* par une barre double.

Oᴮsᴇʀᴠᴀᴛɪᴏɴ. La colonne B ci-contre indique les notes modifiées pour constituer chacune des gammes ayant successivement pour point de départ les quintes *fa*, *si* ♭, *mi* ♭, *la* ♭, etc., de la colonne A. Il faut se rappeler que, dans la *formation des gammes*, aucun des accidents de la colonne B ne peut être employé sans être accompagné de ceux qui le précèdent dans la série *si* ♭, *mi* ♭, *la* ♭, etc. Cette remarque s'applique aussi aux gammes dont il va être question (n° 52).

Colonne marginale (degrés bémolisés) :

A — Note tonique.	B — Dernier accident constituant le Ton.
4	7
7	3
3	6
6	2
2	5
5	1
1	4
4	7

52. Revenons à notre point de départ, à la gamme d'*ut* naturel. On vient de voir comment se forment les gammes en procédant par quintes descendantes ; il nous reste à examiner comment elles se forment en procédant par quintes ascendantes.

Si du Ton de *sol*, dont la sensible est *fa* ♯, on veut former une nouvelle gamme en s'élevant d'une quinte, on trouve *ré* pour base de la nouvelle tonalité. Cette tonique exige le remplacement de *ut*, sous-dominante du Ton de *sol*, par un son plus aigu qu'on appelle *ut* ♯, et qui devient note sensible du Ton de *ré*.

La quinte au-dessus de *ré* est *la*. Comme tonique, cette dernière note veut le remplacement de *sol*, sous-dominante du Ton de *ré*, par un son plus aigu, *sol* ♯, qui devient note sensible du Ton de *la*.

La quinte au-dessus de *la* est *mi*. Cette nouvelle tonique demande le remplacement de *ré*, sous-dominante du Ton de *la*, par un son plus aigu, *ré* ♯, qui devient note sensible du Ton de *mi*.

La quinte au-dessus de *mi* est *si*. Cette tonique appelle le remplacement de *la*, sous-dominante du Ton de *mi*, par un son plus aigu, *la* ♯, qui devient note sensible du Ton de *si*.

La quinte au-dessus de *si* est *fa* ♯ (1). Comme tonique, cette note demande le remplacement de *mi*, sous-dominante du Ton de *si*, par un son plus aigu, *mi* ♯, qui devient note sensible du Ton de *fa* ♯.

Il est inutile de faire remarquer que si *fa* n'était pas déjà diésé, on ne pourrait diéser *mi*, qui doit faire contre lui une seconde mineure, comme *mi* contre *fa*.

La quinte au-dessus de *fa* ♯ est *ut* ♯, puisqu'il n'y a plus d'*ut* naturel. Cette nouvelle tonique exige le remplacement du *si*, sous-dominante du Ton de *fa* ♯, par un son plus aigu, *si* ♯, qui devient note sensible du Ton d'*ut* ♯.

Tous ces Tons ou toutes ces gammes, de même que les gammes par *bémols*, sont formés sur un modèle unique, la gamme d'*ut* naturel ; d'où il suit que l'observation faite relativement aux gammes d'*ut* ♭ et *ut naturel* s'applique aussi aux gammes d'*ut* ♯ et *ut naturel*, c'est-à-dire que la seule différence qui existe entre elles vient de ce que les degrés de la première sont à un demi-ton chromatique au-dessus des degrés correspondants de la gamme naturelle, au lieu d'être au-dessous, comme dans la gamme d'*ut* ♭ ; mais l'exécution vocale n'en est pas plus difficile.

En continuant à s'élever par quinte au-dessus d'*ut* ♯, on trouverait pour nouvelle tonique *sol* ♯ ; mais toutes les notes de l'échelle ayant été remplacées par des notes diésées, et la nouvelle tonique exigeant une note sensible, c'est-à-dire qui soit à intervalle de seconde mineure, on remplace *fa* ♯ par un son plus élevé qu'on appelle FA *double dièse* ♯ ou ✕, dont le signe se place avant la note sur la portée. Sur le chiffre, nous indiquerons la même circonstance par un double trait de bas en haut. C'est donc *fa* ♯ qui est la note sensible de la gamme de *sol* ♯.

---

(1) Est-il nécessaire de faire observer que les nouveaux accidents, ne s'employant qu'avec ceux qui les précèdent, c'est *fa* ♯ qui est à une quinte majeure au-dessus de *si* ; *fa* naturel en est à une quinte mineure ou fausse quinte (n° 24).

Cet exemple et celui de la gamme de *fa* ♭ montrent comment on pourrait former de nouvelles séries de Tons au moyen des doubles ou triples dièses. On conçoit qu'en théorie il y n'aurait ici d'autres limites que la fantaisie; mais il n'en est pas de même en pratique. On se sert peu des Tons qui contiennent plus de trois ou quatre bémols, ou trois ou quatre dièses. Les Tons qui en contiennent un plus grand nombre présentent des difficultés d'exécution souvent insurmontables pour les instruments, à cause de la complication du mécanisme, sans aucun effet utile en compensation.

53. Pour l'intelligence de ce qui précède, voici un tableau des gammes qui sont décrites dans ce chapitre.

TABLEAU DES GAMMES MAJEURES.

À gauche du centre : SÉRIE DES BÉMOLS. — À droite du centre : SÉRIE DES DIÈSES. — Colonne centrale : gamme modèle d'ut. — Côté droit inférieur : Sous-Dominantes ou Quintes descendantes.

									centre								
Toniques	4	1	5	2	6	3	7	4	1	5	2	6	3	7	4	1	5
Sensibles	3	7	4	1	5	2	6	3	7	4	1	5	2	6	3	7	4
Sixtes, ou Sous-Sensibles	2	6	3	7	4	1	5	2	6	3	7	4	1	5	2	6	3
Dominantes ou Quintes ascend.	1	5	2	6	3	7	4	1	5	2	6	3	7	4	1	5	2
	7	4	1	5	2	6	3	7	4	1	5	2	6	3	7	4	1
	6	3	7	4	1	5	2	6	3	7	4	1	5	2	6	3	7
	5	2	6	3	7	4	1	5	2	6	3	7	4	1	5	2	6
	4	1	5	2	6	3	7	4	1	5	2	6	3	7	4	1	5

L'examen de ce tableau donne lieu à des observations essentielles qui trouveront place dans le chapitre suivant.

Au milieu du tableau se trouve la gamme modèle d'*ut*; à sa gauche est la série des gammes par bémols, et à sa droite celle des gammes par dièses.

54. Voici les mêmes gammes reproduites sur la portée dont chaque ligne sert de point de départ à deux gammes, l'une par dièses, l'autre par bémols. Ces deux gammes sont placées l'une au-dessus de l'autre, afin de rendre plus faciles les observations que nous aurons bientôt à faire sur les particularités qu'elles offrent.

Dans les gammes dont la tonique est altérée, telles que $si\flat$, $mi\flat$, etc., les deux dièses ou bémols qui se trouvent au grave et à l'aigu de l'octave ne doivent être comptés que pour un.

Dans ce tableau, les accidents constitutifs de chaque Ton accompagnent la note qu'ils frappent; mais dans la pratique on ne les emploie pas ainsi, on les place à la suite de la clé, dans leur ordre de progression, comme dans l'exemple suivant :

La réunion de ces signes à la clé se nomme l'*Armure de la clé*, ils annoncent que les notes dont le signe d'élévation ou de dépression est à la clé doivent être élevées ou abaissées dans tout le courant du morceau, à moins qu'un signe contraire, dont il sera bientôt question, ne vienne détruire l'effet de celui de la clé.

CHAPITRE V.

COMPARAISON ET THÉORIE DE L'ÉTUDE DES TONS PAR DIÈSES ET DES TONS PAR BÉMOLS.

56. Si du Ton d'*ut* ♭ on remonte vers le Ton d'*ut* naturel en s'élevant de quinte en quinte, on trouve que les bémols sortent de la même manière que les dièses arrivent. Ainsi, pour passer du Ton d'*ut* ♭ au Ton de *sol* ♭, il faut remplacer *fa* ♭ par *fa* naturel, comme pour passer d'*ut* naturel au Ton de *sol* naturel il faut remplacer *fa* par *fa* ♯.

Du Ton de *sol* ♭ si l'on passe à celui de *ré* ♭, il faut remplacer *ut* ♭ par *ut* naturel, comme du Ton de *sol* naturel pour passer au Ton de *ré*, il faut remplacer *ut* naturel par *ut* ♯, et ainsi des autres.

Réciproquement, si du Ton d'*ut* ♯ on descend de quinte en quinte vers le Ton d'*ut* naturel, on trouve que les dièses sortent de la même manière que les bémols arrivent. En effet, si d'*ut* ♯ on transporte la tonalité à la quinte inférieure *fa* ♯, il faut remplacer la sensible *si* ♯ par *si* naturel, comme d'*ut* naturel pour passer au Ton de *fa*, il faut remplacer *si* naturel par *si* ♭.

Du Ton de *si* pour descendre au Ton de *mi*, il faut remplacer la sensible *la* ♯ par *la* naturel, comme de *si* ♭ pour passer au Ton de *mi* ♭ il faut remplacer *la* naturel par *la* ♭, et ainsi des autres.

Le tableau n° 54 contient, écrites sur la portée, avec les accidents qui les constituent, toutes les gammes dont nous avons expliqué la formation.

Il est important d'observer les rapports qui existent entre elles. En comparant le Ton de *sol* ♭ et le Ton de *sol* naturel, on voit que le premier, qui a six bémols, ne présente qu'un changement par rapport au Ton d'*ut* ♭; c'est le changement de *fa* ♭ en *fa*, de même que le Ton de *sol* n'offre par rapport au Ton d'*ut* que le remplacement de *fa* par *fa* ♯.

En comparant le Ton de *fa* ♯ au Ton de *fa* naturel, on voit que dans le premier, qui a six dièses, il y a un seul changement par rapport au Ton d'*ut* ♯; c'est le remplacement de *si* ♯ par *si* naturel, de même que le Ton de *fa* naturel, par rapport au Ton d'*ut* naturel, présente aussi un seul changement, qui est le remplacement de *si* naturel par *si* ♭.

Les exemples qui précèdent montrent que les notes frappées de dièses ou de bémols dans un Ton sont naturelles dans le Ton corrélatif, et réciproquement que les notes naturelles dans le premier sont altérées dans le second.

Il résulte de ceci que la somme des accidents de deux gammes dont les toniques portent le même nom, et dont l'une est par dièses et l'autre par bémols, est toujours de sept. Exemple ·

La gamme de *sol* ♭ a 6 bémols, et celle de *sol* 1 dièse. Total : 7 accidents.

  »   *fa* ♯ a 6 dièses   »   *fa* 1 bémol. » 7 »

Il en est de même pour toutes les autres,

Si l'on compare, dans le tableau n° 53, les gammes dont les toniques sont distantes d'un intervalle de seconde majeure, on trouve qu'elles ont une différence de deux accidents, c'est-à-dire que les tonalités sont séparées par deux quintes. En effet, deux quintes successives donnent une neuvième majeure, qui n'est autre chose qu'une seconde majeure redoublée ; ou bien une quinte majeure étant composée de 3 tons et 1 demi-ton, les deux donnent un total de 6 tons et 2 demi-tons, c'est-à-dire une seconde majeure de plus que l'octave.

Ainsi du Ton d'*ut* ♯ qui a sept dièses, si l'on abaisse la tonalité d'une seconde majeure, elle se porte sur *si* naturel qui en a cinq seulement. Du ton de *si* en descendant d'une seconde majeure on trouve le Ton de *la* naturel, et il ne reste que trois dièses ; en descendant d'une seconde majeure du Ton de *la*, on a le Ton de *sol* avec un seul dièse. Du Ton de *sol*, si l'on continue à descendre d'une seconde majeure, la tonalité se portera sur *fa* avec un bémol. Le Ton de *sol*, qui a un seul dièse, le perd, et le nouveau Ton prend un bémol, ce qui est toujours descendre de deux quintes.

Du Ton de *fa*, en descendant d'une seconde majeure, la tonalité se porte sur *mi* ♭ avec trois bémols, et ainsi de suite.

Du Ton d'*ut* ♭ qui a sept bémols, si l'on élève la tonalité d'une seconde majeure, elle se porte sur *ré* ♭ qui en a cinq seulement, puis sur *mi* ♭ avec trois, et sur *fa* avec un seul. Du Ton de *fa*, en élevant la tonalité d'une seconde majeure, on trouve le Ton de *sol* avec un dièse, c'est-à-dire que le Ton de *fa* perd son bémol, et le nouveau Ton prend un dièse, ce qui est toujours monter de deux quintes. Du Ton de *sol* si l'on continue à élever la tonalité par seconde majeure, on trouve le Ton de *la* avec trois dièses, etc.

Donc, en général, si l'on élève la tonalité d'une quinte, il entre un dièse ou il sort un bémol. Si l'on abaisse la tonalité d'une quinte, il entre un bémol ou il sort un dièse, c'est-à-dire que l'on peut toujours calculer un dièse sorti pour un bémol entré, et réciproquement.

Si l'on élève la tonalité d'une seconde majeure, il entre deux dièses ou il sort deux bémols ; si, au contraire, on l'abaisse d'une seconde majeure, il sort deux dièses ou il entre deux bémols.

87. Dans la formation des Tons, les dièses arrivent dans l'ordre inverse des bémols. Ainsi, on a les successions de quintes suivantes :

Pour les dièses : *fa, ut, sol, ré, la, mi, si ;*
Pour les bémols : *si, mi, la, ré, sol, ut, fa.*

La seconde de ces lignes, on le voit, n'est pas autre chose que la première lue de droite à gauche.

Cette circonstance peut servir à faire connaître les fonctions ou propriétés de ces divers accidents dans les gammes qu'ils constituent.

Il faut, pour cela, les considérer sous le point de vue de leurs propriétés dans le Ton modèle d'*ut ;* c'est-à-dire que *ut* devra toujours être considéré comme *note tonique*, *ré* comme sous-médiante, *mi* comme médiante, etc.

Ainsi, le Ton de *sol* a un seul accident, *fa* ♯ qui en est la note sensible. La note sensible du Ton d'*ut* est *si,* qui est en même temps la première note de la série des quintes descendantes ou des bémols.

Le Ton de *ré* a deux accidents, *fa* ♯ et *ut* ♯. Ce dernier est la note sensible de la gamme, et le premier en est la médiante. Dans le Ton d'*ut*, la sensible est *si* et la médiante *mi*. Ces deux notes sont aussi les deux premières quintes de la série des bémols.

En continuant, on trouverait que toujours le dernier dièse d'un Ton remplit les fonctions de sensible et correspond à la première quinte de la série des bémols ; l'avant-dernier dièse remplit les fonctions de médiante, comme l'indique le *mi* de la gamme d'*ut*, qui est en même temps la deuxième quinte de la série des bémols ; l'antépénultième dièse remplit les fonctions de sous-sensible, comme l'indique le *la* de la gamme d'*ut*, troisième quinte de la série des bémols, et ainsi de suite (1).

Réciproquement, dans les Tons par bémols, le premier de la série, *si* ♭, remplit les fonctions de sous-dominante, comme la note *fa* de la gamme d'*ut* qui est en même temps la première quinte de la série des dièses.

Le Ton de *si* ♭ a deux bémols, *si* et *mi*. Le dernier, *mi* ♭ remplit les fonctions de sous-dominante, comme *fa* quatrième note de la gamme d'*ut* et première quinte de la série des dièses : le premier, *si* ♭, est note tonique, comme la première note de la gamme d'*ut* qui est aussi la deuxième quinte de la série des dièses.

En continuant, on trouverait que le dernier bémol d'un Ton quelconque a toujours la propriété de sous-dominante et correspond dans la gamme d'*ut* au *fa* qui est aussi la première quinte de la série des dièses ; l'avant-dernier bémol est toujours note tonique et correspond à *ut*, deuxième quinte de la série des dièses ; l'antépénultième est toujours dominante et correspond à *sol*, troisième quinte de la série des dièses, et ainsi des autres (1).

_____

(1) Ces diverses propriétés sont indiquées par les chiffres placés au-dessous de chacune des armures du Tableau n° 55.

THÉORIE NOUVELLE SUR L'ÉTUDE DES TONS PAR DIÈSES ET PAR BÉMOLS. — LES PRÉNOTIONS APPLIQUÉES A CETTE ÉTUDE.

58. Avant d'indiquer les moyens que l'expérience nous a démontrés propres à faciliter cette étude, il est bon de mesurer le champ que nous avons à parcourir, afin de reconnaître la nature et le nombre des difficultés à vaincre.

L'échelle musicale est composée de sept notes dont les rapports se trouvent dans la gamme d'*ut* majeur. On a vu de plus que ces rapports, quel que soit le degré de l'échelle que l'on choisisse pour point de départ ou pour tonique, sont toujours disposés comme dans la gamme d'*ut* qui en est le type.

Les rapports de chacune des sept notes de la gamme d'*ut* avec les six autres étant connus, supposons qu'il s'agisse d'étudier le Ton de *fa*, avec un bémol ; il n'y a qu'une seule altération dans l'échelle, c'est-à-dire que les six notes non altérées, *fa, sol, la, ut, ré, mi*, conservent entre elles les mêmes rapports qu'auparavant, abstraction faite de leurs nouvelles propriétés de tonique, médiante, etc. Il n'y a donc réellement à étudier que les rapports du nouveau son *si* ♭, avec les six autres. (*Exerc.* Tableau n° 3).

Le Tableau n° 4 contient les exercices du Ton de *si bémol*, qui présente à étudier les rapports de *mi* ♭ avec les autres degrés de la gamme ; mais il faut remarquer que le rapport de *mi* ♭ à *si* ♭ est déjà connu, puisqu'il est le même que celui de *mi* à *si* naturels ; c'est donc seulement cinq rapports.

Dans le Tableau n° 5, le Ton de *mi bémol* présente à étudier les rapports de *la* ♭ avec les autres degrés de la gamme, sauf *si* ♭ et *mi* ♭ dont les rapports sont identiques à ceux de *la* à *mi* et *si* naturels ; il ne reste donc en réalité à étudier que quatre rapports.

Ainsi, plus on avance dans la série des Tons par bémols, moins les rapports à étudier sont nombreux. Ce sont toujours les rapports du dernier bémol avec les notes qui restent naturelles de la série des quintes descendantes *si, mi, la, ré, sol, ut, fa*.

De telle sorte, par exemple, qu'arrivé au Ton de *sol* ♭, avec six bémols, on n'a à étudier que les rapports de *ut* ♭ à *fa* naturel. Or, chaque Ton par bémols ayant dans les Tons par dièses un Ton corrélatif, c'est-à-dire dont la tonique est placée sur la même ligne de la portée, et dont, par conséquent, les notes de même nom représentent des rapports semblables, il en résulte que pour apprendre, en suivant la progression indiquée dans cet ouvrage, les Tons de *sol* ♭ et de *sol* naturel identiques *pour la voix*, il faudra le sixième seulement du temps nécessaire pour apprendre le seul Ton de *sol* naturel, en suivant la marche ordinaire qui consiste à étudier les rapports de *fa* ♯ avec les six autres degrés de la gamme.

Le même raisonnement peut s'appliquer aux autres Tons. Ainsi le Ton de *ré bémol* ne présente d'intervalles nouveaux que ceux de *sol* ♭ à *ut* et *fa* naturels. Le Ton de *ré*, au contraire, présenterait ceux d'*ut* ♯ à *sol, ré, la, mi, si*, c'est-à-dire cinq rapports.

Il est bien entendu que nous supposons connus les Tons qui précèdent ceux qui sont l'objet de nos observations.

La difficulté ne vient donc ni de l'espèce des rapports, qui sont les mêmes dans tous les Tons, ni de leur nombre, qui va toujours en décroissant, ainsi qu'on vient de le voir.

Toutefois, l'introduction d'un dièse ou d'un bémol dans l'échelle musicale crée, non point de nouveaux intervalles, mais de nouveaux rapports entre les sons ou les syllabes qui les représentent et ces rapports doivent être étudiés comme s'ils étaient des intervalles nouveaux. Ils ont même une difficulté de plus que ceux du Ton d'*ut* ; c'est celle qui résulte de l'emploi de la même syllabe pour exprimer des idées différentes, telles que *ré* pour indiquer *ré* naturel, *ré* dièse ou *ré* bémol, etc. cette appellation identique de deux ou trois idées différentes porte l'élève à produire le dièse ou le bémol par comparaison à la note naturelle qu'il connaît, ce qu'il devrait au contraire éviter avec soin, ces sons n'ayant aucune affinité l'un pour l'autre. — Les difficultés que présente cette étude ont toujours été la pierre d'achoppement de l'enseignement musical ; on les surmonte aisément par les moyens décrits dans les chapitres suivants.

LES PRÉNOTIONS APPLIQUÉES A L'ÉTUDE DES DIÈSES ET DES BÉMOLS.

59. Le Ton de *fa* avec *si* ♭ conserve les six notes *fa, sol, la, ut, ré, mi* communes avec le Ton d'*ut*. Le Ton modèle étant connu, les rapports qui existent entre ces six notes ne présentent pas de difficultés. Il reste à se familiariser avec les rapports qui existent entre *si* ♭, sous-dominante du Ton de *fa*, et les autres degrés de cette gamme. Ces rapports ne sont autres que ceux de la sous-dominante *fa* du Ton d'*ut* avec les notes *ut, ré, mi,* et *sol, la, si*. Donc , les intervalles résultant de la combinaison de ces diverses notes avec *fa* donnent le modèle de ceux qui résultent de la combinaison de *si* ♭ avec les autres degrés de la gamme de *fa ;* ou enfin de la combinaison d'une sous-dominante quelconque avec les autres degrés de la gamme dont elle fait partie.

Les quatre formules nᵒˢ 6 à 9, Tableau 2 des exercices, contiennent toutes ces combinaisons.

Le même raisonnement s'applique aux Tons par dièses.

Le Ton de *sol* avec *fa* ♯ conserve six notes communes avec le Ton d'*ut ;* ces notes sont : *sol, la, si, ut, ré, mi.* Si le Ton de *sol* ne contenait que ces six notes, on n'éprouverait pas plus de difficulté à solfier dans ce Ton que dans le Ton d'*ut ;* mais on ne connaît pas, ou du moins on n'est pas familiarisé avec les intervalles qui résultent de la combinaison de *fa* ♯ avec *sol*, avec *la*, avec *si*, etc.; cependant on sait que ces intervalles sont semblables à ceux de *si*, à *ut*, à *ré*, à *mi*, etc., ou, en termes plus généraux, on sait que les rapports existant entre la sensible *fa* ♯ et les autres degrés de la gamme de *sol* sont semblables à ceux de la sensible *si* avec les divers degrés de la gamme d'*ut*. D'où il suit que les intervalles résultant de la combinaison de la sensible *si* avec chacun des degrés de la gamme, *ut, ré, mi, fa, sol, la,* donnent le modèle de ceux qui résultent de la combinaison de *fa* ♯ avec *sol, la, si, ut, ré, mi,* ou enfin d'une sensible quelconque avec les divers degrés de la gamme dont elle fait partie.

Les quatre formules Nᵒ 10 à 13, Tableau 2 des exercices, contiennent toutes ces combinaisons.

Tous ces intervalles dans le Ton d'*ut* ont été assemblés par un rhythme simple et facile à retenir, ce qui permet à l'élève de concentrer toute son attention sur une seule difficulté , celle de l'intonation des intervalles dans chaque nouveau Ton. Il n'a plus alors qu'à appliquer des noms nouveaux à des idées qui lui sont familières, et la connaissance des Tons par dièses et par bémols est réduite à un nombre de répétitions plus ou moins fréquentes (selon l'organisation de l'élève) des exercices pratiques basés sur cette théorie.

Si l'on se rend bien compte de la génération des Tons, on comprendra de quel secours peuvent être ces formules écrites dans tous les Tons pour se familiariser avec les effets de chaque nouveau dièse ou de chaque nouveau bémol. On peut les consulter à volonté jusqu'à ce qu'on ait acquis toute l'assurance possible à l'intonation des intervalles.

La moitié de ces formules peut suffire pour atteindre le but avec célérité et certitude. On sait que chaque Ton par dièses correspond à un Ton par bémols, et qu'il n'y a aucune différence entre les rapports dont ils sont composés. Il est donc superflu de faire une étude spéciale de chacun. Il suffit de se rappeler qu'en étudiant le Ton de *sol* avec *fa* ♯, on étudie en même temps le Ton de *sol* ♭ avec six bémols ; qu'en étudiant le Ton de *ré* avec deux dièses, on étudie en même temps le ton de *ré* ♭ avec cinq bémols, et on s'habituera ainsi à reconnaître que les notes diésées dans un Ton par dièses sont naturelles dans le Ton par bémols correspondant, et que les notes naturelles du premier sont bémolisées dans le deuxième. Qu'on fasse des exercices en conséquence pour solfier dans tous les Tons soit par dièses, soit par bémols, et on n'aura besoin de faire une étude spéciale et pratique que des uns ou des autres. On abrégera ainsi de près de moitié.

LES HOMONYMES APPLIQUÉS A LA DÉNOMINATION DES NOTES DIÉSÉES ET BÉMOLISÉES.

60. Beaucoup d'organisations heureuses parviendront au but par le seul secours des moyens décrits dans le chapitre précédent : mais un plus grand nombre n'y parviendrait encore que lentement à cause de cette confusion déjà signalée qui provient de l'emploi de la même syllabe pour exprimer des idées si différentes entre elles que celle de *fa* et *fa* ♯, *si* et *si* ♭, etc. Cette confusion est d'autant plus difficile à éviter , qu'avant de savoir qu'il existe un *fa* ♯ l'élève a déjà contracté l'habitude d'appliquer à ce nom de *fa* l'idée invariable, ou plutôt la propriété de sous-dominante du Ton d'*ut*.

La confusion est donc le résultat de l'insuffisance des signes, et la preuve, c'est que, si, comme l'a proposé Galin, et comme l'a mis en pratique un de ses disciples, M. Aimé Paris, on change la syllabe *fa* représentant *fa* ♯ en une syllabe d'une autre terminaison , comme *fè*, par exemple, ou le *si* ♭, qu'on appelle *si* , en *seu*, faisant observer que *fa* ♯ produit le même effet contre *sol* que *si* contre *ut*, et *si* ♭ contre *la* , que *fa* contre *mi* de la gamme d'*ut*, on verra cesser l'hésitation, et il ne faudra pas plus de temps pour apprendre les rapports de *fa* ♯ et de *si* ♭ avec les autres degrés des gammes de *sol* et de *fa* qu'il n'en aura fallu pour se familiariser avec les rapports de *si* et de *fa*, aux autres degrés de la gamme d'*ut*.

On a conclu de là qu'il faut une triple dénomination pour chaque note, selon qu'elle est dièse , naturelle ou bémol; c'est ce qui a été proposé par plusieurs auteurs et appliqué , nous l'avons dit, par M. Aimé Paris, dans son enseignement d'après la méthode Galin. Comme ce système n'a pas été généralement adopté, et qu'à côté de ses avantages il a aussi quelques inconvénients que nous n'avons pas à examiner ici, il a fallu chercher un autre moyen d'obtenir le résultat désiré. Après avoir trouvé des moyens pratiques pour faciliter l'étude de l'intonation , sans nous écarter des idées reçues, il fallait trouver comme complément de ces recherches, et sans changer l'appellation des notes, le moyen de faire cesser la confusion des idées dans l'esprit de l'élève. Ce problème a été résolu de la manière suivante.

Si , par un changement de syllabe, l'élève acquiert bientôt de l'assurance à l'intonation d'un dièse ou d'un bémol, cela vient de ce que la nouvelle syllabe lui fait oublier celle qui représente la note naturelle correspondante, et que, dès lors, il n'est plus porté à comparer deux sons qui n'ont aucune affinité entre eux.

Il faut donc rendre distinctes les idées de dièse et de bémol, ou de note naturelle; mais n'est-il pas possible de parvenir à ce résultat sans employer des syllabes différentes de celles dont on se sert dans la gamme naturelle ? Il est si difficile de changer ce qu'un long usage a consacré, que les idées les plus utiles, si elles heurtent trop celles qui ont cours , réussissent rarement ou avec beaucoup de difficulté.

Ces considérations nous ont fait penser qu'en matérialisant, pour ainsi dire , dans l'esprit de l'élève, l'idée du dièse ou du bémol, on obtiendrait les avantages qui résultent de l'emploi des syllabes distinctes sans en avoir les inconvénients.

Il y a dans notre langue une foule de mots qui se prononcent de la même manière, et qui cependant représentent plusieurs idées ; pour celui qui s'en sert, il n'y a ni embarras, ni confusion, parce que, dans son esprit, les signes ou mots correspondent à des idées distinctes. Que l'on entende lire les mots *saint, seing, sein, sain, ceint,* il sera impossible à l'audition de ces syllabes d'assigner à chacune d'elles son véritable sens; mais s'il y a confusion pour celui qui écoute, il n'y en a pas pour celui qui parle. Qu'on lise soi-même les cinq mots cités, et chacun d'eux recevra sa véritable signification.

Nous avons pensé à utiliser cette analogie, cette espèce d'homonymie, pour fixer dans l'esprit l'idée du dièse ou du bémol , et détourner ainsi de la fâcheuse tendance qu'on a de comparer ces accidents aux notes naturelles. Voici comment se fait, dans la pratique, l'application de cette théorie.

Pour étudier les rapports qui existent dans le ton de *sol*, par exemple, entre *fa* ♯ et les autres notes de la gamme, on continue à dénommer cette note *fa* comme dans l'usage, et, afin que cette syllabe ne rappelle pas la quatrième note de la gamme d'*ut*, on lui donne mentalement une signification particulière, comme celle de *face*, par exemple , en ayant soin de *prononcer sans faire sentir la syllabe finale* CE. Cette opération sera toujours plus facile pour les personnes qui n'auront pas déjà étudié la musique et pris l'habitude de comparer, même involontairement, le *fa* ♯ au *fa* naturel.

Dans le ton de *fa*, on appellera le *si* ♭, *si* comme dans l'usage ; mais pour éviter le souvenir que cette syllabe ramène de la septième note de la gamme d'*ut*, on lui donnera mentalement la signification de *scie* (outil), et on aura dans l'esprit une distinction matérielle des deux idées dont l'une n'est pas encore familière et a besoin d'être bien séparée de l'autre.

Chacun peut donner à ces accidents la signification qui lui convient, ayant l'attention toutefois de choisir dans les mots de la langue ceux qui ont le même son et la même articulation que les syllabes de la gamme auxquelles ils doivent correspondre. Il est essentiel de s'habituer dès le commencement de l'emploi de ces syllabes à ne les prononcer qu'en leur donnant la signification matérielle qu'on aura choisie, puisque cette signification doit réveiller l'idée du dièse ou du bémol. Il arrivera le plus souvent qu'après une certaine pratique on n'aura plus besoin de ces moyens, pour ainsi dire artificiels, parce qu'alors on pourra émettre, sans leur secours, les intonations *connues ;* on les émettrait de même sans celui des syllabes ordinaires, comme cela se pratique dans la vocalisation. On sera même porté à croire ces moyens superflus ; c'est un échafaudage qu'on renversera lorsqu'il aura servi à élever l'édifice.

Quoi qu'il en soit, nous les indiquons dans l'intérêt des personnes qui ont peu de temps à consacrer à l'étude de la musique, et nous ne craignons pas d'affirmer que de deux organisations égales, celle qui se servira des homonymes atteindra le but en moitié moins de temps que celle qui aura dédaigné de s'en servir.

61. Voici une nomenclature de mots que l'on peut appliquer à la dénomination des notes.

Notes naturelles	*fa,*	*ut,*	*sol,*	*ré,*	*la,*	*mi,*	*si,*
Dièses	*face,*	*hure,*	*sol,* (terre)	*raie,* (trait)	*lac,*	*mie,* (abréviation d'amie)	*scie,* (poisson)
Bémols.	*fat.*	*hutte,* (maisonnette)	*saule,* (arbre)	*raie,* (poisson)	*la,* (diapason)	*miss,* (mot anglais signifiant demoiselle)	*scie,* (outil)

CHAPITRE VI.

DU BÉCARRE. — NOUVELLE COMPARAISON DES MODES MAJEUR ET MINEUR.

62. Une note naturelle peut être modifiée par un dièse ou par un bémol de deux manières. Ou cette modification est permanente lorsqu'elle est indiquée à la clé, ou elle est accidentelle, c'est-à-dire écrite à côté de la note modifiée.

Dans l'un et l'autre cas, on fait usage, pour détruire l'effet du dièse ou du bémol, d'un troisième signe ♮ qu'on appelle *Bécarre.* Il signifie toujours que la note devant laquelle il est placé doit être naturelle ; c'est-à-dire, s'il est placé devant une note diésée, il faut abaisser celle-ci ; au contraire, s'il est placé devant une note bémolisée, celle-ci doit être élevée.

On fait aussi usage du *bécarre* à la clé ; nous verrons bientôt dans quelles circonstances.

Tous ces signes, *dièses, bémols* et *bécarres,* lorsqu'ils sont placés à la clé, conservent leur influence tant qu'ils ne sont pas détruits par un autre signe.

Lorsqu'ils sont accidentels, ils n'ont d'effet que dans la mesure où ils se trouvent, et encore cet effet peut-il être détruit par un autre signe quand la même note est répétée une ou plusieurs fois dans la mesure.

Ces signes ont la même influence à toutes les octaves de la note devant laquelle ils sont placés.

63. Nous avons comparé (n° 42) les échelles d'*ut majeur* et de *la mineur*; pour vérifier les observations qui ont été faites sur ces gammes, nous comparerons de nouveau les deux modes, en prenant la même note pour tonique, comme dans la figure ci-contre, où se trouvent les deux gammes de *la, mode mineur,* et de *la, mode majeur.*

On voit clairement ici que la différence des deux modes est à la tierce et à la sixte; ces deux notes sont diésées dans le Ton de *la majeur,* tandis qu'elles sont naturelles dans le Ton de *la mineur.*

Le Ton de *la mineur* a plus de points communs avec le Ton d'*ut majeur* qu'avec celui de *la majeur.* En effet, il y a un seul changement dans le premier cas, et il y en a deux dans le second. Cette similitude entre les deux échelles d'*ut majeur* et de *la mineur,* qui ont entre elles le plus grand nombre possible de rapports, puisqu'il n'y a de différence qu'à un degré, a fait dire que le Ton de *la, mode mineur,* est le *mineur relatif* du Ton d'*ut majeur;* et qu'il est le *mineur* de *même base* du Ton de *la majeur,* à cause de la tonique commune aux deux modes.

Chaque Ton *mineur* a donc un Ton *majeur relatif,* et un *majeur* de *même base.* Réciproquement, un Ton *majeur* a un *mineur relatif* et un *mineur* de *même base.*

Le Ton de *la mineur* sert de type à tous les Tons mineurs, comme le Ton d'*ut majeur* sert de type à tous les Tons majeurs.

64. La tonique du mineur relatif est toujours la sixte ou sous-sensible du Ton majeur. (*Voir* le tableau n° 53.)

Un Ton majeur étant donné, il suffit d'élever sa dominante d'un demi-ton chromatique, pour la transformer en note sensible du mineur relatif, comme en remplaçant *sol* par *sol* ♯, on a formé la gamme de *la mineur* (n° 41).

Réciproquement, pour former le majeur relatif d'un Ton mineur, il suffit d'abaisser la note sensible de celui-ci d'un demi-ton chromatique, comme en remplaçant *sol* ♯ de la gamme de *la mineur* par *sol naturel,* on obtient la gamme d'*ut majeur.*

Un Ton majeur étant donné, il suffit d'abaisser sa tierce et sa sixte pour former son mineur de même base.

Réciproquement, un Ton mineur étant donné, il suffit d'élever sa tierce et sa sixte pour former son majeur de même base.

65. Jusqu'ici, l'échelle mineure a été considérée sous le point de vue de sa construction naturelle, régulière; mais elle ne se présente pas toujours ainsi dans la pratique. Les intervalles augmentés et diminués qui caractérisent ce mode d'une manière si énergique, sont très souvent évités par les compositeurs, et l'usage a consacré deux modifications importantes dans l'emploi du deuxième tétracorde mineur.

On a observé qu'en montant la gamme, la tonique aiguë exige absolument une note sensible, c'est pour ce motif qu'on a conservé celle-ci; mais comme d'un autre côté on voulait éviter la seconde *maxime fa-sol*♯, on a imaginé de supprimer la *modale*

— 39 —

fa et de la remplacer par un son plus élevé, *fa* ♯, ce qui détruit en partie le caractère du mode, puisque par ce changement on obtient le second tétracorde de la gamme majeure de *la*, composé de deux Tons suivis d'un demi-ton (n° 33).

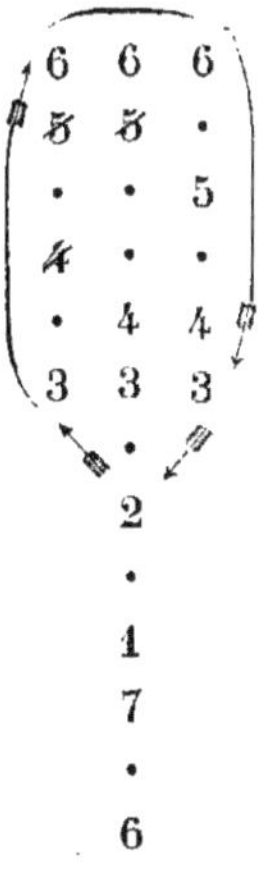

Pour détruire peut-être l'effet de cette irrégularité, en descendant la gamme on rend à l'échelle mineure sa note modale *fa*, et on modifie sa sensible *sol* ♯, qu'on remplace par le *sol naturel* de la gamme d'*ut majeur;* on voit que ce nouveau fragment appartient tout entier au Ton d'*ut* majeur (n° 42).

66. La direction des flèches de la figure ci-contre indique les notes que l'on chante en montant et celles que l'on chante en descendant. Au milieu se trouve l'échelle mineure sans altération.

Ces modifications, consacrées par un long usage, se rencontrent fréquemment dans la musique écrite dans le mode mineur. Néanmoins, ce mode conserve encore assez de caractères particuliers de nature à lui assigner un rôle important dans notre système musical.

Aux irrégularités qui viennent d'être signalées, il faut en ajouter une autre, c'est que le mode mineur n'est annoncé par aucun signe spécial à la clé. Il en résulte que l'armure d'une clé peut toujours indiquer deux Tons, l'un majeur, l'autre mineur. C'est pourquoi l'on dit souvent à l'inspection de l'armure d'une clé, que la musique est écrite dans tel Ton majeur ou dans son mineur relatif.

67. RÈGLE GÉNÉRALE. L'armure de la clé peut toujours indiquer deux Tons; c'est-à-dire un Ton majeur ou son mineur relatif.

Ainsi, lorsqu'il n'y a ni dièses ni bémols à la clé, la musique peut être écrite en *ut majeur* ou en *la mineur;* s'il y a deux dièses à la clé, on est en *ré majeur* ou en *si mineur;* s'il y a trois bémols, on est en *mi* ♭ *majeur* ou en *ut mineur*, etc.

Les auteurs indiquent différents moyens de reconnaître le mode. L'un dit de regarder la note finale de l'air, et si cette note est la sous-sensible ou sixte du Ton majeur indiqué par la clé, c'est que la musique est écrite dans le Ton mineur relatif. Un autre conseille de s'assurer si les premières mesures de l'air ne contiennent pas la note sensible du mode mineur, etc. Ces moyens ne sont pas ceux dont se servent les maîtres et ceux qui savent lire la musique; car, d'un côté, une partie de chant peut bien ne pas être terminée par la tonique, et de l'autre, un morceau peut ne pas contenir la sensible du mode mineur, et cependant être écrit en entier dans ce mode.

Ce n'est que par la connaissance sérieuse de la génération des Tons, et des accords majeurs et mineurs qui les constituent que l'on parvient à se passer de ces moyens empiriques, et à reconnaître, dès les premières mesures d'un morceau, les caractères distinctifs de l'un ou de l'autre mode.

68. Le tableau suivant contient les gammes les plus usitées du mode mineur sans modification. Ce tableau est fait d'après les mêmes principes que celui des gammes majeures, les quintes descendantes sont à gauche, et les quintes ascendantes à droite de la gamme modèle de *la*.

TABLEAU DES GAMMES MINEURES LES PLUS USITÉES [1].

		1	5	2	6	3	7	♯4		
	B	7	♯4	♯1	♯5	♯2	♯6	♯3	B	Sensibles à abaisser en descendant la gamme. (*Voir* n° 65.)
Sixtes à élever en montant la gamme. (*Voir* n° 65.)	A	♯6	♯3	♯7	4	1	5	2	A	
		5	2	6	3	7	♯4	♯1		
		4	1	5	2	6	3	7		
Tierces.		3	7	4	1	5	2	6		
		2	6	3	7	♯4	♯1	♯5		
		1	5	2	6	3	7	♯4		

Gamme modèle.

Toutes les notes qui se trouvent sur la ligne A doivent être élevées en montant, et toutes celles qui sont sur la ligne B doivent être abaissées en descendant.

REMARQUE. Le remplacement de la sixte mineure par la sixte majeure en montant donne à cette gamme une succession de quatre secondes majeures, succession dont la gamme majeure n'offre pas d'exemple.

De plus, en descendant la gamme, on obtient, par l'abaissement de la note sensible, une succession de deux tétracordes conjoints pris en sens inverse, c'est-à-dire dont la seconde mineure est au grave au lieu d'être à l'aigu, *la, sol, fa, mi,* et *mi, ré, ut, si.*

69. Nous l'avons déjà dit, aucun signe placé à la clé ne distingue le mode mineur de son majeur relatif. Il a été proposé par Rodolphe, entre autres, de remédier à cet inconvénient en plaçant avant la clé au lieu de le placer après, comme cela se fait pour les dièses ou les bémols constitutifs d'un Ton, un signe indiquant l'élévation de la dominante du Ton majeur annoncé à la clé, ce qui aurait, par conséquent, averti le lecteur que la musique qu'il allait lire était écrite dans le Ton mineur relatif de ce Ton majeur.

On trouve l'application de cette règle dans le solfége de Rodolphe, mais son emploi ne s'est pas généralisé; de sorte que c'est absolument comme si elle n'existait pas. Le signe d'élévation de la sensible mineure s'emploie donc accidentellement, et on le traite comme il a été dit pour les signes de cette nature.

70. Pour la parfaite intelligence de ce qui précède, voici un tableau contenant les armures de tous les Tons avec les accords de tonique en majeur et en mineur.

Dans ce tableau, toutes les armures des Tons corrélatifs par dièses et par bémols sont répétées deux fois sur la même ligne; les armures de gauche indiquent les Tons majeurs caractérisés par les notes de l'accord de tonique.

(1) On peut former les autres gammes d'après le tableau des gammes majeures n° 53, dont il suffit d'élever la dominante pour obtenir leur mineur relatif.

A droite sont les mêmes armures avec l'accord du mineur relatif qui caractérise le mode. Dans ces exemples, avant la clé de chacune de ces armures, est indiquée la note sensible, comme le fait Rodolphe.

Remarque. L'accord majeur et l'accord de son mineur relatif ont toujours deux cordes communes, savoir : la tonique majeure qui correspond à la médiante mineure, et la médiante majeure correspondant à la dominante mineure.

TABLEAU GÉNÉRAL DES ARMURES.

CHAPITRE VII.

SUITE DES MODES MAJEUR ET MINEUR. — GAMMES DIATONIQUES, CHROMATIQUES ET ENHARMONIQUE.

71. Beaucoup de morceaux de musique sont écrits partie en un Ton majeur et partie en son mineur de *même base, et vice versâ.*

Il arrive souvent que l'on change l'armure de la clé pour annoncer cette transition ou cette modulation. Ce changement d'armure peut indiquer le passage d'un Ton mineur à un Ton majeur de même base, et réciproquement. Nous allons examiner ces deux cas.

PASSAGE D'UN TON MAJEUR A SON MINEUR DE MÊME BASE.

72. Supposons qu'il s'agisse d'annoncer par un changement d'armure le passage du Ton de *la, mode mineur,* au Ton de *la, mode majeur.* Le Ton de *la mineur,* comme le Ton d'*ut,* son *majeur relatif,* n'est annoncé à la clé par aucun accident, tandis que le Ton de *la, mode majeur,* exige une armure composée des trois dièses *fa* ♯, *ut* ♯, *sol* ♯.

Pour se rendre compte du motif qui fait employer trois signes d'élévation dans le but d'annoncer le passage du mineur à son majeur même base, il faut se rappeler que les caractères essentiels des deux modes sont la *tierce* et la *sixte,* qui sont *mineures* dans le mode mineur, et *majeures* dans le mode majeur.

Par conséquent, pour changer le mineur en majeur, il faut d'abord remplacer, dans le Ton de *la mineur* la tierce *ut,* et la sixte *fa* par *ut* ♯ et *fa* ♯ (*voir* n° 63).

D'un autre côté, la note sensible du Ton de *la mineur* est *sol* ♯; on a vu que si le dièse qui modifie cette note n'est pas indiqué à la clé, c'est qu'il est souvent altéré dans la pratique, et qu'on l'emploie pour ainsi dire arbitrairement; mais il n'en est pas de même dans le mode majeur, où la sensible étant permanente doit faire partie de l'armure de la clé.

On peut encore dire que la note sensible d'un Ton mineur étant aussi celle de son corrélatif majeur où elle est permanente, et que la sensible d'un Ton étant toujours le degré qui reçoit le dernier signe d'élévation, de même que l'avant-dernier est toujours sur la *médiante* ou *tierce,* et l'antépénultième sur la *sous-sensible* ou *sixte,* il en résulte trois changements qui sont indiqués par les trois premières quintes de la série des bémols *si, mi, la,* pris dans l'acception générique des propriétés (*voir* n° 57), puisqu'on ne saurait élever une note sans élever en même temps celles qui la précèdent dans la progression des quintes. Ceci s'applique aussi bien aux Tons par bémols qu'aux Tons par dièses, la suppression d'un bémol équivalant à l'introduction d'un dièse (*voir* n° 56).

Dans la transformation d'un Ton mineur en son majeur de même base, si l'on considère les changements à opérer sur l'échelle mineure par rapport à son majeur relatif, on trouve que ces modifications portent sur les propriétés *fa, ut, sol,* c'est-à-dire sur la sous-dominante, sur la tonique, et sur la dominante majeures.

73. Il y a peu de choses à ajouter pour faire comprendre que le passage d'un Ton majeur à son mineur même base, n'étant que l'opération inverse de celle qui vient d'être décrite, cette transition s'indique à la clé par trois dépressions au lieu de trois élévations, comme on le voit dans le tableau ci-contre.

78. — ARMURE DE LA CLÉ

DANS LE PASSAGE DU MODE MAJEUR AU MINEUR MÊME BASE, ET RÉCIPROQUEMENT.

Qu'il s'agisse, par exemple, de passer du Ton d'*ut majeur* à son *mineur même base,* il faut indiquer à la clé la dépression de la tierce et de la sixte *mi* et *la*, qui deviennent *mi* ♭ et *la* ♭; mais comme il est d'usage de n'employer un dièse ou un bémol à la clé qu'avec ceux qui le précèdent, il faut ajouter *si* ♭ qui est le premier de la série; de sorte que *si naturel*, qui est à la fois note sensible du Ton d'*ut majeur* et du Ton d'*ut mineur*, est privé d'un signe caractéristique à la clé, comme nous l'avons vu pour le Ton modèle de *la mineur*. Il résulte de ceci que l'armure de la clé indique seulement le *Ton majeur relatif*. En effet, les trois bémols *si, mi, la,* annoncent le Ton de *mi* ♭ *majeur*, relatif d'*ut mineur*.

En résumé, *pour annoncer à la clé le passage d'un Ton mineur quelconque, à son majeur de même base, il faut indiquer l'élévation de la note sensible, de la tierce et de la sixte, tandis qu'il faut au contraire indiquer la dépression de ces trois notes pour annoncer le passage du majeur à son mineur de même base.*

Ce qui a été dit du passage du Ton de *la mineur* à *la majeur* et de celui d'*ut majeur* à *ut mineur* s'applique évidemment à tous les autres Tons.

79. L'examen attentif du tableau précédent fera bien comprendre le mécanisme de ces changements.

Il est divisé en deux parties. Du côté gauche, sur chaque ligne, se trouve l'armure d'un Ton majeur placée entre deux armures d'un Ton mineur. Du côté droit se trouve au contraire l'armure d'un Ton mineur, placée entre deux armures du même Ton majeur.

Cette disposition permet de voir comment ces armures sont modifiées lorsqu'elles se succèdent.

On remarquera dans quelques unes de ces armures l'emploi du *bécarre*. Ce signe est employé ici par excès de précaution, car évidemment, comme il est entendu qu'une note qui n'est ni diésée ni bémolisée est naturelle, il semble superflu de l'indiquer à la clé; en effet, la suppression du bécarre ne changerait rien à la signification de l'armure. Néanmoins, on fait souvent usage du bécarre dans ces transitions, afin de bien prévenir le lecteur, par un changement de trois quintes, qu'il va passer au majeur ou au mineur de même base du Ton dans lequel il se trouve. On écrit aussi quelquefois le mot *Majeur* ou *Mineur* au-dessus de l'armure.

Les *bécarres* employés dans cette circonstance se nomment *bécarres de désarmement*.

GAMMES DIATONIQUES, CHROMATIQUES ET ENHARMONIQUE.

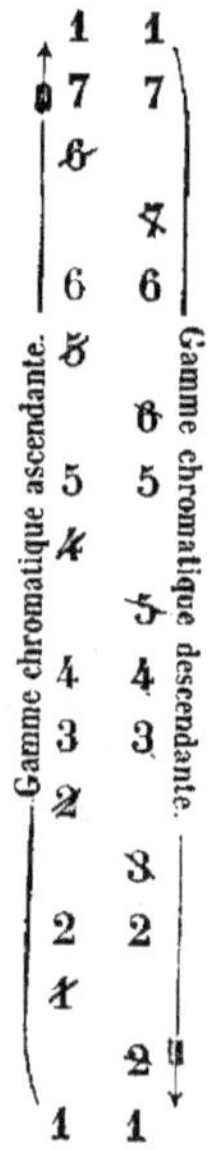

80. Les deux gammes majeure et mineure dont on a vu précédemment la formation, se nomment *gammes diatoniques*.

81. L'inégalité des secondes de la gamme a conduit à la création des gammes par dièses et par bémols dans les deux modes, par la division de chaque seconde majeure en deux parties, comme *si, si* ♭, *la* pour les bémols, et *fa, fa* ♯, *sol* pour les dièses. Cette division conduisit à son tour à la création de deux nouvelles gammes, l'une avec la division des secondes majeures par les bémols, l'autre avec cette division par les dièses, comme on le voit ci-contre.

Cette succession de sons permettant de produire des effets tout nouveaux, fit donner à ces gammes le nom de *chromatiques*, d'un mot grec qui signifie *couleur*. Ce mot fut sans doute employé alors dans l'acception du mot *nuance*, que l'on emploie encore aujourd'hui au figuré pour indiquer les diverses manières plus ou moins délicates d'exprimer un sentiment.

82. La division de la seconde majeure en deux parties par l'emploi du dièse ou du bémol a donné lieu à trois hypothèses, savoir :

Ou les deux intervalles produits par l'interposition du dièse ou du bémol sont égaux (*fig.* A, page 45).

Ou le bémol de la note supérieure est plus rapproché de celle-ci que de la note inférieure, et dans ce cas le dièse de la note inférieure est aussi plus rapproché de celle-ci que de la note supérieure, puisque la dépression produite par le bémol est égale à l'élévation produite par le dièse (*fig.* B, *idem*).

Ou enfin le bémol est plus rapproché de la note inférieure que de l'autre, et dans ce cas, le dièse de la note inférieure est pour le même motif plus rapproché de la note supérieure (*fig.* C).

A		B		C	
2	2	2	2	2	2
2	♯	2			♯
			♯	2	
1	1	1	1	1	1

Chacune de ces hypothèses a eu et a peut-être encore ses partisans et ses adversaires. La première (*fig.* A) ne paraît pas avoir jamais été soutenue d'une manière absolue, quoiqu'elle ait servi de base à la construction de la plupart de nos instruments dits à tempérament; mais en cela on a été guidé par la nécessité plus que par la conviction. L'oreille pouvant, jusqu'à un certain point, admettre cette division, on s'en est servi afin d'éviter, dans la construction des instruments, la complication qu'aurait entraîné l'addition de touches ou de cordes spéciales pour la production du dièse ou du bémol.

La seconde hypothèse (*fig.* B) paraît l'avoir emporté anciennement, si l'on en juge par la distinction qui nous a été transmise et qui existe encore aujourd'hui entre les deux divisions; l'une, dont les deux termes portent le même nom, *ré-ré* ♭ ou *ut-ut* ♯, a été appelée *demi-ton mineur*, par opposition à l'autre, *mi-fa* ou *si-ut*, qu'on a appelée *demi-ton majeur*. On se sert encore de ces expressions aujourd'hui, mais sous toutes réserves, car elles sont considérées comme vicieuses.

La division (*fig.* C), qui place le dièse de la note inférieure au-dessus du bémol de la note supérieure, est aujourd'hui généralement admise, quoiqu'on n'ait pas encore pu préciser la distance ou l'intervalle qui sépare les deux notes. A défaut de calcul précis, l'observation des faits est favorable à cette dernière hypothèse.

En effet, la fonction première d'un dièse est celle de sensible de la note naturelle contre laquelle il fait seconde mineure; de plus, cette dernière, comme tonique, a la propriété d'attirer la note sensible avec énergie, et l'oreille n'est pas blessée du rapprochement même excessif de ces deux sons.

D'un autre côté, la fonction première du bémol est celle de sous-dominante à une seconde mineure de la médiante vers laquelle elle est attirée presque avec la même énergie que la sensible vers la tonique.

83. Qu'on suppose maintenant ce dièse et ce bémol produits entre la même seconde majeure, *sol-la*, par exemple, il ne sera pas difficile de comprendre que *la* ♭ étant attiré vers *sol*, tandis que *sol* ♯ est au contraire attiré vers *la*, c'est-à-dire en sens inverse, ces deux sons doivent se croiser comme l'indique la figure ci-contre, et comme le prouve l'expérience.

84. Il résulte de ce fait que la seconde majeure *sol-la* peut se diviser en trois parties, savoir : les secondes mineures *sol-la* ♭ et *sol* ♯*-la*, plus l'intervalle qui sépare *la* ♭ de *sol* ♯, et qui peut être égal, plus grand ou plus petit que la seconde mineure, ce que nous n'avons pas à démontrer, et ce qui, au surplus, ne pourrait en l'état être d'aucun avantage pratique.

Cet intervalle dont nous n'avons aucun modèle dans ce qui précède, a été appelé *intervalle enharmonique.*

En divisant chacune des cinq secondes majeures de la gamme, comme la seconde *sol-la,* on obtient une nouvelle échelle contenant aussi cinq secondes *enharmoniques;* c'est cette échelle qu'on appelle *gamme enharmonique.*

85. Voici un tableau des trois gammes que l'on peut former au moyen des divisions de la seconde présentées dans les exemples A, B, C (*voir* n° 82).

86. La gamme A est celle qu'on exécute dans la pratique sur un grand nombre d'instruments, tels que le piano, la guitare et la plupart des instruments à vent.

La gamme enharmonique C n'est autre chose que la réunion dans la même échelle des deux gammes chromatiques du n° 81.

Le genre chromatique est quelquefois employé, mais seulement dans des passages de peu de durée.

Quant au genre enharmonique, quelques uns de ses intervalles peuvent, jusqu'à un certain point, être exécutés par des voix isolées ou des instruments à cordes, tels que le violon, le violoncelle, etc.; mais lorsque nous traiterons des lois générales de la modulation, nous montrerons que si, dans la pratique, on écrit quelques passages ou plutôt quelques transitions enharmoniques, en réalité ces passages ne peuvent s'exécuter rigoureusement dans le plus grand nombre de cas, à cause de l'imperfection des instruments.

A	B	C
1	1	1
7	7	7
6 ou 7	7	6)
	6	7)
6	6	6
5 ou 6	6	5)
	5	6)
5	5	5
4 ou 5	5	4)
	4	5)
4	4	4
3	3	3
2 ou 3	3	2)
	2	3)
2	2	2
1 ou 2	2	1)
	1	2)
1	1	1

GUIDE

POUR SERVIR A L'ÉTUDE

DES EXERCICES PRATIQUES D'INTONATION.

87. Dans l'introduction de la Théorie de l'Intonation, nous avons reconnu (n° 6), que la musique se compose des rapports des sons entre eux, et non de sons fixes, absolus, qui n'existent pas dans la nature.

Une conséquence de ce principe, c'est que l'on ne doit pas se préoccuper de savoir, comme on le fait trop souvent, si en chantant les syllabes *ut, ré, mi, fa,* etc., on reproduit le son qui leur correspond approximativement sur les instruments en général. Nous disons *approximativement,* car il est bien rare de trouver deux instruments donnant le même son pour la même note, s'ils n'ont préalablement été accordés au même diapason (1). On peut donc se borner à reproduire avec toute l'exactitude possible les *rapports* qui doivent exister entre les sons représentés par ces syllabes, et chanter celles-ci comme on ferait des divers couplets d'une chanson, c'est-à-dire en donnant aux sons les rapports déterminés par l'air. Chacun chante les airs qu'il connaît dans les limites de sa voix. Il doit en être de même lorsqu'on se sert en chantant des syllabes de la langue musicale; sauf le cas où un son étant donné comme point de départ, tous ceux qui suivent doivent lui être subordonnés, ce qui arrive quand la voix est accompagnée par un instrument, et dans l'exécution des morceaux à deux ou plusieurs parties, chaque voix devant, dans ce cas, être contenue dans des limites déterminées.

TABLEAU N° 1,

CORRESPONDANT AU CHAPITRE Ier DE LA THÉORIE.

88. On trouve dans le fragment de la chanson de *Malbrough,* placé en tête du Tableau n° 1, la succession presque régulière des notes *ut, si, la, sol,* ou *sol, la, si, ut* (*voir* la deuxième ligne).

Et la succession semblable des notes *fa, mi, ré, ut,* ou *ut, ré, mi, fa* (*voir* la troisième ligne).

Ces notes sont indiquées par un trait placé au-dessous.

(1) Ce mot a ici une acception différente de celle que nous lui avons donnée (n° 10). On appelle *diapason,* ou *la,* un instrument monotone composé de deux branches métalliques. Cet instrument produit, quand on le fait vibrer, un son qui sert de régulateur pour accorder les instruments. Le nom de *la* lui vient de la note qu'il produit ; mais cette note adoptée en France n'est pas la même dans tous les pays. Cet instrument, comme les autres, ne donne qu'un son approximatif, car il est soumis à toutes les influences atmosphériques, et le son lui-même doit subir des variations ; bien que celles-ci soient imperceptibles, elles existent, et cela suffit pour détruire l'idée d'un son fixe, absolu, surtout en ce qui concerne la musique.

Répéter ce fragment assez souvent pour le graver dans la mémoire, puis chanter les notes en modifiant la durée des sons, de manière à s'habituer peu à peu à en reproduire les rapports sans le secours de l'air. On obtient ce résultat en s'arrêtant sur une note, puis sur une autre, pour chanter ensuite la note précédente ou toute autre contenue dans le fragment (1).

89. Lorsqu'on sera un peu familiarisé avec les notes *sol, la, si, ut,* par l'exercice précédent, on s'affermira sur les diverses intonations de ce tétracorde (n° 8), en étudiant les exercices 1, 2, 3, et enfin la petite phrase musicale portant le n° 27. Cette phrase résume les diverses combinaisons deux à deux de la note *ut* avec *si, la, sol;* c'est pourquoi nous l'appelons *formule,* ainsi que toutes les phrases de même nature qui se trouvent dans cette partie.

90. Les syllabes qui composent cette phrase sont, ou isolées, ou groupées par deux et réunies sous un trait horizontal. Ce trait signifie que le son des deux syllabes ou notes qu'il réunit ne doit pas durer plus longtemps qu'une seule des syllabes ou notes isolées.

Pour mesurer cette durée, nous adopterons deux mouvements de la main, savoir :

1er *mouvement :* Frapper de la main droite sur le genou ;

2e *mouvement :* Lever vivement la main en la ramenant au point de départ.

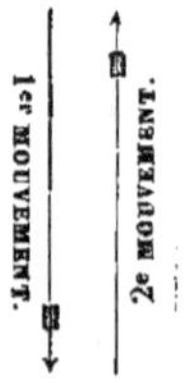

Ces deux mouvements sont indiqués par les flèches de la figure ci-contre.

S'exercer d'abord à frapper en prononçant seulement les syllabes *un, deux,* et donner, autant que possible, une durée égale à chaque mouvement.

Les deux mouvements représenteront une *unité de durée,* et un seul une *demi-unité* (*voir* chap. I, *de la Théorie de la Durée*).

91. Reprendre ensuite l'air de *Malbrough,* et faire sur les notes *ut, ré, mi, fa* l'exercice qu'on a déjà fait sur les notes *sol, la, si, ut.* Étudier les exercices 4 et 5.

Dans ce dernier, après avoir solfié (2) les notes *ut, si, la, sol, sol, la, si, ut,* on voit que cette dernière note du premier tétracorde devient la première du tétracorde suivant, *ut, ré, mi, fa.* Soutenir un peu cet *ut,* et continuer en donnant aux notes suivantes les rapports étudiés dans l'exercice n° 4.

Cet exercice, par la réunion des deux tétracordes, sert d'introduction à ceux n°s 6 à 10 sur *sol, la, si, ut, ré, mi.*

Après l'étude de l'exercice n° 10, on sera préparé à celle de la deuxième formule (n° 28). Cette formule contient toutes les combinaisons deux à deux de *ré* à *ut, si, la, sol.* Elle doit être étudiée comme la précédente.

Enfin les exercices 11 et 12 prépareront à l'étude de la troisième formule (n° 29), qui contient toutes les combinaisons deux à deux de *mi* avec *ré, ut, si, la, sol.*

En même temps qu'on étudiera et qu'on répétera ces trois formules, continuer l'étude des exercices n°s 13 à 26.

---

(1) Dans un cours, cet exercice doit être fait sur un tableau, en indiquant les syllabes au moyen d'une baguette.

(2) *Solfier,* c'est chanter en donnant aux notes les noms qui leur sont attribués par la langue musicale. L'action de solfier s'appelle *solmisation.*

Dans l'étude des formules et des exercices, lorsqu'on sera embarrassé de trouver l'intonation d'un intervalle plus grand que la seconde, il faudra chanter d'abord les degrés intermédiaires.

Les notes *ut, ré, mi, fa, sol, la,* ayant entre elles des rapports identiques à ceux de *sol, la, si, ut, ré, mi,* et les rapports de ces dernières étant contenus dans les formules nos 1, 2 et 3, il s'ensuit que, pour apprendre les rapports semblables contenus dans *ut, ré, mi, fa, sol, la,* il suffit de traduire sur cette échelle les formules 1, 2 et 3, et d'en faire un nombre convenable de répétitions (no 7).

Cette traduction se trouve sous les nos 30, 31 et 32 du Tableau no 1, et ces formules devront être étudiées et répétées quelquefois avant de passer au Tableau no 2.

Pour éviter des répétitions inutiles, nous renverrons, pour ce qui concerne la Gamme, la Portée, et les exercices de lecture sur celle-ci, aux nos 9, 11 et 12 de la Théorie.

Les chiffres **1 2 3 4 5 6 7** peuvent être utilement employés pour désigner les notes *ut, ré, mi, fa, sol, la, si* dans l'étude théorique des intonations (no 13).

Lorsque, par une étude suffisante, on aura acquis un peu d'assurance à l'intonation des exercices écrits en syllabes, et que, d'un autre côté, on aura appris sur les exercices spéciaux (no 12) à lire sans hésiter le nom des notes sur la portée, on pourra commencer l'étude des exercices A, B, C, qui terminent le premier Tableau, ainsi que celle des exercices G (*voir* pour ceux-ci l'instruction spéciale sur la manière dont l'étude doit en être faite (page 54).

92. Le but des formules est facile à comprendre. Chacune d'elles contient un certain nombre d'intervalles qui doivent servir de type à tous les autres de même espèce. C'est une connaissance prénotionnelle qui sert à en conquérir de nouvelles, de la manière la plus rapide et la plus certaine. On ne saurait donc mettre trop de soin à les étudier et trop de persévérance à les répéter; on en sera amplement dédommagé par les résultats qu'on obtiendra.

L'expérience prouve que par l'usage des formules, tel qu'il vient d'être indiqué, les organisations les plus rebelles s'améliorent en peu de temps d'une manière très remarquable.

Les exercices A, B, C, et autres du même genre n'ayant aucun sens mélodique, nécessitent, pour être solfiés, une connaissance réelle de l'intonation. Ils servent à mesurer les résultats obtenus par l'étude et la répétition des formules.

93. Nous n'avons rien dit encore de la manière de prendre ou de donner le Ton pour l'étude des exercices précédents; toutefois, ce qui a été dit des sons en général a pu le faire pressentir.

On conçoit que la nature des exercices contenus dans ce Tableau et dans ceux qui le suivent, en rendrait l'étude impossible au plus grand nombre, s'ils devaient être solfiés dans le Ton effectif indiqué par la clé, c'est-à-dire, en attribuant à chaque note le son qui lui correspond sur un instrument, comme le piano, par exemple, dont on suppose que les sons doivent être invariables. Pour la voix, nous le répétons, il n'y a entre les sons que des rapports, et il lui est aussi facile de les reproduire en prenant pour point de départ un son ou un autre, pourvu que les limites de ces rapports soient comprises dans celles du diapason ou de l'étendue de la voix. On peut donc à cet égard prendre une entière liberté, et comme les exercices ne dépassent pas l'étendue d'une octave, on peut les étudier dans le médium de la voix lorsqu'on étudie seul.

Lorsque les exercices sont exécutés dans un cours, il y a toujours parmi les élèves des voix de différentes espèces, c'est-à-dire les unes graves et les autres aiguës.

Dans ce cas, pour les exercices en général, on prendra pour la limite grave un des sons *si, ut, ré*, d'après le diapason ou l'octave de ces sons pour la limite aiguë.

Par exemple, les six notes *sol, la, si, ut, ré, mi*, dont les extrêmes forment un intervalle de sixte (n° 14), pourront être solfiées en donnant à la limite grave *sol* le son du *si* du diapason, ou de l'*ut*, ou du *ré*. Si l'on veut prendre la limite aiguë qui est *mi*, le nom de cette note pourra être appliqué au son de l'octave de l'une des trois notes *si, ut, ré*.

On fera bien de varier les Tons dans ces limites, afin de ne pas habituer les voix à chanter toujours dans le même Ton; mais il faut éviter de prolonger les exercices qui vont aux limites extrêmes, parce qu'ils fatiguent les élèves et les forcent à crier sans aucune utilité pour leur instruction. Par conséquent, les exercices qui devront être de quelque durée seront toujours faits dans le médium de la masse des voix, afin de les ménager.

En dehors de l'école, l'élève peut s'exercer dans toute l'étendue de sa voix, en chantant des gammes, des accords, etc. Il aura du reste assez d'occasions de le faire dans la pratique, en lisant et en exécutant la musique du jour, qui est trop souvent écrite pour des voix exceptionnelles.

Ce que nous venons de dire des notes *sol, la, si, ut, ré, mi* s'applique de même à *ut, ré, mi, fa, sol, la*, et aux autres séries que présentent les Tableaux d'exercices.

TABLEAU N° 2,

CORRESPONDANT AU CHAPITRE II DE LA THÉORIE.

94. La gamme *ut, ré, mi, fa, sol, la, si, ut* se compose de cinq tons et deux demi-tons, ou cinq secondes majeures et deux mineures.

Les secondes mineures sont placées du 3e au 4e et du 7e au 8e degré (n° 19 à 23) de la gamme (*voir* n° 24, le Tableau de tous les intervalles majeurs et mineurs).

Les cinq lignes de la portée sont empruntées à une *portée générale* (n° 32) composée de onze lignes. Pour indiquer à quelle portion de celle-ci appartiennent les cinq lignes de la *portée ordinaire*, on a créé trois signes qu'on appelle clés de *fa*, d'*ut* et de *sol* (n° 32); cette dernière est celle dont on se sert le plus fréquemment.

La gamme telle que nous l'avons décrite s'appelle *gamme d'ut* (n° 38) et *gamme naturelle* ou *diatonique*.

En remplaçant *sol* de la gamme d'*ut* par un son plus aigu qu'on appelle *sol dièse* (n° 41), on forme une autre gamme qui a pour tonique *la*. En comparant ces deux échelles, on trouve qu'elles diffèrent au troisième et au sixième degrés.

Dans la gamme d'*ut*, la *tierce* et la *sixte* sont *majeures*; et dans celle de *la*, elles sont *mineures*. Ces différences constituent le *mode*. C'est pourquoi on dit le Ton d'*ut mode majeur*, et le Ton de *la mode mineur*.

Les rapports qui existent entre ces deux gammes ont fait dire que le Ton de *la* est le mineur relatif d'*ut majeur*.

Dans le mode mineur, on remarque des intervalles nouveaux qu'on appelle *maximes* et *minimes*, ou *augmentés* et *diminués* (n° 43); ceux-ci se trouvent de la sensible à la quarte et à la septième au-dessus; et les premiers de la sensible à la seconde et à la quinte au-dessous.

Les formules 14 et 15 offrent un modèle de chacun de ces intervalles. Pour les exprimer, il faut les étudier d'abord en donnant aux notes *la, sol* ♯, *la,* le même air qu'à *ut, si, ut.* Chanter ensuite plusieurs fois les notes *fa, la, sol* ♯ (1), en s'arrêtant un peu sur *sol* ♯, et enfin directement *fa, sol* ♯, *la.* Procéder de même pour les autres intervalles de cette espèce.

Les formules 1, 2 et 3 sur les syllabes *ut, ré, mi, fa, sol, la* sont reproduites sur la portée au bas de la seconde page de ce Tableau.

On s'affermira sur les intonations des intervalles dont elles sont composées en étudiant les exercices **a, b, c, d, e, f,** et les exercices A, B qui sont en tête du Tableau.

A ces exercices on joindra l'étude des formules 4 et 5. La première contient tous les intervalles de *mi* à *ré, ut, si, la,* et la deuxième tous ceux de *fa* à *mi, ré, ut, si, la.* Ces intervalles se trouvent déjà en partie dans les précédentes formules; mais celles-ci ont pour but spécial de préparer l'oreille à l'impression du mode mineur. Lorsqu'on les aura apprises, on étudiera les exercices D et E.

A ceux-ci on ajoutera progressivement l'étude des exercices C, F, et celle des accords G. Pour celle-ci, voir l'Instruction spéciale (page 54).

Enfin, lorsqu'on aura acquis un peu d'assurance à l'intonation, on étudiera aussi les formules (2):

6 à 9, contenant tous les intervalles de la note *fa* aux autres degrés de la gamme, soit au-dessus, soit au-dessous;

10 à 13, contenant tous les intervalles de la note *si* aux autres degrés de la gamme, soit au-dessus, soit au-dessous;

14 et 15, contenant les intervalles augmentés et diminués qui caractérisent le mode mineur.

Les formules qui précèdent contiennent tous les intervalles de la gamme jusqu'à l'octave inclusivement. Il en est de même des exercices non rhythmés, en comptant les accords dans leurs diverses combinaisons. On a déjà vu que ceux-ci sont destinés à servir de contrôle aux formules, et à s'assurer qu'on possède réellement l'intonation des intervalles.

(1) Donner à ce nouveau son le nom de *sol*, en lui appliquant la signification du *sol* (terre).

(2) Il convient d'appeler toute l'attention de l'élève sur l'étude de ces formules, à cause de l'importance du rôle qu'elles sont destinées à remplir ultérieurement. Quoique la plupart des intervalles soient préparés de manière à être attaqués sans difficulté, il peut s'en trouver qui embarrassent d'abord, tels que la septième 6-5̇ de la deuxième mesure de la formule n° 7. Dans ce cas, on peut, pour la première fois, chanter les degrés intermédiaires qui séparent les deux notes, et répéter plusieurs fois les sons extrêmes afin de les graver dans la mémoire; ou mieux, s'exercer à entonner les grands intervalles, tels que les sixtes, septièmes, neuvièmes, etc., par comparaison à l'octave, qui n'offre aucune difficulté. Exemple : pour trouver l'intonation de la septième 6-5̇, pensez 6-6̇-5̇; si c'était, au contraire 5̇-6, il faudrait penser 5̇-5̇-6, et de même pour tous les intervalles de même nature.

Formules et exercices, du son le plus grave au son le plus aigu, ne dépassent pas une octave, afin que les voix les moins étendues puissent les étudier. Dans la pratique, les intervalles qui dépassent cette limite se présentent rarement, et sont toujours faciles à trouver lorsqu'on connaît bien les autres.

Avant de quitter le deuxième Tableau, on apprendra les formules 1, 2 et 3, qui sont transposées au bas de la deuxième page du Tableau suivant, et on procédera de même pour tous les autres.

TABLEAUX N°s 3 ET 4,

CORRESPONDANT AUX CHAPITRES III, IV ET V DE LA THÉORIE.

Avant d'étudier les formules qui commencent le Tableau n° 3, il faut étudier le n° 45 du chapitre III de la Théorie.

95. Chaque degré de l'échelle musicale peut servir de base ou de tonique à une gamme semblable à celle d'*ut majeur* ou à celle de *la mineur*. Il suffit pour cela de modifier les degrés compris dans l'octave de la note tonique, de manière à ce que les deux demi-tons soient toujours placés du troisième degré au quatrième, et du septième au huitième, lorsqu'il s'agit du mode majeur.

On remplace les sons trop aigus par des sons plus graves qu'on appelle *bémols*, et les sons trop graves par des sons plus aigus qu'on appelle *dièses*.

Ces nouveaux sons conservent le même nom que ceux qu'ils remplacent, parce qu'ils occupent la même ligne de la portée. On les distingue des autres au moyen des signes ♭ pour les bémols, et ♯ pour les dièses. Ces signes se placent devant la note diésée ou bémolisée (n°s 45 et 46). *Voyez* le tableau des gammes constituées par les dièses et les bémols (n° 53 et 54).

Tous les dièses ou bémols constitutifs d'un Ton se placent à la clé (n° 55). Leur réunion s'appelle l'*armure de la clé*.

Étudier les rapports de ces gammes entre elles (n° 54). *Voir* dans le chapitre V, *de l'Intonation* (n°s 58 à 61) comment on doit étudier les Tons par dièses et par bémols.

Pendant qu'on étudiera et répétera les formules 6, 7, 8, 9, qui sont à la première page de ce Tableau, ainsi que celles 4 et 5 qui les suivent, on pourra étudier les exercices **a** à **f** qui sont à la deuxième page du Tableau, ainsi que les formules 1, 2, 3 qui les suivent, et celles n°s 10 à 13 qui sont au bas des pages suivantes.

Après un certain nombre de répétitions des formules 4 à 9, on s'affermira sur les intonations qu'elles contiennent, en étudiant les exercices A, B, C, D, E, F, et les accords G, se conformant pour ceux-ci à l'instruction spéciale (page 54).

Ces exercices et les formules, sauf quelques changements de dispositions, sont dans ce Tableau les mêmes que dans le Ton d'*ut*.

On étudiera, en même temps que les exercices du troisième Tableau, la théorie de la formation des gammes, qu'il faut connaître avant de passer au Tableau n° 4, afin de bien comprendre alors que tous les Tableaux, à partir du n° 2 jusqu'au n° 8, présentent les mêmes intervalles à étudier sous des noms différents. En les faisant passer pour ainsi dire par la même filière, on voit qu'en effet le Ton d'*ut majeur* est le modèle de tous les Tons majeurs, et le Ton de *la mineur* le modèle de tous les Tons mineurs.

Les numéros et les lettres qui accompagnent les formules et les exercices des Tableaux n°⁵ 3 à 8 sont les mêmes que ceux du Tableau n° 2, auxquels ils servent de renvoi.

On suivra, pour l'étude des Tableaux 4 à 8, la marche qui vient d'être indiquée pour le troisième.

TABLEAU N° 5,

CORRESPONDANT AU CHAPITRE VI DE LA THÉORIE.

(L'étude pratique comme aux Tableaux précédents.)

96. Pour détruire l'effet d'un dièse ou d'un bémol, qu'ils soient constitutifs d'un Ton ou purement accidentels, c'est-à-dire employés dans une modulation (1), en un mot, pour annoncer qu'une note précédemment altérée doit être naturelle, on place devant cette note le signe ♮ qu'on appelle *bécarre* (n° 62).

97. Chaque Ton majeur a un Ton mineur relatif et un Ton mineur de même base, c'est-à-dire dont la tonique est la même dans les deux modes (n° 63).

Le mineur relatif se forme en élevant le cinquième degré du Ton majeur d'un demi-ton chromatique (n° 64).

Le mineur de même base se forme en abaissant la tierce et la sixte majeures, qui deviennent mineures (n° 64).

Toute gamme mineure est ordinairement modifiée de la manière suivante :

Au lieu du deuxième tétracorde mineur avec la seconde augmentée, on chante, en montant, le deuxième tétracorde du majeur *même base;* et, en descendant, les quatre notes sont chantées comme dans le *majeur relatif* (n° 65).

L'armure de la clé annonce toujours un Ton majeur ou son mineur relatif (n° 67).

TABLEAUX N°⁵ 6, 7, 8,

CORRESPONDANT AU CHAPITRE VII DE LA THÉORIE.

L'étude pratique comme aux Tableaux précédents.

98. Le passage d'un Ton majeur à son mineur de même base dans le courant d'un morceau, peut être annoncé par trois signes de dépression (n° 78).

Réciproquement, le passage d'un Ton mineur à son majeur de même base peut être annoncé par trois signes d'élévation (n° 78).

99. La gamme chromatique est celle qui procède par demi-tons ; elle se fait par dièses en montant, et par bémols en descendant (n° 81).

100. La division d'une seconde majeure par le dièse de la note inférieure et par le bémol de la note supérieure, produit trois intervalles, dont deux secondes mineures, plus l'intervalle du bémol au dièse. Ce dernier s'appelle *intervalle enharmonique (Voir* la gamme enharmonique n° 86).

REMARQUE. — Il semble que, pour être conséquent avec ce qui a été fait pour le mode majeur, il aurait fallu créer pour le mode mineur des formules contenant tous les intervalles de la sensible aux

(1) On appelle *Modulation* le passage d'un *Ton* ou d'un *Mode* à un autre dans le courant d'un morceau de musique.

autres degrés de la gamme. Telle avait d'abord été notre intention ; mais nous avons pensé qu'il se-rait avantageux de restreindre le nombre des formules toutes les fois que cela serait possible, plutôt que de les multiplier sans une absolue nécessité ; c'est pourquoi nous en donnons seulement pour les intervalles augmentés et diminués qui caractérisent le mode, les autres intervalles de la sensible aux divers degrés de l'échelle mineure, et les irrégularités du mode se trouvant dans les formules et exercices du majeur même base et du majeur relatif.

Ainsi, par exemple, dans le Ton d'*ut* mineur, 5e Tableau, les formules ne donnant que les rapports de *si* à *mi* ♭, *la* ♭ et *ut*, il manque les rapports de la sensible *si* à *ré*, à *fa* et à *sol*; mais ces intervalles se trouvent dans le ton d'*ut* majeur, et les intervalles de la sensible abaissée se trouvent dans le Ton de *mi* ♭ majeur. Il n'y a donc pas d'inconvénient à les supprimer dans les formules spéciales du mineur.

Il ne sera peut-être pas superflu d'ajouter aussi quelques mots sur les motifs qui nous ont guidé dans le choix de la série des Tons à étudier, et nous ont porté à préférer les Tons par bémols aux Tons par dièses.

Les Tableaux nos 1 et 2, où se trouvent les éléments qui constituent le Ton d'*ut* majeur, con-tiennent, on l'a remarqué, des exercices sur les deux hexacordes *sol, la, si, ut, ré, mi*, et *ut, ré, mi, fa, sol, la;* mais bien qu'il paraisse ici appartenir au Ton d'*ut*, on sait que le premier de ces hexacordes fait partie du Ton de *sol* majeur, et l'étude des Tons par dièses mettrait dans la nécessité d'étudier toujours par anticipation l'hexacorde du Ton suivant, dont les six premières notes sont com-munes aux deux Tons. Ainsi, pour apprendre le Ton de *sol*, il faudrait étudier par anticipation l'hexa-corde *ré, mi, fa* ♯*, sol, la*, du Ton de *ré*. En prenant, au contraire, les Tons par bémols, on n'a pas besoin d'anticiper, puisque l'hexacorde de la dominante de chaque nouveau Ton a toujours été étudié dans le Ton précédent. Cela permet de suivre une marche plus uniforme, en dispensant de recourir à deux Tableaux pour l'étude d'un seul Ton, ou d'écrire chaque hexacorde sur deux Tableaux.

INSTRUCTION

RELATIVE A L'ÉTUDE DES EXERCICES D'ACCORDS.

101. Ces exercices sont divisés en trois parties : l'accord de tonique à l'état direct, à son premier et à son deuxième renversement. Ce qui sera dit pour l'étude des trois lignes ci-dessous de l'état direct du Ton d'*ut* et de ses adjacents pourra s'appliquer à celle du premier et du second renversement, et à celle des accords de tous les autres Tons.

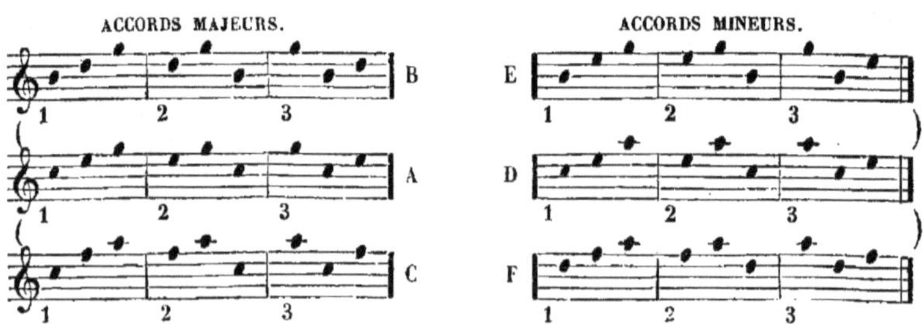

Les trois lignes ci-dessus sont divisées en deux parties : celle de gauche contient les accords ma-jeurs : A accord d'*ut*, B accord de *sol*, C accord de *fa*. La partie droite donne vis-à-vis de A l'accord de *la* mineur D, E accord mineur de *mi* vis-à-vis de son majeur relatif *sol*, et F accord mineur de *ré*, relatif de *fa* majeur.

Chacun de ces accords de trois notes donne six combinaisons différentes, dont trois seulement sont écrites. Pour obtenir les trois autres, il suffit, après avoir lu les trois combinaisons de chaque accord de gauche à droite, de les lire de droite à gauche.

Exemple de l'accord **A**.   Les trois combinaisons **A** lues de droite à gauche.

Les six combinaisons que présente cet exemple sont les seules possibles sur les trois notes *ut*, *mi, sol*.

Après avoir étudié l'accord A comme il vient d'être indiqué, on étudiera de même séparément chacun des autres accords B, C, D, E, F; on combinera ensuite les accords A et D, qui sont placés sur la ligne du milieu, soit entre eux, soit avec l'un des accords B et E, placés sur la ligne au-dessus, soit avec l'un des accords C et F, placés sur la ligne au-dessous.

Il ne faudra étudier ces combinaisons, en partant de l'accord de *la mineur*, qu'après s'être suffisamment exercé en partant de l'accord d'*ut* majeur.

Pour bien faire comprendre comment cette étude doit être dirigée, et quelle variété infinie de combinaisons résulte de la disposition des accords telle qu'on la voit dans l'exemple ci-dessus, nous indiquerons ici les combinaisons principales que l'on peut obtenir entre les deux seuls accords A et B. On obtiendrait le même nombre de combinaisons entre l'accord A et chacun des autres accords C, D, E, F. En lisant :

1° l'accord A de gauche à droite, puis de droite à gauche.
    — B de la même manière.

2° — A de gauche à droite, et l'accord B de gauche à droite.
    — A de gauche à droite,   — B de droite à gauche.

3° — A de droite à gauche,   — B de gauche à droite.
    — A de droite à gauche,   — B de droite à gauche.

4° — A 1 de gauche à droite, combiné successivement avec chacun des accords B 1, B 2, B 3, de gauche à droite et de droite à gauche.

5° — A 2 combiné de la même manière.

6° — A 3 combiné de la même manière.

7°, 8°, 0° A 1, A 2, A 3, de droite à gauche combinés de même avec B 1, B 2, B 3, de gauche à droite, de droite à gauche.

10° — A 1, B 1, A 2, B 2, A 3, B 3, de gauche à droite, de droite à gauche, ou bien A 1, B 1, B 2, A 2, A 3, B 3, et en revenant vers la gauche.

Les mêmes combinaisons, deux à deux, peuvent se faire en prenant l'accord mineur *la, ut, mi*, B, pour point de départ ou *accord central*, c'est-à-dire auquel il faut toujours revenir en terminant l'exercice. Dans tous les cas, on doit finir par la note tonique. (1).

Après avoir étudié ces accords deux à deux, on peut les étudier trois à trois, en ayant soin de placer toujours au milieu l'accord A si l'on veut prendre pour base de l'exercice le mode majeur, ou l'accord D, si l'on veut prendre pour base le mode mineur.

Il ne faudrait pas essayer de combiner directement les accords B et E avec les accords C et D, ces successions d'accords ne pouvant avoir lieu dans la pratique.

Ainsi, pour combiner, par exemple, les trois accords A, B, D, on lira :

11° Les accords A 1, B 1, A 1, D 1, puis A 1, B 2, A 1, D 2, et A 1, B 3, A 1, D 3; et de même en

____

(1) Ces combinaisons s'appliquent aussi aux exercices H qui terminent les sept derniers Tableaux, et qui donnent les trois renversements de l'accord de quinte mineure combiné avec l'accord de tonique.

lisant les accords B et D de droite à gauche, et en continuant l'accord A 1 de gauche à droite, enfin en lisant l'accord A 1 de droite à gauche. On peut faire le même exercice en prenant successivement pour accord central A 2 et A 3, tantôt de droite à gauche, tantôt de gauche à droite.

On peut juger, par ce qui précède, de l'économie qui résulte de cette disposition des accords. Il faudrait des volumes pour écrire toutes les combinaisons qu'il serait possible d'en tirer.

Lorsqu'on aura acquis un peu d'assurance à l'intonation de ces exercices, il sera bien de leur donner un rhythme simple tel que l'un des suivants.

102. L'application du rhythme à ces exercices permettra d'habituer les élèves (dès le commencement de leur éducation musicale) aux effets de l'harmonie, en faisant chanter ces accords à deux ou trois voix.

Dans ce but, on formera deux ou trois groupes, selon la nature des voix ; on confiera la direction de chacun des groupes aux élèves les plus avancés. On fera alors chanter par un groupe l'accord à l'état direct, par un autre le premier renversement, et par un autre le deuxième renversement ; en guidant les moniteurs par des signes spéciaux, ou en convenant préalablement d'une marche régulière pour le passage d'un accord à l'autre.

Puis, afin de faire chanter à chaque groupe tous les renversements du même accord, on placera à la basse tantôt la tonique, tantôt la médiante et tantôt la dominante ; mais comme ces diverses combinaisons ne sont pas écrites sur les Tableaux, on y suppléera, en n'ayant pas égard à la position des notes sur la portée (c'est-à-dire au son absolu), et en les exécutant quelquefois comme si elles étaient écrites à l'octave au-dessus ou au-dessous de la notation effective.

Un exemple rendra ceci plus clair. Supposons que le Tableau ne présente que le premier des trois exercices ci-dessous, et que cependant on veuille faire chanter successivement à tous les groupes chacun des renversements de l'accord d'*ut*, on devra, dans ce cas, procéder comme l'indiquent les deux derniers exercices.

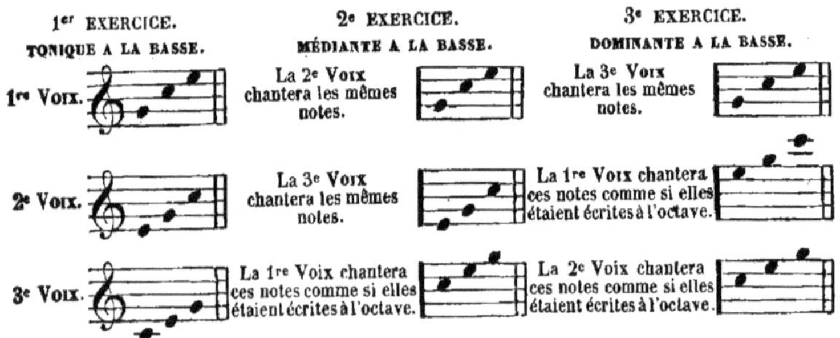

On pourrait multiplier ces combinaisons. Nous nous bornons à indiquer celles-ci ; elles serviront de guide pour toutes les autres.

EXERCICES PRATIQUES

D'INTONATION MUSICALE.

IER TABLEAU.

AU LIEU DE : Malbrough s'en va-t-en guer-re, mironton, mi-ron-ton, mirontai-ne,
CHANTEZ . . *Sol si   si si   la ut   si ut si la   la la   la sol la si sol.*
OU BIEN. . . *Ut mi   mi mi   ré fa   mi fa mi ré   ré ré   ré ut ré mi ut.*

EXERCICES.

NOTA. — Les points placés au-dessus ou au-dessous des syllabes ont la même signification qu'avec les chiffres (Voir la note page 14).

1. Sol la sol | sol la si | sol si | sol la si | si la sol | si la si | si la sol | si sol |
   si la sol la si la sol ‖

2. Sol la si | la si sol | si sol la | la sol si | sol si la | si la sol ‖

3. Sol la si ut | sol ut | sol la si | sol si | sol la si ut | sol ut | sol la si ut |
   ut si la sol | ut si ut | ut si la | ut la | ut si la sol | ut sol ‖ *(Etudier le n° 27).*

4. Ut ré mi fa | fa mi ré ut | fa mi fa | fa mi ré | fa ré | fa mi ré ut | fa ut ‖

5. Ut si la sol | sol la si ut ut ré mi fa | fa mi ré ut | fa ut ‖

6. Sol la si ut ré | sol ré sol | sol la si ut ré ré ut si la sol | ré sol ‖

7. Sol | ré ut si la sol | ré sol ré | ré ut si la sol sol la si ut ré | sol ré sol ‖

8. Ré ut ré | ré ut si | ré si ré | ré ut si la | ré la ré | ré ut si la sol | ré sol ré | sol ‖

9. Sol la si ut ré mi | sol mi sol | sol la si ut ré mi mi ré ut si la sol | mi sol mi |
   mi ré ut si la sol | mi sol mi | mi ré ut si la sol sol la si ut ré mi | sol mi sol ‖

10. Sol la si ut ré | ré ut ut ré | ré ut si | ré si ré | si ut ré | ré ut si la | ré la ré |
    la si ut ré | ré ut si la sol | ré sol ré | sol la si ut ré ut si la sol ‖ *(Etudier le n° 28).*

11. Ut ré mi fa sol | ut sol ut | ut ré mi fa sol sol fa mi ré ut | sol ut ‖

12. Sol la si ut ré mi | mi ré ré mi | mi ré ut | mi ut | ut ré mi | mi ré ut si |
    mi si mi | si ut ré mi | mi ré ut si la | mi la mi | la si ut ré mi |
    mi ré ut si la sol | mi sol mi | sol la si ut ré mi | sol mi sol ‖ *(Etudier le n° 29).*

13. Sol la si | la si la | la si ut | si ut si | si ut ré | ut ré ut | ut ré mi | ré mi ré | mi ré ut |
    ré ut ré | ré ut si | ut si ut | ut si la | si la si | si la sol | la sol la | la sol la | sol ‖

14. Sol la si | la si ut | si ut ré | ut ré mi | mi ré ut | ré ut si | ut si la | si la sol sol ‖

15. Sol la si | sol si | si ut ré | si ré | sol si ré | sol ré | ré ut si | ré si | si la sol | si sol |
    ré si sol | ré sol ‖

16. Sol la si ut | sol ut | ut ré mi | ut mi | sol ut mi | sol mi | mi ré ut | mi ut |
ut si la sol | ut sol | mi ut sol | mi sol ‖

17. Sol la si | sol si | si ut ré mi | si mi | sol si mi | sol mi | mi ré ut si | mi si |
si la sol | si sol | mi si sol | mi sol ‖

18. Ut si la la si ut | la ut | ut ré mi | ut mi | la ut mi | la mi | mi ré ut | mi ut |
ut si la | ut la | mi ut la | mi la ‖

19. Ut ré mi fa sol | sol fa fa sol | sol fa mi | sol mi sol | mi fa sol | sol fa mi ré |
sol ré sol | ré mi fa sol | sol fa mi ré ut | sol ut sol | ut ré mi fa sol fa mi ré ut ‖

20. Sol la si | sol si | la si ut | la ut | si ut ré | si ré | ut ré mi | ut mi | ré mi fa |
ré fa | mi fa sol | mi sol | sol fa mi | sol mi | fa mi ré | fa ré | mi ré ut |
mi ut | ré ut si | ré si | ut si la | ut la | si la sol | si sol ‖

21. Sol | si la | ut si | ré ut | mi ré | fa mi | sol sol | sol mi | fa ré | mi ut | ré si | ut la | si sol ‖

22. Sol si | sol si ré | sol si ré fa | fa sol fa | fa ré | fa ré si | fa ré si sol | ut ‖

23. Ut sol ut | sol ut mi | sol ut mi sol | sol | sol mi | sol mi ut | sol mi ut sol | ut ‖

24. Ut ré mi fa sol la si ut | ut | ut si la sol fa mi ré ut ‖

25. Ut | mi ré | fa mi | sol fa | la sol | si la | ut ut | ut la | si sol | la fa | sol mi |
fa ré | mi ut ‖

26. Ut mi | ut mi sol | ut mi sol ut | ut mi | ut mi sol | mi sol ut | ut sol | ut sol mi |
ut sol mi ut | ut sol | ut sol mi | sol mi ut ‖

---

27. 1re *Formule à étudier après l'Exercice n° 3.*

Sol la si | sol si | si ut sol | ut si la | si la | ut la sol ‖

28. 2e *Formule à étudier après l'Exercice n° 10.*

Sol si sol | ré ré ré | ré la si | ut la | ré ré ut | si ré si | la si ut | ré sol ‖

29. 3e *Formule à étudier après l'Exercice n° 12.*

Sol si ré | mi ut mi ré | la mi | la si ut | mi si sol | mi si sol si | mi sol | si la sol ‖

30. 1re *Formule.*

Ut ré mi | ut mi | mi fa ut | fa mi ré | mi ré | fa ré ut ‖

31. 2e *Formule.*

Ut mi ut | sol sol sol | sol ré mi | fa ré | sol sol fa | mi sol mi | ré mi fa | sol ut ‖

32. 3e *Formule.*

Ut mi sol | la fa la sol | ré la | ré mi fa | la mi ut | la mi ut mi | la ut | mi ré ut ‖

EXERCICES sur l'hexacorde *sol, la, si, ut, ré, mi.*

A.

B.

C.

G. ACCORDS contenus dans l'hexacorde *sol, la, si, ut, ré, mi.*

Etat direct.

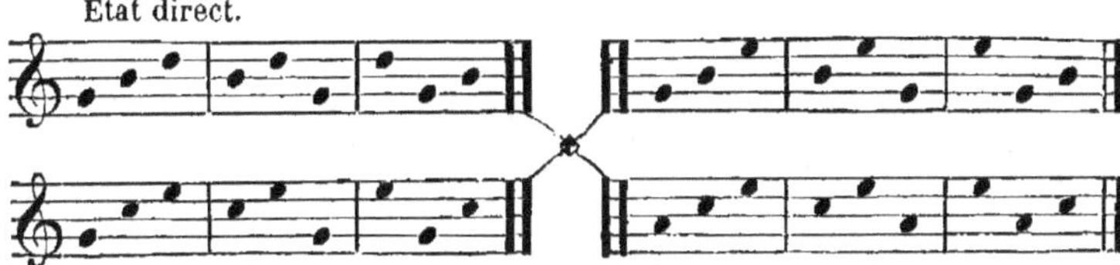

2ᴱ TABLEAU.

TON D'*UT* MAJEUR ET DE *LA* MINEUR.

A. EXERCICE sur les quatre notes *ut*, *ré*, *mi*, *fa*.

B. EXERCICE sur les cinq notes *ut*, *ré*, *mi*, *fa*, *sol*.

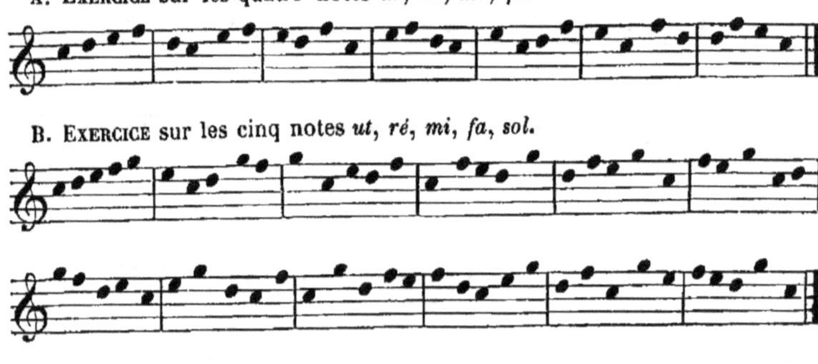

4ᵉ FORMULE, contenant les rapports de la note *mi* avec *ré*, *ut*, *si*, *la*.

5ᵉ FORMULE, contenant les rapports de la note *fa* avec *mi*, *ré*, *ut*, *si*, *la*.

D. EXERCICE sur les quatre notes *la*, *si*, *ut*, *ré*.

E. EXERCICE sur les cinq notes *la*, *si*, *ut*, *ré*, *mi*.

EXERCICES EN *UT* MAJEUR.

C. EXERCICE sur les six notes *ut*, *ré*, *mi*, *fa*, *sol*, *la*.

4 FORMULES (N° 6 à 9) contenant les rapports de *fa* avec les autres degrés de la gamme.

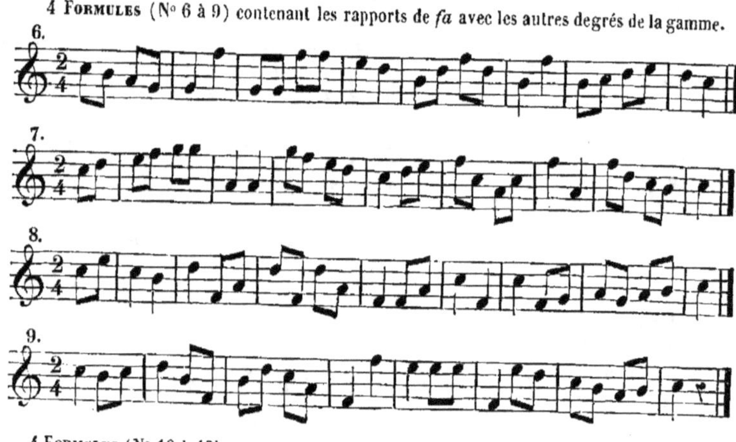

4 FORMULES (N° 10 à 13) contenant les rapports de *si* avec les autres degrés de la gamme.

F. **Exercice** sur les six notes *la*, *si*, *ut*, *ré*, *mi*, *fa*.

14e **Formule**, contenant les intervalles de septième et de quarte diminuées du mode mineur.

15e **Formule**, contenant les intervalles de seconde et de quinte augmentées du mode mineur.

G. ACCORDS

MAJEURS.   MINEURS.

D.   M.

T. Etat direct.   SS.

SD.   SM.

T. 1er renversement.

T. 2e renversement.

H. Accord de quinte mineure ou diminuée, combiné avec celui de tonique majeure.

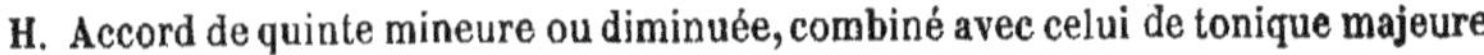

Etat direct.   1er renversement.   2e renversement.

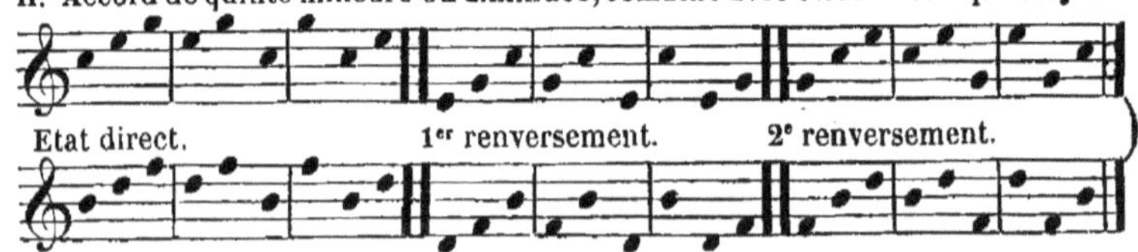

3ᴇ TABLEAU.

Fᴀ *majeur.*
Rᴇ́ *mineur.*

Fᴀ ♯ *majeur.*
Rᴇ́ ♯ *mineur.*

Fᴏʀᴍᴜʟᴇs 6 à 9, en *fa* majeur, contenant les combinaisons de la sous-dominante *si* ♭ avec le
autres degrés de la gamme.

Nᵒ 6.

Nᵒ 7.

Nᵒ 8.

Nᵒ 9.

Fᴏʀᴍᴜʟᴇs Nᵒ 4, 5, 14 et 15, en *ré* mineur.

Nᵒ 4. Contenant les combinaisons de la note *la* avec *sol*, *fa*, *mi*, *ré*.

Nᵒ 5. Contenant les combinaisons de la note *si* ♭ avec *la*, *sol*, *fa*, *mi*, *ré*.

Nᵒ 14. Contenant la quarte et la septième diminuées du mode mineur.

Nᵒ 15. Contenant la seconde et la quinte augmentées du mode mineur.

5

EXERCICES EN *FA* MAJEUR.

EXERCICES EN *FA* MAJEUR.

A.

B.

C.

Formules **10 à 13**, transposées en *fa* ♯ majeur, contenant les combinaisons de la sensible *mi* avec les autres degrés de la gamme.

N° 10.

N° 11.

EXERCICES EN *RÉ* MINEUR.

G. ACCORDS

II. Accord de quinte mineure ou diminuée, combiné avec celui de tonique majeure.

4ᴱ TABLEAU.

Sɪ ♭ *majeur.*
Sᴏʟ *mineur.*

Sɪ *majeur.*
Sᴏʟ ♯ *mineur.*

Fᴏʀᴍᴜʟᴇs 6 à 9, en *si* ♭ majeur, contenant les combinaisons de la sous-dominante *mi* ♭ avec les autres degrés de la gamme.

Nᵒ 6.

Nᵒ 7.

Nᵒ 8.

Nᵒ 9.

Fᴏʀᴍᴜʟᴇs Nᵒ 4, 5, 14 et 15, en *sol* mineur.

Nᵒ 4. Contenant les combinaisons de la note *ré* avec *ut, si* ♭*, la, sol.*

Nᵒ 5. Contenant les combinaisons de la note *mi* ♭ avec *ré, ut, si* ♭*, la, sol.*

Nᵒ 14. Contenant la quarte et la septième diminuées du mode mineur.

Nᵒ 15. Contenant la seconde et la quinte augmentées du mode mineur.

EXERCICES EN *SI* ♭ MAJEUR.

EXERCICES EN *SI* ♭ MAJEUR.

FORMULES 10 à 13, transposées en *si* majeur, contenant les combinaisons de la sensible *la* ♯ avec les autres degrés de la gamme.

EXERCICES EN *SOL* MINEUR.

G. ACCORDS

H. Accord de quinte mineure combiné avec celui de tonique majeure.

5ᴱ TABLEAU.

Mi ♭ *majeur.*
Ut *mineur.*

Mi *majeur.*
Ut ♯ *mineur.*

Formules 6 à 9, en *mi* ♭ majeur, contenant les combinaisons de la sous-dominante *la* ♭ avec les autres degrés de la gamme.

Nº 6.

Nº 7.

Nº 8.

Nº 9.

Formules Nº 4, 5, 14 et 15, en *ut* mineur.

Nº 4. Contenant les combinaisons de la note *sol* avec *fa, mi* ♭*, ré, ut.*

Nº 5. Contenant les combinaisons de la note *la* ♭, avec *sol , fa, mi* ♭*, ré, ut.*

Nº 14. Contenant la quarte et la septième diminuées du mode mineur.

Nº 15. Contenant la seconde et la quinte augmentées du mode mineur.

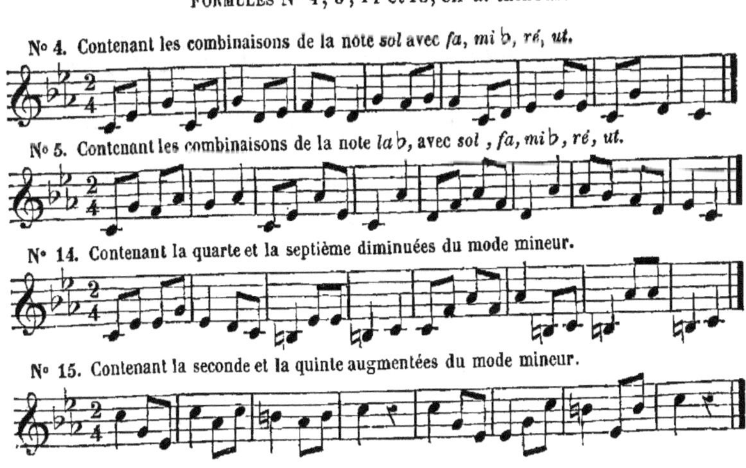

EXERCICES EN *MI* ♭ MAJEUR.

EXERCICES EN *MI* ♭ MAJEUR.

FORMULES 10 à 13, transposées en *mi* majeur, contenant les combinaisons de la sensible *ré* ♯ avec les autres degrés de la gamme.

EXERCICES EN *UT* MINEUR.

G. ACCORDS

H. Accord de quinte mineure combiné avec celui de tonique majeure.

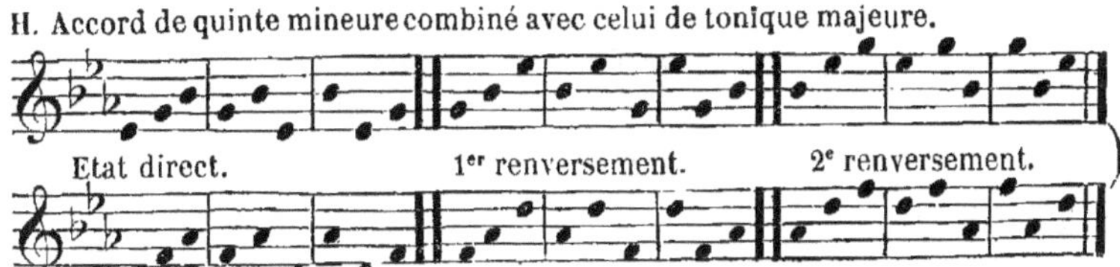

6ᴱ TABLEAU.

La ♭ *majeur.*
Fa *mineur.*

La *majeur.*
Fa ♯ *mineur.*

FORMULES 6 à 9, en *la* ♭ majeur, contenant les combinaisons de la sous-dominante *ré* ♭ avec les autres degrés de la gamme.

FORMULES Nᵒ 4, 5, 14 et 15, en *fa* mineur.

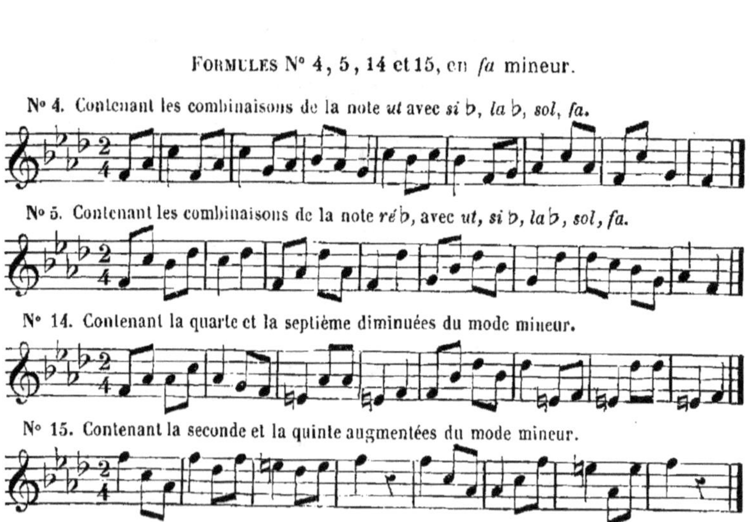

EXERCICES EN *LA* ♭ MAJEUR.

EXERCICES EN *LA* ♭ MAJEUR.

FORMULES 10 à 13, transposées en *la* majeur, contenant les combinaisons de la sensible *sol* ♯ avec les autres degrés de la gamme.

EXERCICES EN *FA* MINEUR.

G. ACCORDS

II. Accord de quinte mineure combiné avec celui de tonique majeure.

7ᴱ TABLEAU.

RÉ♭ *majeur.*
SI♭ *mineur.*

RÉ *majeur.*
SI *mineur.*

FORMULES 6 à 9, en *ré*♭ majeur, contenant les combinaisons de la sous-dominante *sol*♭ avec les autres degrés de la gamme.

Nº 6.

Nº 7.

Nº 8.

Nº 9.

FORMULES Nº 4, 5 , 14, et 15 en *si*♭ mineur.

Nº 4. Contenant les combinaisons de la note *fa* avec *mi*♭, *ré*♭, *ut*, *si*♭.

Nº 5. Contenant les combinaisons de la note *sol*♭ avec *fa, mi*♭, *ré*♭, *ut, si*♭.

Nº 14. Contenant la quarte et la septième diminuées du mode mineur.

Nº 15. Contenant la seconde et la quinte augmentées du mode mineur.

EXERCICES EN *RÉ* ♭ MAJEUR.

EXERCICES EN *RÉ* ♭ MAJEUR.

A.

FORMULES 10 à 13, transposées en *ré* majeur, contenant les combinaisons de la sensible *ut* ♯ avec les autres degrés de la gamme.

Nº 10.

Nº 11.

EXERCICES EN *SI* ♭ MINEUR.

G. ACCORDS

MAJEURS.
MINEURS.
D.
M.
T. Etat direct.
SS.
SD.
SM.
T. 1er renversement.
T. 2e Renversement.
H. Accord de quinte mineure combiné avec celui de tonique majeure.
Etat direct.
1er renversement.
2e renversement.

8ᴱ TABLEAU.

Sᴏʟ ♭ *majeur.*
Mɪ ♭ *mineur.*

Sᴏʟ *majeur.*
Mɪ *mineur.*

Fᴏʀᴍᴜʟᴇs 6 à 9 , en *sol* ♭ majeur, contenant les combinaisons de la sous-dominante *ut* ♭ avec les autres degrés de la gamme.

Nº 6.

Nº 7.

Nº 8.

. Nº 9.

Fᴏʀᴍᴜʟᴇs Nº 4, 5 , 14 et 15, en *mi*♭ mineur.

Nº 4. Contenant les combinaisons de la note *si* ♭ avec *la* ♭, *sol* ♭, *fa*, *mi* ♭.

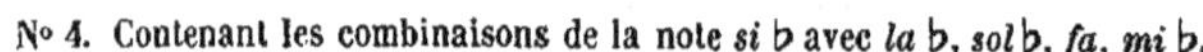

Nº 5. Contenant les combinaisons de la note *ut* ♭, avec *si* ♭, *la* ♭, *sol* ♭, *fa*, *mi* ♭.

Nº 14. Contenant la quarte et la septième diminuées du mode mineur.

Nº 15. Contenant la seconde et la quinte augmentées du mode mineur.

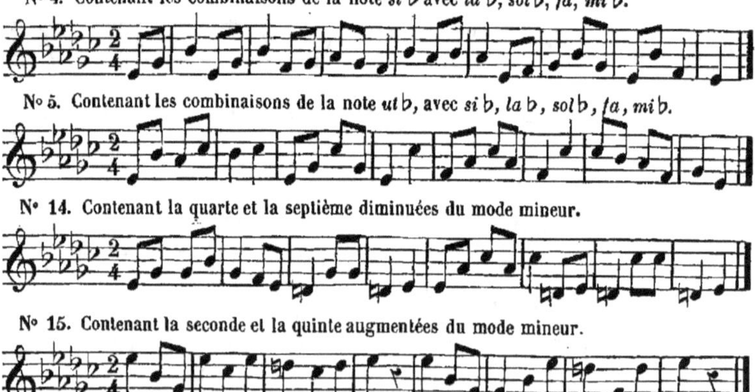

EXERCICES EN *SOL* ♭ MAJEUR.

EXERCICES EN *SOL* ♭ MAJEUR.

FORMULES 10 à 13, transposées en *sol* majeur, contenant les combinaisons de la sensible *fa* ♯ avec les autres degrés de la gamme.

Nº 10.

11.

EXERCICES EN *MI* ♭ MINEUR.

G. ACCORDS

MAJEURS.   MINEURS.

D.   M.

T. Etat direct.   SS.

SD.   SM.

T. 1ᵉʳ renversement.

T. 2ᵉ Renversement.

H. Accord de quinte mineure combiné avec celui de tonique majeure.

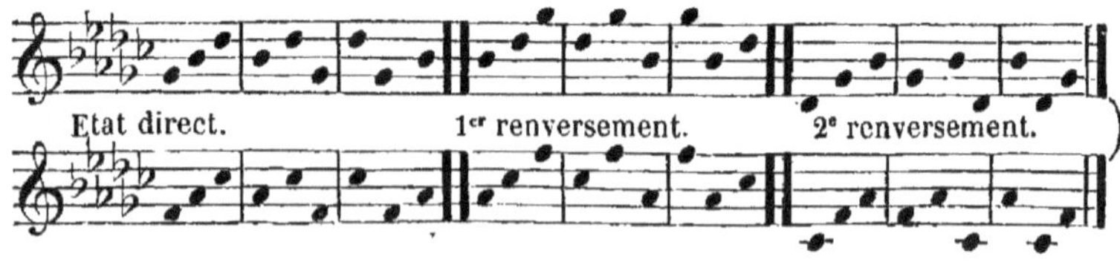

Etat direct.   1ᵉʳ renversement.   2ᵉ renversement.

LIVRE DEUXIÈME.

THÉORIE DE LA DURÉE.

INTRODUCTION.

103. On a vu, dans l'introduction de la Théorie de l'Intonation, que la musique se compose de deux éléments principaux : le *Son* et la *Durée*. Ces deux éléments, par leur réunion, forment la base de tout notre système musical. Nous ferons ici abstraction de toute idée de sonorité pour étudier seulement ce qui est relatif à la durée.

Nous ne pouvons avoir une idée bien nette d'une quantité qu'en la comparant à une autre quantité de la même espèce prise pour commune mesure. Ainsi, pour apprécier la longueur du kilomètre, nous nous figurons le mètre ajouté mille fois à lui-même ; pour la capacité de l'hectolitre, c'est le litre ajouté cent fois à lui-même, etc.

Mais cette chose fugitive qu'on appelle la durée, n'offre par elle-même aucun moyen d'apprécier ses diverses parties. Pour obtenir une unité de durée, c'est-à-dire une quantité pouvant servir de terme de comparaison à une durée quelconque, on a dû recourir au mouvement, qui est lui-même une modification de l'étendue, de l'espace. Le mouvement seul nous permet de mesurer la durée avec exactitude. Les montres, les horloges, les cadrans solaires, enfin tous les instruments connus sous le nom de chronomètres, ne sont pas autre chose que le mouvement appliqué à la mesure de la durée ou du temps.

Ce principe est appliqué à la musique pour mesurer la durée des sons. Cette mesure est relative, car la durée d'un son, comme le son lui-même, n'a une valeur musicale que par comparaison à la durée de ceux qui le précèdent ou le suivent.

Supposons deux mouvements égaux de la main, l'un en frappant, l'autre en levant, comme l'indique la figure ci-contre. Ces deux mouvements étant pris pour mesure de la durée d'un son, tous les autres sons, en continuant un mouvement uniforme, comme serait celui du balancier d'une pendule, ne pourront avoir que la durée de cette unité, ou une durée plus longue ou une plus brève.

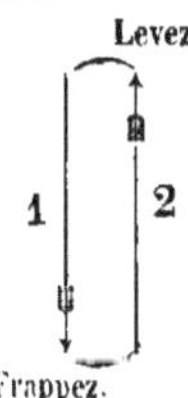

Le temps employé par la main à exécuter ces mouvements donne la mesure de la durée des sons, comme sur un cadran les aiguilles indiquent l'espace qu'elles ont parcouru en même temps que la fraction de durée à laquelle se rapporte cet espace, ces fractions étant tracées à la circonférence du cadran. Il est donc aisé de concevoir la durée d'un nombre quelconque de sons, figurée sur une ligne représentant une série d'unités, et même d'unités divisées en un certain nombre de fractions, comme le cadran est divisé en douze heures, subdivisées chacune en cinq minutes. Nous verrons bientôt comment ces observations peuvent être mises à profit pour les signes graphiques de cette partie de l'écriture musicale

104. Nous diviserons l'étude de la Durée en deux sections : la première comprendra l'étude de l'unité de Durée et de ses divers fractionnements; la seconde comprendra l'étude de la Mesure proprement dite, qui n'est autre chose qu'une succession, d'après certaines règles, de groupes de 2, 3 ou 4 unités.

Ces deux sections sont subdivisées chacune en sept chapitres dont l'étude doit marcher parallèlement; c'est-à-dire le premier chapitre de la seconde section en même temps que le premier chapitre de la première section, et ainsi des autres.

UNITÉ DE DURÉE.

CHAPITRE IER.

UNITÉ BINAIRE ET UNITÉ TERNAIRE.

105. Si l'on chante les syllabes de la chanson : *Au clair de la lune,* en frappant une série de coups égaux dont les premiers correspondent à chacune des premières syllabes de l'air, on pourra faire les remarques suivantes :

1° Pendant le temps qu'on met à chanter les paroles :

<pre>
       1re   2e 3e 4e   5e   6e syllabes.
       Au clair de la   lu - - ne,   on frappe le nombre de coups
indiqué par les chiffres : 1   2   3   4   5 6   7 8
</pre>

2° On frappe deux coups sur chacune des syllabes du mot *lu-ne,* tandis qu'on frappe un coup seulement sur chacune des autres syllabes; c'est-à-dire que chacune des syllabes *lu-ne* dure à elle seule aussi long-temps que deux des autres.

3° Si l'on chante ce fragment d'air en l'accentuant, comme cela se fait assez ordinairement, on s'aperçoit que les syllabes qui correspondent aux coups représentés par les chiffres impairs 1, 3, 5, 7, sont plus accentuées, plus *fortes* que celles qui correspondent aux chiffres pairs.

Il résulte de ces observations, que l'oreille divise, pour ainsi dire instinctivement, les syllabes de ce fragment d'air en quatre parties d'égale durée, offrant cette particularité que chacune d'elles commence par une syllabe plus fortement accentuée que la suivante; et il est même remarquable que, dans chacune des syllabes du mot *lu-ne,* dont la durée est double, la portion de ces syllabes qui correspond au chiffre impair, c'est-à-dire au commencement, est plus marquée que la seconde; en effet, au moment où le son de cette syllabe arrive à la seconde moitié indiquée par le chiffre pair, il diminue d'intensité, et ce passage est même marqué par un coup de gosier très léger, il est vrai, mais bien perceptible.

106. On pourrait donc figurer le fragment ci-dessus de la manière suivante :

1er 2e	3e 4e	5e 6e	7e 8e *coups.*
Au clair	de la	lu - u -	- ne e.
fort faible	fort faible	fort faible	fort faible

Cette succession périodique de sons forts et de sons faibles est le principe unique sur lequel repose toute la science de la *Durée* en musique. On le voit, la *durée* d'un son musical s'apprécie par comparaison à la *durée* d'un autre son, et, par conséquent, il n'y a pas plus de *durée absolue* qu'il n'y a de *son absolu.*

En effet, que l'on chante plusieurs fois le fragment du *Clair de lune,* tantôt plus vite, tantôt plus lentement, l'air pourra changer d'expression, mais il ne cessera pas d'exister, si l'on conserve toujours entre les syllabes les mêmes *rapports de durée.*

107. Le temps qui s'écoule du commencement d'un son fort au son fort le plus prochain est ce qui constitue l'*unité de durée,* c'est-à-dire celle qui sert de commune mesure à tous les sons d'un air.

Cette unité est appelée *binaire,* à cause de sa division en deux parties égales en durée.

L'exemple ci-dessus contient quatre *unités* qui sont séparées par les barres verticales, et dont les deux moitiés sont placées sous le même trait horizontal.

Si maintenant on remplace les syllabes par les points noirs dont on se sert pour figurer les intonations, et qu'on réunisse chacun d'eux au trait horizontal par une barre verticale, faisant, quant à présent, abstraction de la portée et de l'intonation, on aura pour représenter d'une manière générale la durée relative des syllabes *Au clair de la lune,* les figures suivantes :

Les deux moitiés de la première et de la deuxième unités sont représentées par le point noir réuni au trait horizontal (indicateur de l'unité) par un trait vertical. Les deux moitiés dont se composent chacune des troisième et quatrième unités appartiennent au même son; cette circonstance est indiquée par un point sans trait vertical et placé sous la seconde moitié pour avertir qu'elle est une prolongation du son de la première.

Dans la pratique, on remplace la figure par la suivante, qui, n'étant surmontée d'aucun trait, veut dire que l'unité n'est pas divisée et appartient à un seul son.

Avec cette simplification, le précédent exemple se présenterait sous la forme ci-contre :

Nous ferons observer une fois pour toutes que la direction du trait qui accompagne chaque tête de note n'a aucune influence sur sa signification. Cette direction est déterminée par la position des notes sur la *portée*. Lorsque les têtes sont au-dessus de la troisième ligne, ces traits sont dirigés en bas, et, au contraire, ils sont dirigés en haut, lorsque les têtes sont au-dessous de la troisième ligne, sauf quelques exceptions qui ne changent rien à la signification des signes.

108. Par le même motif qui a fait adopter le signe unique ♩ pour représenter les deux moitiés d'une unité appartenant au même son, nous conviendrons que le signe ♩ ou ♩ vaut deux unités, et le signe ♩ quatre unités.

Avant d'appliquer l'intonation aux signes de *durée* qui viennent d'être décrits, il est essentiel de s'habituer à mesurer par un mouvement uniforme de la main la durée de chacune des deux parties de l'unité (*voir* n° 90).

Ces mouvements doivent être exécutés avec fermeté et même d'une manière un peu brusque, afin que le déplacement de la main indique bien le commencement de la partie de l'unité à laquelle il correspond (1).

109. Etudier l'exercice n° 1 dans lequel se trouvent les divers signes de Durée qui viennent d'être décrits (2). Comme dans toute cette partie nous faisons abstraction de l'intonation et des noms de notes, on remplacera ceux-ci par le nom du chiffre indicateur de la portion de l'unité à laquelle appartient le signe à dénommer. Ainsi le chiffre 1 indiquera le commencement d'un son d'une ou de plusieurs unités de durée ; le chiffre 2 annoncera la seconde moitié de l'unité.

On suppose ici que le son représenté par un chiffre dure jusqu'à ce qu'un nouveau chiffre vienne annoncer un autre son.

Les lettres F L, placées au-dessous de chaque unité, veulent dire *frappez* et *levez ;* elles indiquent les mouvements que la main doit exécuter en même temps que la voix énonce les parties de l'unité correspondant à chacune de ces lettres

110. La musique a, comme le discours, des points de repos. Le principal est le silence que fait une voix ou un instrument entre deux sons. La *durée* de ces silences se mesure, comme celle des sons eux-mêmes, par le temps qui s'écoule entre le moment où il commence et celui où il cesse ; c'est pourquoi on a dû créer, pour représenter cette durée, des signes équivalents à ceux de la *durée des sons.*

111. Le signe de l'unité de son ♩ a pour équivalent en silence le signe

La moitié de l'unité. . . . ♪   »   »   »

Le signe de deux unités ♩   »   »   »

Ce signe de silence est toujours placé au troisième interligne de la portée, et repose sur la troisième ligne.

Le signe de quatre unités ♩ a pour équivalent en silence le signe

---

(1) Lorsque dans un cours on étudiera les Tableaux d'Intonation, comme les notes qu'ils contiennent n'ont aucun signe de durée, il sera nécessaire d'adopter un mouvement pour en mesurer la durée. Un coup frappé avec une baguette ou avec la main, pour chaque note, avec plus ou moins de rapidité, selon le degré de force des élèves, suffira dans le commencement. Ces coups n'ont d'autre but que de faire solfier les élèves avec ensemble ; ils n'ont point de rapport avec les mouvements qui ont été décrits pour indiquer la division de l'unité en deux parties égales.

(2) Les exercices pratiques de Durée sont à la fin de la *Théorie* (page 132).

Ce signe est, comme le précédent, toujours placé au troisième interligne de la portée ; mais il est *attaché, suspendu* au-dessous de la quatrième ligne.

Pour exprimer autrement que sur la portée l'idée de deux ou quatre unités de silence, il faudrait répéter deux ou quatre fois le signe de l'unité ⸮.

Dans l'exercice n° 2, la demi-unité de silence remplace la note sous le trait diviseur de l'unité. Annoncer le commencement de chaque silence par la syllabe *chut;* prononcez *che.*

DU POINT.

112. Un son peut durer une ou plusieurs unités (n° 108), ou une unité plus une fraction de l'unité suivante, telle que la moitié, par exemple. On a dû créer un signe pour indiquer cette prolongation ; ce signe est le *point* placé après la note dont la durée doit être prolongée.

Soit deux sons dont le premier doit durer une unité plus la première moitié de l'unité suivante, la seconde moitié de celle-ci appartenant à un autre son ; cette idée sera exprimée par la figure ci-après :

ou plus simplement par celle-ci :

Dans cet exemple, la valeur du *point* est déterminée par la position qu'il occupe sous le trait diviseur de l'unité ; et, dans le plus grand nombre de cas, il peut en être ainsi ; mais, nous devons le faire observer, cette manière d'envisager le *point* n'est pas celle qui est en usage.

La valeur du *point* comme signe de durée est ordinairement déterminée par celle du signe dont il annonce la prolongation ; sa durée est toujours la moitié de celle de ce signe.

Dans l'exemple ci-dessus, le *point* peut être envisagé de l'une et de l'autre manière, et, nous le répétons, il en est de même dans presque tous les cas, à deux ou trois exceptions près dont nous nous occuperons bientôt.

Appliquant ce qui vient d'être dit aux signes de durée décrits plus haut, on trouve ce qui suit :

Le *point* placé après le signe de deux unités vaut une unité ; exemple :

Le *point* placé après le signe de quatre unités vaut deux unités ; exemple :

Le *point* placé après un silence aurait les mêmes propriétés qu'après les signes représentant les sons ; mais on s'en sert rarement de cette manière (*voir* l'exercice n° 3).

UNITÉ TERNAIRE.

113. L'expérience faite sur l'air *Au clair de la lune* a démontré que l'*unité* de durée est déterminée par le retour périodique de sons plus forts, plus accentués que les autres.

On a vu que l'oreille divise, pour ainsi dire à notre insu, l'unité en deux parties égales par la durée et distinctes par le degré d'intensité. Une nouvelle expérience va montrer que l'oreille peut aussi diviser l'unité en trois parties. Un air bien connu va nous fournir les éléments de cette démonstration.

Si l'on chante une fois le premier vers de la chanson populaire de *Cadet Roussel*, en frappant une série de coups égaux à ceux qu'on aura frappés sur les trois premières syllabes, on en trouvera douze répartis comme il suit :

	1re			2^e			3^e			4^e		unités.
fort	faible	mi-fort	fort	faible	mi-fort	fort	faible	mi-fort	fort	faible	mi-fort	
1er	2^e	3^e	4^e	5^e	6^e	7^e	8^e	9^e	10^e	11^e	12^e	coups.
Ca -	det	Rous-	- - sel		a	trois		mai-	- - sons			(*bis*).
1re	2^e	3^e	4^e		5^e	6^e		7^e	8^e			syllabes.

On frappe un coup sur les 1re, 2e, 3e, 5e, 7e syllabes, on en frappe deux sur la 4e et sur la 6e, et enfin trois sur la dernière. Dans cet exemple, les sons forts se reproduisent de trois en trois coups d'une manière très énergique; ceux qui correspondent aux 1er, 4e, 7e et 10e coups sont évidemment plus forts, plus accentués que les autres; c'est que l'unité est ici divisée en trois parties qui sont groupées sous le même trait horizontal. Cet exemple contient donc quatre unités.

Chacun des deux derniers tiers de l'unité a un caractère qui lui est particulier; il est facile de le vérifier. Il suffit pour cela de frapper, soit avec une baguette, soit avec la main, une succession de coups groupés trois par trois, comme les trois premiers de l'exemple ci-dessus, en ayant soin de frapper le premier coup plus fort que les deux autres; l'oreille ne tarde pas à reconnaître :

1° Que le premier coup est le plus fort;

2° Que le deuxième est le plus faible;

3° Que le troisième est moins faible que le second, mais moins fort que le premier; nous le désignerons par mi-fort.

On peut faire la même expérience avec la voix sur les syllabes *un, deux, trois*, en appuyant un peu sur la syllabe *un*.

Cette unité est appelée *ternaire*, à cause de sa division en trois parties, égales par la durée, et distinctes par leur degré d'intensité.

Pour appliquer les signes ordinaires de durée à l'expression de l'unité ternaire, c'est-à-dire divisée en trois tiers, il suffit de substituer des notes aux syllabes, comme on l'a fait pour l'unité binaire, et de placer un point au 5e et 8e coups, pour annoncer que le second tiers de ces unités appartient au son qui a commencé sur le premier tiers. La quatrième unité nécessitera l'emploi de deux points qui indiqueront que le son commencé sur le premier tiers continue pendant la durée des deux autres : exemple (1) :

	1re			2^e			3^e			4^e		unités.
1er	2^e	3^e	4^e	5^e	6^e	7^e	8^e	9^e	10^e	11^e	12^e	coups.
Ca -	det	Rous-	- - sel		a	trois		mai -	- - sons.			

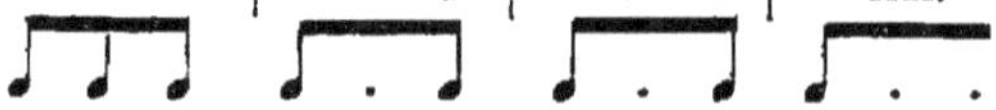

(1) Cette manière d'indiquer les fractionnements de l'unité est due à Galin. Elle ne laisse rien à désirer sous le rapport de la clarté; mais, comme elle diffère en quelques points de celle qui est en usage, nous serons forcés d'y faire quelques légères modifications, indispensables pour la mettre en harmonie avec les signes usuels de notation.

Faisons maintenant abstraction de ce qui a été dit de l'unité binaire, et supposons qu'il s'agisse de simplifier les signes de l'exemple ci-dessus, en nous conformant à l'écriture en usage. — Dans la seconde et la troisième unités, où les deux premiers tiers appartiennent à un son unique, on peut représenter celui-ci par un seul signe tel que le suivant ♩, et le troisième tiers par la même figure à laquelle on ajoute un trait ♪, pour indiquer que ce signe est détaché de l'unité; le crochet qui est à l'extrémité du trait perpendiculaire remplace ici la portion du trait diviseur de l'unité, dont le nouveau signe est le complément.

Les deux signes ♩ ♪ valent donc, le premier deux tiers, et le second un tiers, c'est-à-dire ensemble trois tiers ou une unité. Si on intervertit l'ordre de ces deux signes, et qu'on les écrive ainsi ♪ ♩, le premier signe représentera un tiers, et le second les deux autres, mais ce sera toujours l'unité.

114. Pour représenter la quatrième unité de l'exemple, dont les trois tiers appartiennent à un seul son, nous ne pouvons plus employer le signe ♩, puisqu'il sert déjà à exprimer les sons dont la durée est des deux tiers de l'unité; mais puisque ce signe n'est qu'une simplification des deux premiers tiers de la coupe ♩ . ♩, rien n'empêche de le modifier encore, afin de lui faire représenter les trois tiers de l'unité. On obtient ce résultat en le faisant suivre d'un point ♩ . ; le point, dans ce cas, représente la même durée que le signe du tiers ♪. En résumé, dans ce qui précède, on trouve l'unité ternaire représentée comme il suit :

1º Lorsque chacun de ses tiers appartient à un son différent. . . ♪♪♪

2º Lorsque les deux premiers tiers appartiennent à un son et le troisième à un autre . . . . ♩ ♪

3º Lorsqu'au contraire le premier tiers appartient à un son et les deux derniers à un autre. . . . . ♪ ♩

4º Enfin lorsque les trois tiers appartiennent au même son, c'est-à-dire quand l'unité est indivise. . . . . ♩.

Au moyen de ces conventions, les signes de durée de l'exemple n° 113 seraient écrits de la manière suivante :

On voit que l'unité binaire et l'unité ternaire sont représentées par le même signe ♩, sauf le point qui accompagne l'unité ternaire et qui vaut un tiers de l'unité. On se sert aussi des signes 𝅗𝅥 et 𝅝 pour représenter deux et quatre unités, en ayant la précaution de les faire suivre d'un point afin d'avertir qu'ils appartiennent au système ternaire. Il est à peine nécessaire d'ajouter que les points qui accompagnent ces signes ont une valeur double et quadruple de celui qui accompagne l'unité.

Ce que nous venons de dire sur l'emploi du *point* deviendra plus clair par l'examen du tableau suivant, où l'on voit que dans :

$\downarrow$. le signe $\downarrow$ vaut 2 tiers d'unité, et le point (.) 1 tiers $=$ 3 tiers.

$\downarrow$. » $\downarrow$ » 4 » » » » 2 » $=$ 6 »

$\bigcirc$. » $\bigcirc$ » 8 » » » » 4 » $=$ 12 »

115. Pour étudier les effets de la division ternaire de l'unité, il est nécessaire d'adopter, pour mesurer la durée de chacun de ses trois tiers, les mouvements suivants de la main :

1er *tiers*. Frappez sur le genou ;

2e *tiers*. Levez la main en obliquant à droite ;

3e *tiers*. Elevez de nouveau la main en la ramenant à gauche vers le point de départ.

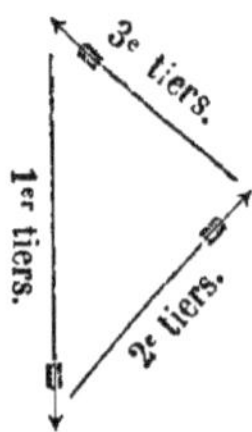

Ces trois mouvements doivent être exécutés de manière à former à peu près la figure ci-contre, en s'exerçant à donner une durée égale à chaque mouvement, et à résister à la tendance d'abréger le dernier tiers.

Lorsqu'on aura acquis l'habitude d'exécuter ces trois mouvements en prononçant les syllabes *un, deux, trois*, on étudiera l'exercice n° 4.

Dans le système ternaire, les signes de durée des silences pour deux et quatre unités sont les mêmes que dans la division binaire sans modification.

Quant aux signes de silence correspondant à l'unité, on a emprunté à la division binaire son unité γ ; mais ne pouvant annoncer la division ternaire par un point, ce dernier signe étant peu en usage à la suite des silences, on y a suppléé en faisant un nouvel emprunt à la division binaire, celui du signe de silence correspondant au tiers $\downarrow$, qui se trouve dans les deux systèmes. Ce signe est γ, que l'on place à la suite du premier ; il s'ensuit que :

L'unité ternaire de silence est représentée par les signes réunis. . . . $\gamma\gamma$

et par conséquent les deux tiers d'unité par. . . . . : . . γ

et le tiers seul par. . . . . γ

Cet emploi des mêmes caractères pour exprimer des idées différentes n'est pas sans inconvénient ; mais on verra bientôt qu'il est facile d'éviter la confusion qui pourrait en résulter ; il suffit pour cela de grouper les signes d'une manière convenable.

L'exercice n° 5 contient les signes de durée du système ternaire avec les silences ; le commencement de ceux-ci doit être indiqué par la syllabe *chut*. Il faut avoir soin, en général, de prononcer mentalement les fractions d'unité qui sont une prolongation d'une note précédemment énoncée.

CHAPITRE II.

UNITÉ BINAIRE ET UNITÉ TERNAIRE.

UNITÉ BINAIRE.

SOUS-DIVISION BINAIRE.

116. On peut appliquer aux deux moitiés de l'unité le même raisonnement qu'à l'entier, et représenter chacune d'elles par un trait horizontal placé sous le trait principal de l'unité. Chacune de ces moitiés pouvant à son tour être divisée en deux parties égales, on obtient deux groupes de deux notes (1), ou quatre quarts pour l'unité (*voir* fig. A).

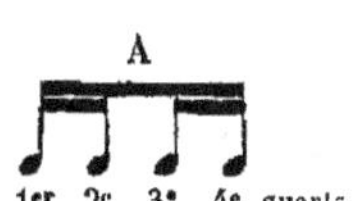

117. Pour se familiariser avec ces subdivisions de l'unité, il est bien d'adopter d'abord des mouvements de la main correspondant à chacune des quatre parties. On peut modifier de la manière suivante les deux mouvements décrits pour indiquer les moitiés (*voir* la figure ci-contre) :

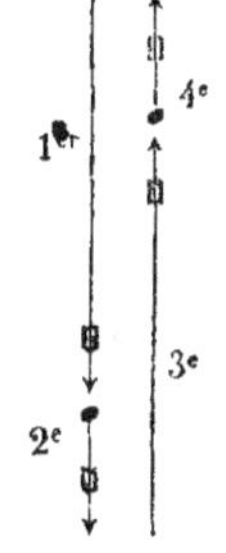

1er *mouvement*. Abaisser vivement la main comme pour frapper, mais s'arrêter à quelque distance du genou ;

2e *mouvement*. Prolonger le premier mouvement jusque sur le genou ;

3e *mouvement*. Élever vivement la main et s'arrêter pour marquer la durée du troisième quart ;

4e *mouvement*. Continuer le mouvement précédent et rester pendant la durée du quatrième quart.

118. La division de l'unité en quatre parties ne détruit pas ce que nous avons dit de la différence qui existe entre la première et la deuxième moitié de l'unité ; elle semble au contraire la faire ressortir davantage. La répétition successive de la coupe. . . . . . montre que le commencement de la première et de la seconde moitiés, ou le premier et le troisième quarts conservent bien le caractère qui leur est propre, mais que la fin de chaque moitié, c'est-à-dire le deuxième et le quatrième quarts, sont plus faibles que le troisième. En résumé, on voit que ces diverses parties de l'unité ont les degrés de force suivants (2) :

1er   2e   3e   4e *quarts.*

fort.   très faible.   faible.   très faible.

---

(1) Les chiffres placés au-dessous de la coupe A indiquent les numéros d'ordre des notes, et en même temps le nom qu'il faut leur appliquer dans les exercices de durée.

(2) Les expériences précédentes ont prouvé que l'oreille possède la faculté de diviser l'unité de durée en deux et en trois parties égales. Cette faculté ne s'étend pas au-delà ; il serait facile de le démontrer au moyen de nouveaux faits puisés dans des airs connus ; on verrait que, quel que soit le nombre des sons émis pendant la durée d'une unité, l'oreille les subdivise pour en former une succession de groupes de deux ou trois sons. Au surplus, les exercices pratiques de ce livre achèveront de mettre cette vérité dans tout son jour.

Il peut arriver qu'une seule des deux moitiés soit subdivisée en deux parties :

Si c'est la première, on obtient, par abréviation, la figure. . . . . . . 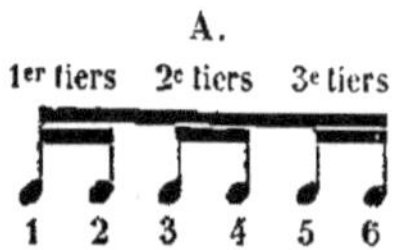

Si c'est la seconde, on obtient, par abréviation, la coupe. . . . . . .

Dans la coupe B, la seconde moitié étant indivise commence au troisième quart, comme l'indique le chiffre 3, et continue pendant le quatrième.

Dans la coupe C, la seconde moitié seule est subdivisée en deux quarts, la première est indivise ; elle commence au premier quart et se prolonge sur le second.

On donne à chaque fraction la dénomination qu'elle recevrait si l'unité entière était subdivisée en quarts, et l'on exprime seulement le premier de ceux qui appartiennent au même son (exercice n° 6).

UNITÉ TERNAIRE.

SOUS-DIVISION BINAIRE.

119. Le principe de la subdivision d'une fraction de l'unité en deux parties égales s'applique à l'unité ternaire comme à l'unité binaire. Chaque tiers étant indiqué par un trait placé sous le trait principal de l'unité, et subdivisé en deux parties égales, on obtient six sixièmes pour l'unité, comme on le voit fig. A.

Les trois parties principales de l'unité conservent leur caractère, malgré la subdivision, et il est à remarquer que la seconde partie de chaque tiers est plus faible que la première partie du second ; celui-ci est, nous l'avons vu, le plus faible des trois tiers non subdivisés. Les sixièmes ont donc à peu près les degrés de force suivants :

1er	2e,	3e	4e,	5e	6e *sixièmes.*
fort.	très faible.	faible.	très faible.	mi-fort.	très faible.

120. En commençant à s'exercer sur la coupe A, pour bien distinguer le caractère de chacune de ses fractions, il est bon de modifier les trois mouvements adoptés pour l'unité ternaire, et de les diviser aussi en deux, afin de bien marquer le commencement de chaque sixième. Cette division (comme au n° 117) est indiquée par la figure ci-contre.

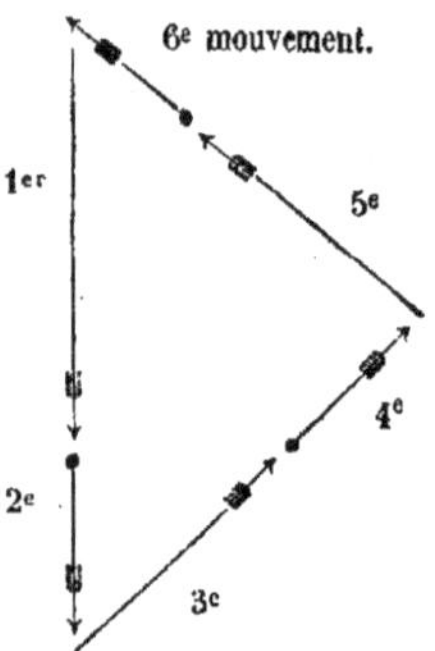

La coupe A peut être modifiée de plusieurs manières. Ainsi il peut arriver qu'un seul des trois tiers soit subdivisé, et ce peut être le premier, le deuxième ou le troisième, comme dans les figures B, C, D :

ou bien, au contraire, un seul des trois tiers peut n'être pas subdivisé et donner lieu aux coupes suivantes, selon qu'il est le premier, le deuxième ou le troisième :

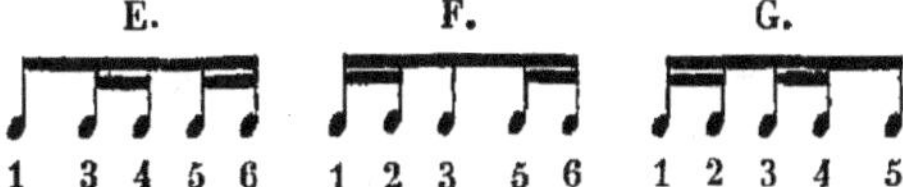

Dans ces coupes, toutes les notes qui ne dépendent pas d'un trait double représentent un tiers non divisé, c'est-à-dire qui a deux sixièmes de durée.

Il peut encore se faire que le premier ou le troisième tiers étant subdivisés en deux sixièmes, les deux autres appartiennent au même son. Cette circonstance mérite d'être remarquée, parce qu'elle présente une exception et l'un des cas très-rares où les signes de durée créés par Galin ne peuvent s'appliquer à la notation usuelle.

Cette irrégularité est une conséquence de l'abréviation de la coupe par les deux signes, abréviation rendue inévitable par suite de l'emploi usuel du point, celui-ci ne pouvant exprimer d'autres fractions que les sous-doubles; c'est pourquoi les deux signes : et, ne peuvent être réunis sous le même trait horizontal, et sont une exception à la règle que nous avons suivie jusqu'ici, de réunir sous un trait unique les diverses fractions de l'unité. Mais quelle est la langue qui n'a pas ses irrégularités, ses exceptions? Remarquons en passant que, dans l'écriture, ces coupes sont mêlées à d'autres coupes régulières, se reconnaissent aisément, et ne peuvent présenter aucune difficulté d'exécution (*voir* les exercices n°⁵ 1 à 7).

Ainsi les deux unités ci-dessus. . . . lorsque le premier ou le troisième tiers seront subdivisés en sixièmes, se présenteront sous la forme suivante. . . . . .

tandis que l'écriture rigoureusement exacte de Galin les présenterait sous celle-ci. . .

CHAPITRE III.

UNITÉ BINAIRE.

SOUS-DIVISION BINAIRE. — SILENCES ET POINT DE PROLONGATION.

Observation. — En même temps qu'on fera une première étude des exercices contenus dans ce chapitre, au moyen des doubles mouvements indiqués n°⁵ 117 et 120, on étudiera une seconde fois les exercices n°⁵ 6 et 7, en se bornant aux mouvements principaux, comme pour les coupes et, afin de s'habituer à exprimer deux notes pendant la durée d'un seul mouvement de la main.

122. Le signe de silence correspondant au quart de l'unité de durée est celui-ci. Il peut être le premier ou l'un quelconque des quatre quarts de l'unité.

Le son de la première moitié de l'unité peut se prolonger pendant le premier quart de la seconde, ce qu'on indique au moyen du point, cette prolongation étant sous-double de la durée du premier signe ; exemple : Cette coupe est très usitée (*voir* les exercices nᵒˢ 8 et 9).

UNITÉ TERNAIRE.

SOUS-DIVISION BINAIRE. — SILENCES ET POINT DE PROLONGATION.

122. Le signe de silence correspondant aux sixièmes est le même que celui des quarts, et s'emploie de la même manière, c'est-à-dire qu'il peut remplacer l'une quelconque des six parties de l'unité.

Le son de chacun des deux premiers tiers de l'unité pouvant être prolongé pendant la première moitié du tiers suivant, et cette prolongation étant sous-double de la durée du premier signe, on l'indique au moyen du point comme pour les quarts (*voir* les exercices nᵒˢ 10 et 11) ; exemple. . . . .

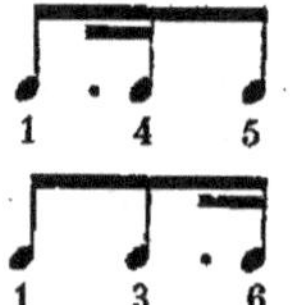

CHAPITRE IV.

DES SYNCOPES.

123. Les signes décrits jusqu'ici ont pour objet la représentation de sons commençant sur une partie forte de l'unité, ou se prolongeant sur une partie plus faible, à une exception près, dont il sera bientôt question.

Mais un son commençant sur l'une des parties faibles de l'unité, se prolonge quelquefois sur la partie forte de l'unité suivante ou sur une partie plus forte de la même unité. Dans ces deux cas, la partie faible devient forte, et réciproquement la partie forte devient faible. Ce déplacement du fort et du faible de l'unité ou de ses fractions se nomme *syncope*.

Observation. Les signes employés pour indiquer cette particularité présentent quelque obscurité, à cause de l'embarras que l'œil éprouve à distinguer comment l'unité est fractionnée. Toutefois il est possible d'apporter toute la clarté désirable dans l'écriture de ces coupes sans rien changer à ce qui existe.

Chacun des exemples qui vont suivre sera accompagné d'une traduction en signes de Galin non modifiés, afin de montrer combien il y a peu de changements à faire pour les mettre en harmonie avec ceux que l'usage a consacrés.

Ces exemples contiennent les syncopes qui se rencontrent le plus souvent dans la pratique ; ils suffiront pour faire comprendre comment on devra analyser toutes les autres.

DIVISION BINAIRE

124. L'effet de la *syncope* se produisant le plus souvent d'une partie faible d'une unité à la partie forte de l'unité suivante, chaque exemple sera composé de deux unités, afin qu'on puisse mieux en étudier le fractionnement.

Soit deux unités du système binaire, divisées chacune en deux moitiés, et représentées comme on le voit fig. A . . .

Supposons maintenant qu'au lieu de quatre sons ces deux unités n'en doivent exprimer que trois, dont le deuxième commencerait à la seconde moitié de la première unité, pour se prolonger sur la première moitié de la seconde, c'est-à-dire dont la durée serait d'une unité entière.

Dans l'usage, on isole les deux moitiés qui représentent chacune un son, et on réunit en un seul signe les deux moitiés appartenant à un seul son, comme on le voit fig. B. . . . .

L'œil est surpris de cette nouvelle forme donnée à deux unités, parce qu'il ne voit pas de suite où finit la première et où commence la seconde; ce n'est que par le calcul qu'il peut s'en rendre compte. Pour exprimer cette idée avec clarté, il suffit de conserver la forme A et d'unir par un trait les deux moitiés appartenant à un même son; ce trait indiquera que le deuxième signe n'est pas la répétition, mais bien la prolongation du premier. Ce moyen est fréquemment employé, et il suffit de le généraliser pour donner toute la clarté des signes de Galin à ceux de la notation usuelle, sans rien changer à leur signification ordinaire et traditionnelle.

125. De plus, pour le signe de prolongation, au lieu d'employer la note ordinaire, on peut employer une note de plus petite dimension que les autres, comme dans l'exemple ci-dessus; cette différence entre les signes frappe l'œil, et annonce l'effet demandé. Ce moyen employé avec la courbe rend la syncope perceptible, sans compliquer l'écriture plus que le système de Galin, qui représente cette coupe du temps, comme on le voit plus haut.

Dans son système, nous le répétons, le point a la valeur qu'aurait une note à la place qu'il occupe sous le trait diviseur de l'unité; dans cet exemple, il vaut une demi-unité. L'emploi usuel du point empêche d'écrire cette coupe de la même manière, puisque la valeur du point dépend de la note dont il est la prolongation, et qu'ici le point placé après une moitié vaudrait un quart seulement dans la notation usuelle.

126. La syncope se produit généralement sur un son plus long que celui qui la précède. Dans l'exemple ci-dessus, le son sur lequel tombe la syncope dure une unité, tandis que le précédent est d'une demi-unité seulement. Ce cas est un des plus fréquents de ceux qui se rencontrent dans la pratique; on conçoit que la division de l'unité en deux parties égales ne peut donner lieu qu'à une syncope commençant sur la seconde moitié, quelle que soit du reste la durée du son syncopé.

127. La subdivision de l'unité en quarts fournit plusieurs exemples de syncopes. Dans la coupe. . . . . 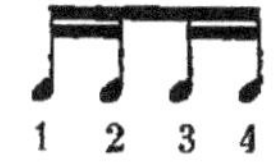

elle peut être produite par un son commençant sur l'un des trois derniers quarts. (Ce son peut être d'une demi-unité, d'une unité entière, ou même de plusieurs unités.)

SYNCOPE DE L'UNITÉ.

128. La syncope d'une ou de plusieurs unités peut avoir pour point de départ l'un quelconque des trois derniers quarts, parce que, en partant de l'un de ces trois points, on arrive à l'unité suivante, dont le commencement est plus fort que les trois fractions sur lesquelles le son peut prendre naissance.

La première ligne des exemples suivants indique les syncopes écrites comme on les trouve ordinairement dans la notation usuelle.

La seconde ligne les présente avec les modifications que nous proposons, soit pour l'écriture ordinaire, soit pour l'écriture de Galin.

Enfin, la troisième ligne donne les mêmes syncopes écrites d'après le système de Galin, sans modification.

SYNCOPE DE LA DEMI-UNITÉ.

129. Dans la division de l'unité par quarts, il ne peut y avoir de syncope de la demi-unité qu'en partant du deuxième quart, parce qu'alors la demi-unité se prolonge sur le troisième quart, plus fort que le deuxième; ou en partant du quatrième, parce que, dans ce cas, la demi-unité se prolonge sur le premier quart de l'unité suivante; voici ces deux exemples :

Le trait de liaison, nous le répétons, annonce que les deux notes qui se trouvent sur la même ligne de la portée appartiennent au même son; par conséquent, il suffit d'énoncer la première, quel que soit du reste le nombre des notes de même nom comprises sous le trait de liaison.

C'est l'inverse de ce qui se pratique pour des notes différentes réunies par un trait de liaison, que l'on peut nommer toutes en solfiant, mais qu'en chantant ou en vocalisant on fait passer sous la même syllabe.

DIVISION TERNAIRE.

150. Dans le système ternaire, la division la plus simple de l'unité est la coupe
dont le second tiers est, on l'a vu, le plus faible des trois, ce qui le rend propre à
servir de point de départ à une syncope dont le son aurait au moins une durée de
deux tiers d'unité.

Ainsi, la coupe que nous connaissons déjà, et qui est la simplification de

celle-ci. de Galin, contient une véritable syncope, puisque le deuxième son a une durée de deux
tiers d'unité, commence sur le deuxième tiers qui
est le plus faible de l'unité, et se prolonge sur le
troisième, qui est plus fort, mais dont l'intensité
passe au point de départ de la note syncopée dont
il n'est plus que la prolongation.

Nous reproduisons ici cette coupe de l'unité, afin
de compléter cette série.

Si la syncope des deux tiers a pour point
de départ le troisième tiers de l'unité, le son
est prolongé sur le premier tiers de l'unité
suivante, qui est le plus fort, mais dont l'intensité passe au point de départ de la note
syncopée dont il n'est plus que la prolongation.

Le deuxième et le troisième tiers de l'unité ternaire pourraient encore être le
point de départ d'un son syncopé dont la durée serait d'une ou de plusieurs unités.

Voici deux exemples de cette syncope :

151. Les syncopes qui diviseraient un tiers en deux sixièmes ne sont pas
en usage ; néanmoins nous en donnerons quelques exemples, afin de prouver que
les signes ordinaires de la notation suffisent à exprimer avec clarté, en les employant
convenablement, les coupes les plus recherchées de la durée.

Soit la coupe ternaire divisée en sixièmes . . . . . .
Les cinq derniers sixièmes de cette coupe peuvent être le point de départ d'une note
syncopée dont la moindre durée devrait être d'un tiers, et encore, dans ce cas,
la syncope ne pourrait partir que des 2e, 4e ou 6e sixièmes.

La syncope des deux tiers de l'unité, ou de tout autre son plus soutenu,
pourrait avoir pour point de départ l'un quelconque des cinq derniers sixièmes

de l'unité, parce que, dans ce cas, la note syncopée se prolongerait toujours sur une fraction de l'unité plus forte que le point de départ.

SYNCOPES DE L'UNITÉ.

Notation usuelle.

Notation modifiée.

Notation de Galin.

SYNCOPES DES DEUX TIERS.

Notation usuelle.

Notation modifiée.

Notation de Galin.

SYNCOPES D'UN TIERS.

Notation usuelle.

Notation modifiée.

Notation de Galin.

132. En plaçant sous les yeux du lecteur ces exemples, dont la plupart ne se présentent jamais dans la pratique, notre unique but est de montrer que la différence entre notre notation et celle de Galin est toute entière dans l'emploi du point dont il se sert comme de la note, tandis que nous lui conservons la même fonction que dans la notation usuelle.

En résumé, hors les cas de syncope, et hors le cas où il faut exprimer des tiers, nous employons le point comme Galin, tout en lui conservant la signification de l'écriture ordinaire.

Dans la syncope, et toutes les fois que le point de Galin peut exprimer des tiers, nous remplaçons les points de prolongation, que nous ne pouvons employer comme Galin, par de petites notes liées entre elles par un trait qui annonce la syncope, avantage que ne présente pas le point seul.

Il reste à examiner la question sous le point de vue de l'économie dans les signes; c'est ce que nous ferons au quatrième chapitre *de l'Etude de la Mesure.*

En attendant, il sera bien de s'exercer à faire des transformations dans le genre de celles dont nous venons de donner des exemples.

Pour reconnaître plus facilement la fraction de l'unité sur laquelle doit finir la note syncopée, il faut, par la pensée, en diviser le signe en fractions de l'espèce de celle qui sert de point de départ.

CHAPITRE V.

SUITE DE L'UNITÉ BINAIRE ET DE L'UNITÉ TERNAIRE.

UNITÉ BINAIRE.

SUBDIVISION TERNAIRE.

133. Les deux moitiés de l'unité binaire, qui ont été subdivisées chacune en deux parties égales ou en quarts, peuvent l'être aussi en trois, ce qui donne la coupe . . . . Toutes les divisions que l'on peut faire subir à l'unité et à ses fractions ne changent rien aux rapports des divisions principales; ainsi, dans cette coupe, le groupe qui forme la première moitié est plus fort, a plus d'intensité que celui de la seconde. Quant aux notes qui forment chacun des groupes pris isolément, elles ont aussi entre elles les mêmes rapports d'intensité que dans la division de l'unité elle-même en deux ou trois parties.

Dans la subdivision binaire, la première moitié de chaque groupe de deux notes est plus forte que la seconde; dans la subdivision ternaire ci-dessus, la première note de chaque groupe est la plus forte, la seconde la plus faible, la troisième plus forte que la seconde et plus faible que la première. Ces diverses circonstances sont indiquées dans la figure A :

La première moitié seule peut être subdivisée comme dans la figure B, ou la seconde moitié comme dans la figure C.

Les diverses fractions de l'unité ainsi subdivisée doivent être dénommées comme l'indiquent les chiffres placés au-dessous. On voit qu'il y a ici le même nombre de notes que dans la subdivision binaire de l'unité ternaire; mais elles produisent un effet tout différent, à cause de la manière dont elles sont groupées.

134. Les silences et les prolongations sont peu usités dans ces coupes; nous allons néanmoins en donner ici quelques exemples, afin de montrer comment on peut les écrire.

Les signes de silence indiquant par eux-mêmes à quelle fraction de la durée ils appartiennent, n'offrent aucune difficulté, puisqu'il suffit de mettre ce signe sous le trait diviseur à la place qu'occuperait un son d'une durée équivalente. Le silence du premier tiers de chaque groupe ou du premier et du quatrième sixième donnerait la figure ci-contre. . . . .

Dans ces coupes, les prolongations de sons, lorsqu'elles expriment des tiers, doivent être traitées comme on l'a vu pour les syncopes; il faut répéter la note en plus petit caractère et annoncer qu'elle est ou qu'elles sont une simple prolongation de la première, en les plaçant toutes sous la même courbe de liaison.

Prolongation du premier tiers de chaque groupe sur le tiers suivant (fig. A), et du deuxième tiers de chaque groupe sur le troisième (fig. B). . . . .

A.　　B.

Prolongation du troisième sixième sur le quatrième, et du sixième sur le premier de l'unité suivante. .

Prolongation de la première moitié sur le premier et sur le deuxième tiers de la seconde. . . . . . .

Prolongation de la seconde moitié. . . . .
- sur le premier sixième de l'unité suivante. . 
- sur le deuxième sixième de l'unité suivante. . 
- sur la première moitié de l'unité suivante. . .

Prolongation d'une unité sur le troisième, le quatrième et le cinquième sixièmes de la suivante. . . . . .

Les traits de liaison qui ont un signe dans le milieu ⊥ indiquent ceux de ces exemples qui contiennent des syncopes, et c'est le plus grand nombre. L'exécution ordinairement rapide de ces coupes ne permet pas d'y introduire ce genre d'effet, aussi ne les rencontre-t-on pas dans la pratique.

Pour la première étude de ces coupes, on peut adopter les mouvements de la mesure à deux temps ternaires décrits à la fin du chapitre III, *de la Mesure*. Dans une deuxième étude, on supprimera les mouvements secondaires (*voir* l'exercice n° 11).

UNITÉ TERNAIRE.

SUBDIVISION TERNAIRE.

155. Chaque tiers de la coupe A peut être soumis à la subdivision ternaire, comme l'ont été les moitiés de la coupe B, ce qui donne la coupe C, composée de trois groupes de trois notes. Chacune des trois parties principales de l'unité ainsi subdivisée conserve son caractère par rapport aux deux autres, c'est-à-dire que le premier groupe est plus fort que les

A.　　B.　　　C.

deux autres, le second est le plus faible, le troisième est mi-fort. Il est désormais superflu d'ajouter que les trois notes de chaque groupe ont aussi entre elles les mêmes rapports. Il est entendu que, dans toutes les subdivisions possibles, les groupes de deux ou de trois notes, quel qu'en soit le nombre, conservent toujours le caractère que nous leur avons reconnu précédemment.

Dans cette subdivision, il peut arriver que l'un des tiers seulement soit subdivisé, ou qu'un seul ne le soit pas; chacun de ces cas donne lieu à trois coupes différentes que nous plaçons ici en les faisant précéder de la coupe A, dont les subdivisions sont complètes.

Pour la première étude de ces coupes, on peut adopter les mouvements de la mesure à trois temps ternaires décrits à la fin du chapitre III, *de la Mesure*. Dans une deuxième étude, on supprimera les mouvements secondaires.

Ces mouvements, ainsi que ceux qui ont été décrits précédemment, ont pour résultat, lorsqu'on les exécute avec soin, d'habituer l'oreille à l'effet des diverses coupes. On diminue peu à peu les mouvements secondaires des subdivisions, jusqu'à ce que l'éducation de l'oreille étant complète, on puisse les supprimer.

136. Les observations faites relativement à l'emploi des silences et des prolongations de sons dans la subdivision ternaire de l'unité binaire, sont applicables aux subdivisions de l'unité ternaire.

Nous nous bornerons à mettre sous les yeux du lecteur quelques uns des cas qu'il pourrait rencontrer et qui lui serviront à en déduire tous les autres.

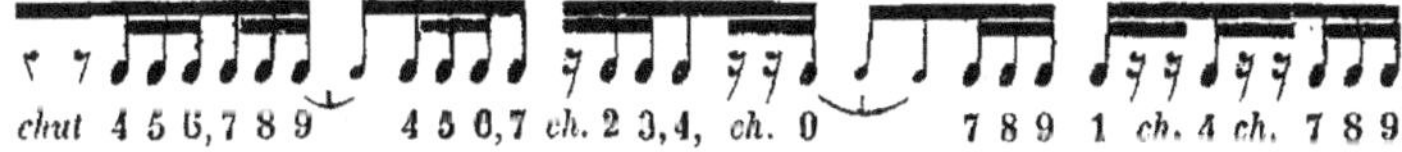

CHAPITRE VI

MÉLANGE DES SYSTÈMES BINAIRE ET TERNAIRE.

UNITÉ BINAIRE.

SUBDIVISION MIXTE.

137. L'unité binaire a été successivement modifiée par la division de ses parties en demies, puis en deux groupes de deux quarts, et enfin en deux groupes de trois sixièmes. Un cas se présente quelquefois dans la pratique, c'est celui de la réunion, dans la même unité, de la subdivision par quarts, et de celle par sixièmes, c'est-à-dire qu'une des moitiés de l'unité est divisée en deux quarts, pendant que l'autre l'est en trois sixièmes.

Ce mélange produit les deux coupes suivantes. . . . .

Les chiffres placés au-dessous de ces coupes montrent que les subdivisions de chaque moitié par deux et par trois sont dénommées comme si les deux moitiés étaient subdivisées de la même manière.

Les silences ni les prolongàtions de sons ne s'emploient dans ces coupes, si ce n'est par exception.

Les coupes suivantes montrent comment on pourrait former toutes celles du même genre. . . . . .

Les mouvements de la main décrits pour l'étude des subdivisions binaires et ternaires indiquent assez les mouvements qu'il faut exécuter en décomposant celles-ci. Au surplus, si les précédents exercices ont été bien étudiés, les mouvements secondaires seront inutiles pour l'étude de ces coupes. Dans tous les cas, il faut observer que les deux moitiés de l'unité doivent toujours être d'une égale durée, c'est-à-dire que les trois sixièmes réunis ne doivent pas durer plus que les deux quarts.

UNITÉ TERNAIRE.

SUBDIVISION MIXTE.

138. Les subdivisions de l'unité ternaire peuvent être modifiées ou mélangées comme celles de l'unité binaire, et ce mélange donne une plus grande variété de combinaisons. En effet, chaque unité peut être subdivisée de la manière suivante :

1° Un tiers divisé par trois et les deux autres par deux ;

2° Deux tiers divisés par trois et le troisième par deux.

Chacune de ces circonstances donne lieu à trois coupes différentes.

On en trouve encore un nombre égal en ajoutant aux exemples précédents la combinaison d'un tiers non divisé avec un tiers divisé par deux et un par trois.

139. Ces diverses coupes se trouvent toutes dans le *Chronomériste* de Galin, que nous donnons ici.

Ce tableau est le résumé des travaux de cet auteur sur la durée. Les trente-sept coupes dont il est formé ont été décrites dans les chapitres précédents; elles ont été appelées *Coupes génératrices*, parce qu'elles peuvent servir à créer toutes les coupes régulières qu'on emploie en musique.

On remarquera que ces trente-sept coupes indiquent seulement les diverses manières de fractionner l'unité de durée sans signes de prolongation ou de silence. C'est pourquoi elles peuvent toutes être reproduites au moyen des signes ordinaires de notation sans aucune altération, sauf l'unité. Mais c'est à Galin qu'est due l'heureuse idée d'indiquer, en les réunissant sous le même trait, les diverses fractions de l'unité.

CHRONOMÉRISTE DE P. GALIN.

UNITÉ BINAIRE.* — 1 2

UNITÉ TERNAIRE.* — 1 2 3

Subdivisions binaires.	Subdivisions mixtes.	Subdivisions ternaires.	Subdivisions binaires.	Subdivisions mixtes.		Subdivisions ternaires.
1 2,3 4		1 2 3,4 5 6	1 2,3 4,5 6			1 2 3,4 5 6,7 8 9
1 2, 3	1 2,4 5 6	1 2 3, 4	1 2,3 4, 5	1 2,3 4,7 8 9	1 2 3,4 5 6,5 6	1 2 3,4 5 6, 7
1, 3 4	1 2 3,3 4	1, 4 5 6	1 2, 3, 5 6	1 2,4 5 6,5 6	1 2 3,3 4,7 8 9	1 2 3, 4, 7 8 9
			1, 3 4,5 6	1 2 3,3 4,5 6	1 2,4 5 6,7 8 9	1, 4 5 6,7 8 9
			1, 3, 5 6	1 2,4 5 6, 5	1 2 3,3 4, 5	1, 4, 7 8 9
			1, 3 4, 5	1 2, 3, 7 8 9	1 2 3, 4, 5 6	1, 4 5 6, 7
			1 2, 3, 5	1, 3 4,7 8 9	1, 4 5 6,5 6	1 2 3, 4, 7

(*) Nous supprimons à dessein le signe de l'unité non-divisée qui devrait figurer en tête de ce tableau, et à laquelle Galin donne une forme unique (♩).

On a vu que, dans l'écriture usuelle, on emploie ce signe pour l'unité binaire, mais on y ajoute un point lorsqu'il appartient au système ternaire.

CHAPITRE VII.

COUPES A TRIPLE TRAIT.

140. Les notions qui précèdent sur le fractionnement de l'unité seront suffisantes dans le plus grand nombre de cas. Il nous reste à montrer, pour terminer cette partie de notre travail, comment de nouvelles subdivisions de l'unité, ou de ses fractions, pourraient être ramenées à l'une de celles qui ont été déjà étudiées.

141. L'unité binaire a donné les deux coupes. . . 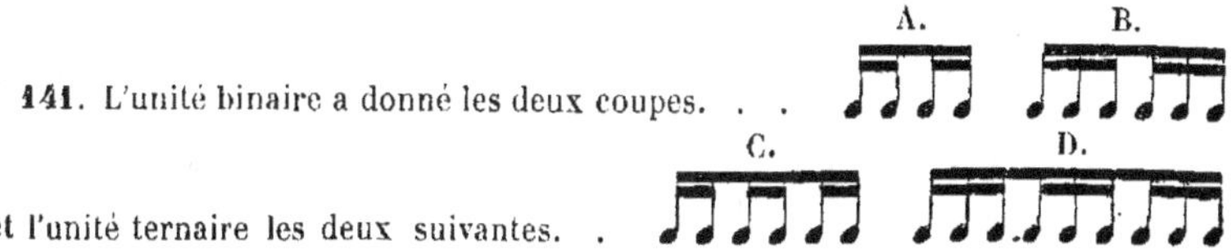

et l'unité ternaire les deux suivantes. .

On conçoit aisément qu'une nouvelle division par deux ou par trois de chaque fraction de ces quatre coupes, donne un nombre deux ou trois fois plus grand de notes pour la même unité (*voyez* page 116).

Division binaire. { A. Les quarts donnent des huitièmes (1) et des douzièmes. (5)

Division binaire. { B. Les sixièmes — des douzièmes (2) et des dix-huitièmes. (6)

Division ternaire. { C. Les sixièmes — des douzièmes (3) et des dix-huitièmes. (7)

Division ternaire. { D. Les neuvièmes — des dix-huitièmes (4) et des vingt-septièmes. (8)

Voici le tableau de ces diverses coupes :

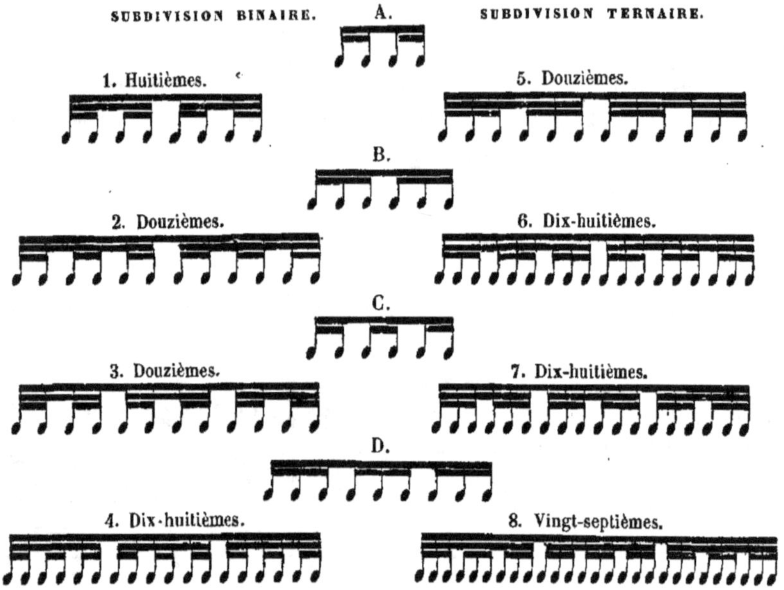

SUBDIVISION BINAIRE.   A.   **SUBDIVISION TERNAIRE.**

1. Huitièmes.   5. Douzièmes.

B.

2. Douzièmes.   6. Dix-huitièmes.

C.

3. Douzièmes.   7. Dix-huitièmes.

D.

4. Dix-huitièmes.   8. Vingt-septièmes.

Si l'on supprime par la pensée le trait supérieur de chaque unité, on trouve que ces coupes sont composées comme il suit :

SUBDIVISIONS BINAIRES.

1 contient deux fois la coupe génératrice A ;
2 » deux fois » » C ;
3 » trois fois » » A ;
4 » trois fois » » C.

SUBDIVISIONS TERNAIRES.

5 contient deux fois la coupe génératrice B ;
6 » deux fois » » D ;
7 » trois fois » » B ;
8 » trois fois » » D.

Toute la difficulté de ces subdivisions est dans la rapidité d'exécution qu'elles exigent, puisque, ainsi qu'on vient de le voir, il suffit de faire passer pendant une unité un nombre deux ou trois fois plus grand de notes, et que les rapports de durée de ces notes sont connus. Par exemple, la coupe n° 4 contient trois fois la coupe C, c'est-à-dire les trois coupes............ recouvertes d'un trait pour indiquer qu'elles font partie de la même unité, et que, par conséquent, elles doivent être dites trois fois plus vite, ou dans le même temps qu'on mettrait à dire la coupe...... prise comme unité. Il en est de même de toutes les autres.

DE LA MESURE.

CHAPITRE IER.

DES DIVERSES ESPÈCES DE MESURES. — MANIÈRE DE LES BATTRE.

142. La découverte de cette faculté que possède l'oreille de percevoir une succession périodique de sons groupés par deux ou par trois dut bientôt enrichir l'art d'éléments nouveaux. L'appréciation des rapports de durée et d'intensité de ces groupes de deux ou de trois sons est ce que l'on peut concevoir de plus simple dans cet ordre d'idées; ce doit être aussi le point de départ de tout ce qui constitue l'ensemble de notre écriture musicale relative aux durées.

La division des sons par groupes de deux ou de trois, se reproduisant périodiquement avec le même degré d'intensité et les mêmes rapports de durée, est ce que, dans la langue musicale, on nomme la *Mesure*.

Le commencement d'un air populaire a servi à reconnaître la partie forte et la partie faible de l'unité binaire; ces deux moitiés ont été indiquées par deux mouvements de la main, en frappant et en levant (*voir* n° 103); c'est de ces mouvements qu'est venue l'expression *battre la mesure*. Ce même fragment d'air du *Clair de lune* va nous fournir les éléments de nouvelles observations.

143. Dans l'étude de l'unité de durée, nous avons indiqué chacune des moitiés par un mouvement spécial. Que l'on chante maintenant de nouveau les paroles : *Au clair de la lune, mon ami Pierrot,* mais cette fois en leur donnant un certain degré de vitesse, de manière à faire passer deux syllabes sous chaque mouvement de la main, comme l'indique l'exemple suivant :

Frappez.	Levez.		Frappez.	Levez.		Frappez.	Levez.		Frappez.	Levez.	
Au clair	de la		lu - - - ne,			mon a -	mi Pier-		- rot.		(2 *fois.*)
1re 2^e	3e 4^e		5^e	6^e		7e 8^e	9e 10^e		11e *syllabes.*		

Les chiffres indiquent le numéro d'ordre des syllabes.

Ce fragment chanté deux fois de suite, comme il est indiqué, donne lieu aux remarques suivantes :

1° Les syllabes n°s 1 et 2 sont plus accentuées que les deux n°s 3 et 4 ;

2° Les syllabes n°s 2 et 4 des deux premiers groupes sont plus faibles que les deux n°s 1 et 3, ce qu'on a déjà observé (n° 105);

3° Le commencement des syllabes n°s 3, 5, 7 et 11 a le même degré de force, d'intensité que la syllabe n° 1 ;

4° La syllabe n° 6 est plus faible que le n° 5, mais d'égale durée ;

5° Les syllabes n°s 7, 8, 9, 10 donnent lieu aux mêmes observations que les quatre n°s 1, 2, 3, 4 ;

6° Enfin, la 11e syllabe a une durée égale à celle des syllabes n°s 5 et 6 réunies, qui, elles-mêmes, ont une durée double de celle des autres.

L'oreille la moins exercée peut reconnaître que, dans cet air, les syllabes qui correspondent au frappé sont plus fortes que celles du levé, et, comme les syllabes n⁰ˢ 3, 4 et 9, 10 ont entre elles les mêmes rapports que 1, 2 et 7, 8, quoique plus faibles, on reconnaît que chaque mouvement de la main correspond, non plus à une demi-unité, mais bien à une unité entière que, dans la pratique, on appelle *Temps*.

Le fragment ci-dessus donne donc un exemple de la *mesure à deux temps* ou à deux unités binaires, c'est-à-dire d'une mesure composée d'une succession de groupes de deux unités dont l'une est forte et l'autre faible. Ces groupes sont séparés dans la pratique au moyen de lignes verticales qu'on appelle *barres de mesure*, comme on le voit par l'exemple ci-dessus, que nous allons reproduire en plaçant au-dessous des syllabes les signes de durée correspondants.

Au clair de la | lu - - - ne, | mon a- mi Pier- | - - rot.
1 2 3 4 5 6 7 8 9 10 11

144. Si, au lieu de chanter ces paroles avec un certain degré de vitesse, on les chante la moitié moins vite, en frappant sur la première syllabe, en levant sur la seconde, et ainsi de suite, on trouve bien les mêmes rapports entre les sons reproduits; mais on observera qu'en frappant sur la première et la troisième syllabe, on semble indiquer qu'elles ont le même degré d'intensité. Il faut remarquer en outre que cet air ainsi ralenti semble exiger un mouvement intermédiaire entre le commencement de deux unités consécutives.

Une observation analogue à celle-ci a probablement conduit à distinguer les quatre moitiés qui forment les deux temps de la mesure, par quatre mouvements différents. Alors chaque mouvement semble indiquer une unité ou un temps, quoique nous ayons vu que chacune des syllabes 1, 2, 3, 4, etc., n'en soit que la moitié.

C'est le degré de vitesse seul qui donne lieu à ces différences.

145. Voici les quatre mouvements qui ont été adoptés pour ce qu'on appelle la *Mesure à quatre temps* :

1ᵉʳ *mouvement.* Frappez de la main sur le genou ;

2ᵉ *mouvement.* Élevez la main en obliquant à gauche ;

3ᵉ *mouvement.*   »   »   »   à droite ;

4ᵉ *mouvement.*   »   »   »   à gauche

pour revenir au point de départ.

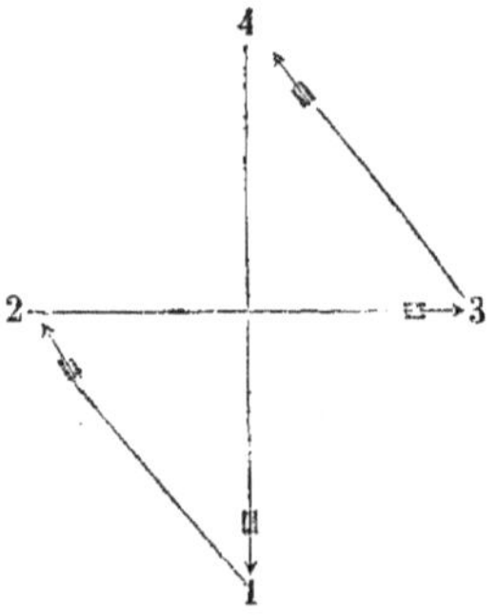

Les flèches de la figure ci-contre indiquent comment ces mouvements doivent être exécutés.

Il faut s'exercer à ces mouvements en prononçant seulement les syllabes 1, 2, 3, 4. Chaque changement de la main doit s'opérer sans mollesse, et, nous le répétons, plutôt avec une certaine brusquerie.

4
2
3
1

Si l'on veut représenter la durée des syllabes du fragment du *Clair de lune*, au moyen des signes ordinaires, et d'après cette nouvelle manière de les envisager, on aura au-dessous des syllabes les signes suivants :

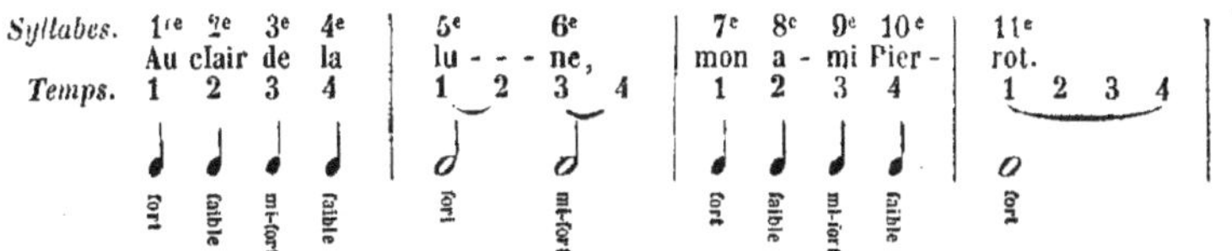

Ici la période d'un son fort au son fort le plus prochain est la même, quant aux rapports de durée, que dans la mesure à deux temps; les signes seuls sont différents.

Chaque période ou *mesure* est séparée de la suivante par une *barre de mesure*.

Cette mesure est divisée en deux parties égales, et ses quatre unités ont entre elles des rapports semblables à ceux des quatre moitiés qui composent une mesure à deux temps. En effet,

1° Le premier temps est le plus fort;

2° Le second est faible;

3° Le troisième moins fort que le premier, mais plus fort que le second;

4° Et enfin, le quatrième est le plus faible des quatre.

146. L'oreille, devenue plus habile à percevoir la durée des sons, dut bientôt appliquer à l'unité ternaire, que nous représentons par la coupe. . . l'idée qui avait fait transformer les deux moitiés de l'unité binaire en deux unités; elle transforma à leur tour ses trois tiers en trois unités . . . . qui formèrent la mesure à *trois temps*. Cette nouvelle mesure n'exige aucun changement dans les mouvements de la main décrits pour l'indication des trois tiers de l'*unité ternaire*.

Nous pourrions donc compter quatre espèces de mesures, savoir : les mesures

A un temps binaire, dont on indique les moitiés en frappant et en levant la main;

A deux temps binaires, qui se bat comme la précédente;

A trois temps binaires, qui se bat comme l'unité ternaire;

A quatre temps binaires, qui se bat comme nous l'avons indiqué (n° 145).

Mais il n'y a en réalité que deux mesures : la mesure à deux et à trois temps; car la mesure à un temps n'est que la décomposition de chaque unité binaire, et la mesure à quatre temps n'est pas autre chose qu'une mesure à deux temps décomposée, et dont on a changé les signes. Cette mesure est d'un usage fréquent.

La mesure à un temps n'est pas usitée; mais elle peut être utile à l'étude de l'unité et de ses fractionnements, et c'est ainsi que nous nous en servons.

147. De la création de quatre mesures à unités binaires à celle de quatre mesures correspondantes dans le système ternaire, il n'y avait qu'un pas. Ce système offrit donc les mesures :

A un temps ternaire, ou une unité, qui se divise et se bat comme la mesure à trois temps,

A deux temps ternaires, ⎫ dont les mouvements et les rapports sont les mêmes
A trois temps ternaires, ⎬ que dans les mesures correspondantes du système
A quatre temps ternaires, ⎭ binaire.

En tête des formules rhythmiques qui sont à la fin de la *Théorie de la Durée*, se trouvent, sous les n°s 13 à 20, un exemple de chacune de ces mesures. Ces formules sont écrites deux fois, sans portée et sur la portée. On commencera par les premières, en prononçant les syllabes *un, deux, trois* et *quatre,* pour annoncer les premier, deuxième, troisième et quatrième temps; les silences seront annoncés par la syllabe *chut.*

Ces exercices sur les signes de durée, hors de la portée, et abstraction faite de tout nom de notes, ont pour but de diviser les deux difficultés qu'on rencontrerait en étudiant la durée sur la portée, savoir : d'assigner à chaque signe la durée convenable, et de lire le nom de la note.

CHAPITRE II.

SUITE DU PRÉCÉDENT.

148. Lorsqu'on sera suffisamment préparé, d'une part, avec les signes de durée et les mouvements de la main qui leur correspondent, et de l'autre avec les noms des lignes de la portée, on pourra étudier les formules rhythmiques n°s 21 à 24; elles ne contiennent que des signes qui ont déjà été étudiés, mais auxquels il faut maintenant donner les noms de notes, au lieu des noms numériques dont on se sert pour les dénommer lorsqu'ils ne sont pas écrits sur la portée.

Après avoir étudié ces formules, en indiquant chaque temps de la mesure par un mouvement de la main, on s'habituera à marquer la division binaire de l'unité au moyen des mouvements qui sont indiqués n° 117 et 120, pour les mesures à deux et à trois temps.

Pour la mesure à quatre temps, on divisera aussi chaque mouvement en deux parties, comme pour les mesures à deux et à trois temps (*Voir* la figure ci-contre).

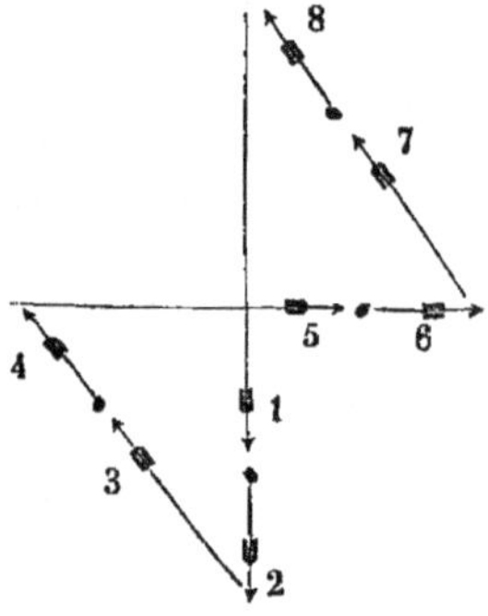

Dans ces formules, l'unité est toujours représentée par un seul signe; mais il est utile de se préparer par ces mouvements à l'étude des formules dont l'unité sera divisée en deux parties.

Les quatre formules (25 à 28) des mesures à temps ternaires seront étudiées ici comme elles l'ont déjà été, au moyen d'un mouvement de la main par temps, en substituant seulement le nom de la note sur la portée au nom numérique.

CHAPITRE III.

DES SIGNES DE MESURE.

149. Nous avons essayé, par ce qui précède, de donner une idée bien nette de ce qu'on entend par *la mesure* en général, et par *une mesure* en particulier. Si nous avons réussi à nous faire comprendre, ce qui nous reste à dire n'offrira aucune difficulté au lecteur.

Pendant longtemps on écrivit la musique sur la portée sans employer des *barres* pour indiquer le retour périodique des temps forts et faibles qui constituent la mesure. Ce n'est que peu à peu que la musique, comme toutes les branches des

connaissances humaines, vit son domaine s'accroître par des découvertes successives dont les sources diverses ont dû être un obstacle à l'homogénéité du système
général.

On conçoit que notre but n'est pas de faire ici l'historique des phases que
l'écriture musicale a dû traverser avant de nous être transmise telle qu'elle est aujourd'hui; mais en décrivant les signes de notation qui concernent la mesure,
il nous semble utile, sinon absolument nécessaire, de montrer que si un grand
nombre de ces signes sont depuis longtemps tombés en désuétude, et que si d'autres
deviennent d'un usage de moins en moins fréquent, chacun d'eux a pourtant eu sa
raison d'être.

Les anciens employaient, pour écrire la musique, des signes dont la forme
avait pour objet d'indiquer la durée relative de chaque son par comparaison avec
l'un d'eux, pris pour commune mesure.

Les noms principaux de ces signes étaient : *maximes, longues, brèves, semi-
brèves,* etc. Nous ne nous arrêterons pas à les décrire plus longuement, cela ne
pouvant être d'aucune utilité pratique.

Lorsqu'on créa la mesure telle que nous la connaissons aujourd'hui, dans le
changement radical que l'application de cette idée apporta dans l'écriture, on
ne conserva des anciens signes que la *semi-brève,* dont la figure, que nous connaissons déjà O, représente quatre unités binaires dans la mesure à quatre
temps. Le nom de ce signe fut changé, et on lui donna celui de *ronde* qu'il a
conservé depuis.

150. Ce signe O étant celui qui, parmi ceux adoptés pour l'écriture musicale, représentait la plus longue durée, fut, par ce motif, choisi pour servir de
point de comparaison à tous les autres. L'usage traditionnel de donner aux notes
une valeur relative entre elles, dut exercer une influence décisive sur le choix
des signes de durée et des signes de mesure.

Quoi qu'il en soit, voici d'abord la nomenclature des signes qui furent adoptés,
avec les noms correspondants, soit pour les sons, soit pour les silences. Chacun
d'eux représente une valeur sous-double de celle du signe qui le précède.

VALEUR en chiffres.	NOM DES NOTES.	FIGURES.	VALEUR RELATIVE.
1	Ronde	O	servant de terme de comparaison à tous les signes de durée.
$\frac{1}{2}$	Blanche		ou moitié de la Ronde.
$\frac{1}{4}$	Noire		— de la Blanche . . . ou quart . . . . . de la Ronde.
$\frac{1}{8}$	Croche.		— de la Noire. . . . . ou huitième. . . . . . —
$\frac{1}{16}$	Double-Croche		— de la Croche. . . . ou seizième. . . . . . —
$\frac{1}{32}$	Triple-Croche		— de la Double-Croche, ou trente-deuxième. . —
$\frac{1}{64}$	Quadruple-Croche. .		— de la Triple-Croche, ou soixante-quatrième —

On créa en même temps des signes de silence correspondant aux signes d'intonation. En voici la nomenclature comparée :

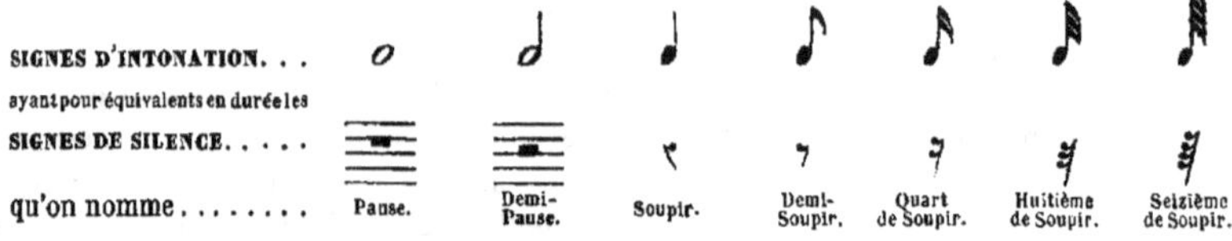

Tous ces signes ont entre eux une valeur relative sous-double. Il est superflu de faire remarquer la bizarrerie de ces dénominations empruntées, les unes à la forme, les autres à la couleur, d'autres à la valeur numérique des signes.

151. Lorsqu'on eut assujéti les diverses fractions de la durée aux lois du *Temps* et de la *Mesure*, une difficulté se présenta : chaque air a un mouvement qui lui est propre, c'est-à-dire au moyen duquel on doit exprimer un nombre déterminé d'unités ou de mesures dans un temps donné, et l'on ne possédait à cette époque aucun instrument propre à mesurer cette *durée absolue.*

L'obscurité qui règne sur l'origine des signes multipliés de mesure, dont on trouve des exemples dans la musique ancienne, empêche de donner le système qui servit de point de départ; mais, dans l'hypothèse où nous nous plaçons, nul doute qu'à cette époque on eût considéré comme ayant rendu un immense service à l'art, celui qui aurait proposé le système suivant ou tout autre équivalent.

La *Ronde* représentant, par exemple, une mesure dont la durée absolue soit donnée approximativement, par tradition, au moyen de quelque mouvement, soit de danse, soit de marche ou de tout autre bien connu des musiciens, comme nous en avons de nos jours, et ce mouvement tenant à peu près le milieu entre le plus lent et le plus vif de ceux usités, si l'on donne à l'expression d'une mesure la durée de *deux Rondes*, on aura un mouvement absolu deux fois plus lent que le premier; si on lui donne la durée de *quatre Rondes*, on aura un mouvement quatre fois plus lent.

Si, au contraire, on donne à l'expression de cette mesure la durée de *la moitié de la Ronde*, on aura un mouvement deux fois plus vif; si on lui en donne le *quart* seulement, on aura un mouvement quatre fois plus vif.

Ce raisonnement conduisit d'une part à employer dans une mesure *deux Rondes* ○ ○ ou *quatre* ○ ○ ○ ○, pour annoncer que le mouvement devait être deux ou quatre fois plus lent que dans la mesure ○.

Et d'autre part, à employer dans une mesure une ♩ ou une ♪, pour annoncer que le mouvement devait être deux ou quatre fois plus vif que dans la mesure ○.

Ainsi, le degré de vitesse de la mesure ○ étant représenté par le nombre 100, les mesures plus lentes seraient représentées par les nombres 50 et 25, et les mesures plus rapides par les chiffres 200 et 400. Cette dernière donnant une rapidité progressive considérable ne fut presque pas employée, ainsi que nous le verrons bientôt.

Indépendamment de l'absence de tout moyen mécanique de mesurer la durée absolue de l'exécution musicale, il est évident que ce système fut créé sous l'influence de la manière dont on avait jusque-là envisagé les signes graphiques, car il aurait été facile, en ayant un mouvement connu pour servir de régulateur approximatif, de conserver les seuls signes de la mesure ○, en indiquant au commencement d'un morceau que le mouvement devait être deux ou quatre fois plus lent que le mouvement usité, ou qu'il devait être deux ou quatre fois plus vif. Mais l'habitude qu'on avait de considérer les signes musicaux d'un point de vue tout différent empêcha de penser à ce moyen si simple.

Maintenant, soit par hasard, soit par calcul, la ronde, qui avait été prise pour servir de mesure absolue de la durée, correspondait à la mesure composée de quatre unités ou noires ♩ ♩ ♩ ♩

c'est-à-dire à la mesure à quatre temps, qui, nous l'avons vu, n'était qu'une décomposition de la première mesure à deux temps. Quoi qu'il en soit, la position de la ♩ dans l'échelle des signes la rendait aussi propre à servir d'unité de temps que la ○ l'était pour servir d'unité de mesure, l'une et l'autre se trouvant au milieu de l'échelle.

De plus, sous le point de vue des signes, la mesure à quatre temps contenait les deux autres mesures, puisque trois unités, ou les trois quarts de cette mesure, pouvaient former la mesure à trois temps, et deux ou la moitié la mesure à deux temps.

152. Voici un tableau qui rendra ce qui précède parfaitement intelligible :

UNITÉS.	MESURES			SIGNES REPRÉSENTANT LA DURÉE ABSOLUE DE LA MESURE A 4 TEMPS.	
	à 2 TEMPS.	à 3 TEMPS.	à 4 TEMPS.		
1 — ○	○ ○	○ ○ ○	○ ○ ○ ○	○ ○ ○ ○	ou 25
2 — 𝅗𝅥	𝅗𝅥 𝅗𝅥	𝅗𝅥 𝅗𝅥 𝅗𝅥	𝅗𝅥 𝅗𝅥 𝅗𝅥 𝅗𝅥	𝅗𝅥 𝅗𝅥	ou 50
4 — ♩	♩ ♩	♩ ♩ ♩	♩ ♩ ♩ ♩	○	ou 100
8 — ♪	♪ ♪	♪ ♪ ♪	♪ ♪ ♪ ♪	𝅗𝅥	ou 200
16 — ♬	♬ ♬	♬ ♬ ♬	♬ ♬ ♬ ♬	♩	ou 400

La première colonne à gauche donne la série des notes dans leur ordre naturel, et le chiffre qui les accompagne indique le rapport de chacune d'elles avec la *Ronde*. Ainsi le chiffre 16 qui accompagne la double-croche signifie que le rapport de la ronde à la double-croche est, comme celui de 1 à $\frac{1}{16}$, ou en d'autres termes, qu'il faut 16 doubles-croches pour la durée d'une ronde.

Chacune des trois autres colonnes au-dessus desquelles se trouvent les chiffres indicateurs des mesures à 2, 3, 4 temps, donne la série des différents signes qui, pris comme unité, non pas de mesure, mais de temps, peuvent servir à écrire chacune de ces mesures avec les mouvements absolus que nous avons décrits plus haut, et qui, au surplus, sont indiqués à la droite des trois colonnes par le signe de la durée absolue de la mesure à quatre temps, et par les nombres 25, 50, 100, 200, 400.

La durée absolue de la mesure à quatre temps étant déterminée, celle des mesures à deux et trois temps correspondant au même mouvement était facile à en déduire. Un nombre quelconque de mesures à deux temps exigeant dans le même mouvement la moitié du temps qu'il aurait exigé dans la mesure à quatre temps, le même nombre, dans la mesure à trois temps, en aurait exigé la moitié plus que dans la mesure à deux temps, ou un quart de moins que dans la mesure à quatre temps.

153. Toutes ces conventions établies, il ne restait plus qu'à annoncer par un signe quelconque, placé au commencement de chaque morceau de musique, l'espèce d'unité, soit de temps, soit de mesure qu'on aurait choisie pour déterminer le mouvement à peu près absolu de l'air. Cette indication était indispensable, car il pouvait se faire que l'unité choisie ne se rencontrât que rarement dans un morceau, et même pas du tout, si on n'avait employé que ses divisions et subdivisions, en un mot, d'autres signes de durée équivalente. C'est pourquoi l'on prit un des trois chiffres indicateurs des mesures à 2, 3, 4 temps qui se trouvent au-dessus des colonnes du tableau, et l'on plaça au-dessous celui du chiffre de la colonne de gauche indiquant le rapport de chaque espèce d'unité avec le signe de durée primitif, la *Ronde*. Or, comme il se trouve que la *Ronde* est le signe de l'unité de mesure équivalant à la mesure à quatre temps, il s'ensuit que, dans ce système, l'espèce d'unité choisie pour annoncer le mouvement d'un air étant toujours la *Ronde*, ou une subdivision de la *Ronde*, est, en même temps, une subdivision de la mesure à quatre temps; cela veut dire que celle-ci, pendant la durée d'une mesure, peut employer cette unité autant de fois que cette dernière est contenue dans la ronde. Un exemple rendra ceci plus clair. Prenons au hasard l'énonciation $\frac{3}{16}$, le chiffre 3 est le signe de la mesure à trois temps qui surmonte la deuxième colonne; le chiffre 16 correspond à la double-croche, et indique le mouvement le plus rapide de ceux dont il a été question.

De plus, le chiffre 16 annonce que cette unité est la seizième partie de la commune mesure, la *ronde*, et par conséquent la seizième partie de la mesure à quatre temps. De là l'usage de comparer toutes les mesures à la mesure à quatre temps.

C'est pourquoi, dans l'exemple ci-dessus, on dit aussi que la mesure $\frac{3}{16}$ est composée de trois des notes dont la mesure à quatre temps emploie 16 pour être complète, ou encore qu'elle vaut trois seizièmes de la mesure à quatre temps.

On voit comment chacun des signes indicateurs des mesures à 2, 3 et 4 temps peut successivement servir de numérateur aux chiffres de la progression 1, 2, 4, 8, 16, et annoncer les quinze mesures différentes qui se trouvent dans le tableau.

Pour continuer l'hypothèse qui nous a servi de point de départ, celle d'avoir à créer un système complet pour l'indication de la durée absolue de la mesure, il nous reste à appliquer les mêmes principes à la division ternaire de l'unité.

154. Le point ayant été adopté pour indiquer la division ternaire de l'unité, il suffisait de reprendre chacun des signes d'unité du tableau précédent, et d'y ajouter un point pour annoncer cette circonstance de l'unité soumise à la division ternaire; de plus, il fallait aussi modifier les chiffres indicateurs de la mesure. On a dit :

Le chiffre supérieur des mesures binaires indique le nombre d'unités contenu dans chaque mesure, indiquons pour les mesures ternaires, au lieu du nombre d'unités, celui de leurs divisions ternaires, c'est-à-dire le nombre de tiers contenus dans la mesure, et on multiplia les chiffres indicateurs de la mesure, 2, 3, 4 par 3, ce qui donna 6, 9 et 12 tiers. Les numérateurs ainsi modifiés entraînaient la modification des dénominateurs; le chiffre inférieur, dans les mesures binaires, indiquait le signe de l'unité ou l'espèce; pour être conséquent avec la modification qu'on apportait aux numérateurs des mesures ternaires, il fallait, par les dénominateurs, indiquer le signe des tiers.

Or, les tiers d'une unité étant représentés par les signes de l'ordre immédiatement inférieur, c'est-à-dire les trois tiers de l'unité dont le signe est ♩ •, étant figurés par trois croches ♪♪♪ et ceux du signe 𝅗𝅥 •, par trois noires ♩♩♩, et ainsi des autres, il suffisait de placer au-dessous des numérateurs 6, 9, 12 (produit de la multiplication des chiffres 2, 3 et 4 par 3), le chiffre indicateur de la valeur relative de la note placée dans l'échelle au-dessous de l'unité choisie pour mesure absolue du mouvement.

155. Voici le tableau de ces mesures; il n'est que la reproduction du précédent, avec les modifications que nous venons d'énoncer :

UNITÉS	SIGNES ÉQUIVALENTS DE L'UNITÉ.	MESURES TERNAIRES			SIGNES DE LA DURÉE ABSOLUE DE LA MESURE A 4 TEMPS TERNAIRES.
		A 2 TEMPS (2 × 3 *) ou 6 tiers.	A 3 TEMPS (3 × 3) ou 9 tiers.	A 4 TEMPS (4 × 3) ou 12 tiers.	
1 𝅗𝅥•	𝅗𝅥 𝅗𝅥 𝅗𝅥 2	𝅗𝅥• 𝅗𝅥•	𝅗𝅥• 𝅗𝅥• 𝅗𝅥•	𝅗𝅥• 𝅗𝅥• 𝅗𝅥• 𝅗𝅥•	𝅗𝅥• 𝅗𝅥• 𝅗𝅥• 𝅗𝅥• ou 25
2 ♩•	♩ ♩ ♩ 4	♩• ♩•	♩• ♩• ♩•	♩• ♩• ♩• ♩•	𝅗𝅥• 𝅗𝅥• ou 50
4 ♩•	♪ ♪ ♪ 8	♪• ♪•	♪• ♪• ♪•	♪• ♪• ♪• ♪•	𝅗𝅥• ou 100
8 ♪•	♬ ♬ ♬ 16	♬• ♬•	♬• ♬• ♬•	♬• ♬• ♬• ♬•	♩• ou 200
16 ♬•	♬ ♬ ♬ 32	♬• ♬•	♬• ♬• ♬•	♬• ♬• ♬• ♬•	♪• ou 400

* Le signe × veut dire *multiplié par*.

La première colonne à gauche du tableau contient les diverses formes de l'unité ternaire; dans la seconde, on en trouve la valeur équivalente en tiers; le chiffre qui accompagne ceux-ci indique leur valeur relative par rapport à la ronde; ce chiffre doit servir aussi de dénominateur aux chiffres 6, 9, 12, indicateurs des mesures à 2, 3 et 4 temps ternaires.

Le tableau ci-dessus contient des mesures qui n'ont jamais été employées, telles que celles qui auraient la seizième pour unité, et dont l'indication serait celle-ci : $\frac{6}{32}$, $\frac{9}{32}$, $\frac{12}{32}$; elles sont ici pour montrer que le système dont nous parlons aurait pu s'étendre plus loin encore en théorie.

156. En retranchant cette dernière ligne, les quatre autres fournissent encore douze mesures ternaires qui, ajoutées aux quinze du système binaire, donnent un total de vingt-sept mesures dont les indications pourraient être écrites comme il suit :

	MESURES A TEMPS BINAIRES.					MESURES A TEMPS TERNAIRES.			
	A	**B**	**C**	**D**	**E**				
A 2 temps...	$\frac{2}{1}$	$\frac{2}{2}$	$\frac{2}{4}$	$\frac{2}{8}$	$\frac{2}{16}$	$\frac{6}{2}$	$\frac{6}{4}$	$\frac{6}{8}$	$\frac{6}{16}$
A 3 temps...	$\frac{3}{1}$	$\frac{3}{2}$	$\frac{3}{4}$	$\frac{3}{8}$	$\frac{3}{16}$	$\frac{9}{2}$	$\frac{9}{4}$	$\frac{9}{8}$	$\frac{9}{16}$
A 4 temps...	$\frac{4}{1}$	$\frac{4}{2}$	$\frac{4}{4}$	$\frac{4}{8}$	$\frac{4}{16}$	$\frac{12}{2}$	$\frac{12}{4}$	$\frac{12}{8}$	$\frac{12}{16}$

De toutes ces mesures, quelques unes n'ont jamais été employées, et d'autres ne sont plus en usage. Toutefois les indications qui précèdent étant complètes, feront comprendre aisément les signes de mesure qu'on pourrait rencontrer, sauf deux ou trois exceptions où la désignation numérique a été modifiée. Ainsi, dans la pratique, on remplace le signe de la

Mesure à deux temps... $\frac{2}{2}$ par le signe **2** ou par **¢**

  » à trois » ... $\frac{3}{4}$ » » **3** Ces deux signes sont usités.

  » à quatre » ... $\frac{4}{4}$ » » **C**

  » » · ... $\frac{4}{2}$ » » **CC** ou par **C)**

On voit que les exceptions ne portent que sur des mesures à temps binaires, et ce sont les plus usitées; toutes les autres sont énoncées comme dans les deux tableaux ci-dessus.

En comparant, dans le tableau des mesures binaires, les mesures à deux et à quatre temps, dans chacune des colonnes A, B, C, D, E, on voit que chacune des mesures à deux temps est pour ainsi dire décomposée par la mesure à quatre temps de la colonne suivante. Ainsi la mesure $\frac{2}{4}$, colonne C, est décomposée par la mesure à quatre temps $\frac{4}{8}$, colonne D; la première est composée des deux signes *a*, et la seconde des quatre moitiés de ces deux signes (fig. *b*). Cette remarque peut être utile dans un grand nombre de cas, pour lire plus aisément certaines mesures à deux temps, que l'on peut battre à quatre temps sans en altérer l'air. La mesure $\frac{2}{2}$, ou **2**, ou enfin **¢**, offre souvent dans la pratique l'occasion de faire cette substitution.

157. On voit que tous ces signes de mesures ont eu leur raison d'être à l'époque où ils furent créés; mais ils ont perdu beaucoup de leur importance, surtout depuis un demi-siècle. On s'aperçut bien souvent de l'insuffisance des signes pour indiquer le mouvement absolu de la musique. En effet, la durée absolue ou à peu près, dont l'unité était la *ronde O*, avait dû être modifiée ou altérée par la tradition; on eut alors recours à d'autres moyens, tels que l'emploi de mots indiquant certaines nuances de mouvement, la plupart empruntés à l'italien; mais ces expressions elles-mêmes étaient et sont fort vagues, et différemment interprétées par les musiciens. Enfin on eut recours à la mécanique pour créer un instrument propre à indiquer d'une manière absolue le mouvement musical; il s'agissait de créer un mécanisme pouvant frapper, pendant une *minute* par exemple, un nombre déterminé de fractions ou de temps de la mesure, ce nombre étant fixé par le compositeur et écrit en tête de la musique. Le mouvement ainsi indiqué par un instrument fonctionnant partout de la même manière ne serait plus laissé à l'appréciation arbitraire des exécutants, et on serait dans tous les cas assuré de pouvoir le reproduire avec exactitude. Après beaucoup d'essais infructueux, Winkel, mécanicien d'Amsterdam, inventa un instrument qui fut perfectionné plus tard par Maelzel, et qui est connu sous le nom de *Métronome*. Le métronome remplit toutes les conditions que nous avons indiquées plus haut, et le problème est résolu.

Galin, dans son *Exposition d'une nouvelle Méthode d'enseignement*, donne aussi la description d'un *Chronomètre*, plus simple que le métronome, mais moins parfait sous le rapport du mécanisme.

158. L'invention de tels instruments, qui donnent avec une exactitude rigoureuse la vitesse du mouvement choisi par le compositeur, détruit tout le système des anciens signes de mesure, puisque la nécessité qui les avait fait créer n'existe plus. Le type de durée absolue, qui avait été choisi arbitrairement, et qui était soumis à toutes les altérations possibles, soit par la tradition, soit par l'appréciation des musiciens, est remplacé par un type unique, inaltérable.

L'indication métronomique consiste à placer en tête d'un morceau de musique le nombre d'unités de temps qui doivent être exprimées pendant une minute. L'emploi d'un moyen si facile rend désormais inutile, non seulement les signes multipliés de la mesure, mais aussi tous ces mots italiens, latins ou français par lesquels on avait cru pouvoir remédier à l'insuffisance des signes absolus de durée. Ces mots, nous le répétons, ont une signification fort vague, et sont appréciés diversement par chaque exécutant, ce qui fait que le compositeur est le plus souvent exposé à voir sa pensée dénaturée, tandis que, par l'emploi de l'indication métronomique, il est assuré que, lorsqu'on le voudra, il sera facile de la traduire exactement.

Est-il nécessaire d'ajouter que le mouvement indiqué par le métronome est souvent modifié, dans le courant d'un morceau, par les exigences de l'exécution. Ces modifications sont du domaine de l'expression, qui peut varier à l'infini; on a recours, pour les indiquer, à des signes spéciaux. On en trouvera la nomenclature à la fin de cette partie, avec une liste des mots italiens ou latins dont on se sert encore pour indiquer le mouvement.

159. Les mesures peuvent donc se réduire à celles qui ont servi de point de départ à l'ancien système, c'est-à-dire à celles dont l'unité de temps est ♩ pour le système binaire, et ♩. pour le système ternaire, savoir :

	POUR LE SYSTÈME BINAIRE.			POUR LE SYSTÈME TERNAIRE.		
Les mesures :	**2** ou $\frac{2}{4}$	**3** ou $\frac{3}{4}$	**C** ou $\frac{4}{4}$	$\frac{6}{8}$	$\frac{9}{8}$	$\frac{12}{8}$
Composées de :	2	3	4 unités binaires.	2	3	4 unités ternaires.

Ces types sont les seuls nécessaires avec l'indication métronomique; depuis longtemps déjà, la plus grande partie de la musique s'écrit au moyen de ces signes, et le moment n'est sans doute pas éloigné où les autres seront abandonnés tout-à-fait, et où peut-être les chefs-d'œuvre des anciens maîtres seront ramenés par la traduction à cette simplicité d'écriture.

C'est une erreur d'employer, avec l'indication métronomique, plusieurs types d'unité; cependant on en rencontre des exemples assez fréquents. Ainsi, on écrit assez souvent la mesure à trois temps, au moyen des signes de la mesure $\frac{3}{8}$ et même de $\frac{3}{2}$ au lieu de **3**. D'où il suit que l'unité est représentée par ♩ au lieu de ♩. Un tel emploi de l'indication métronomique ne ferait que perpétuer la confusion et la difficulté des signes de l'écriture musicale; mais cet emploi mieux compris doit faire tôt ou tard disparaître ces divers types d'unités de temps, et les compositeurs s'en tiendront à ceux que nous venons d'indiquer, et que nous avons adoptés dans toute la partie pratique de cet ouvrage.

Les signes de mesure sont même à peu près superflus, car les diverses fractions de l'unité de temps étant groupées sous le même trait, à une ou deux exceptions près, on voit de suite le nombre d'unités dont la mesure est composée; mais un long usage ayant consacré l'emploi de ces signes, il est probable que, pendant long-temps encore, on les écrira en tête de chaque morceau de musique.

160. Après avoir expliqué les principes généraux sur lesquels reposent le temps et la mesure dans notre système musical, il nous reste à exposer les moyens que l'expérience nous a démontrés propres à en rendre l'étude prompte et facile au point de vue pratique.

Ces moyens ont une certaine analogie avec ceux qui ont été indiqués pour l'étude de l'intonation. Après avoir énuméré les éléments dont se compose la mesure, nous avons séparé l'étude de l'unité de durée de celle de la mesure proprement dite, afin d'isoler les difficultés.

Lorsqu'on a décomposé l'unité et étudié ses fractionnements par deux et par trois, au moyen de divers mouvements de la main, il est plus facile d'appliquer cette connaissance acquise à l'étude de la mesure, qui n'est autre chose qu'une succession de groupes de deux, trois ou quatre unités binaires ou ternaires.

En commençant l'étude de la mesure, il est bien de continuer à décomposer, comme il a été dit, chaque unité au moyen des mouvements de la main qui ont été indiqués. Après avoir étudié de cette manière les formules graduées qui présentent successivement les principales difficultés de la division du temps, soit par deux, soit par trois, on s'exercera à supprimer les mouvements secondaires, pour ne faire qu'un seul mouvement à chaque temps, et acquérir l'habitude d'exprimer successivement deux, trois, quatre notes, et un plus grand nombre pendant la durée de chaque mouvement.

Les formules rhythmiques n⁰ˢ 29, 30, 31 et 32 contiennent les diverses combinaisons de la division binaire de l'unité. Elles doivent être étudiées en marquant les deux moitiés de l'unité par les mouvements indiqués dans le précédent chapitre.

Continuer l'étude des formules 25, 26, 27, 28 des mesures à temps ternaires, et, pour se préparer à la division de chaque unité en trois tiers, les indiquer au moyen des mouvements de la main décrits ci-après.

MOUVEMENTS POUR LES MESURES TERNAIRES.

161. Pour habituer l'oreille à la division ternaire de l'unité dans les mesures à deux, trois et quatre temps, il est essentiel d'adopter un mouvement de la main pour marquer chaque partie de l'unité.

Nous allons indiquer comment il faut modifier les mouvements de la main pour la mesure à quatre temps, on en déduira aisément ceux des mesures à deux et trois temps.

La ligne tracée par les chiffres 1, 2, 3, 4, etc., de la figure ci-après montre comment ces mouvements doivent être exécutés. Il faut se familiariser avec eux en prononçant les syllabes *un, deux, trois*, etc. Ils doivent être bien marqués en commençant. On les diminuera ensuite peu à peu, pour les supprimer tout-à-fait, lorsque l'éducation de l'oreille sera complète.

1er TEMPS.
- 1er *tiers.* Frapper de la main sur le genou.
- 2e » Lever vivement la main à peu de distance du genou.
- 3e » Frapper de nouveau sur le genou.

2e TEMPS.
- 4e » Lever la main en obliquant à gauche.
- 5e » La ramener horizontalement un peu à droite.
- 6e » Retourner à gauche par le mouvement inverse.

3e TEMPS.
- 7e » Lever la main en obliquant à droite.
- 8e » La ramener horizontalement un peu à gauche.
- 9e » Retourner à droite par le mouvement inverse.

4e TEMPS.
- 10e » Lever la main en obliquant à gauche.
- 11e » La baisser un peu perpendiculairement.
- 12e » La lever de nouveau pour retourner au point de départ du premier temps.

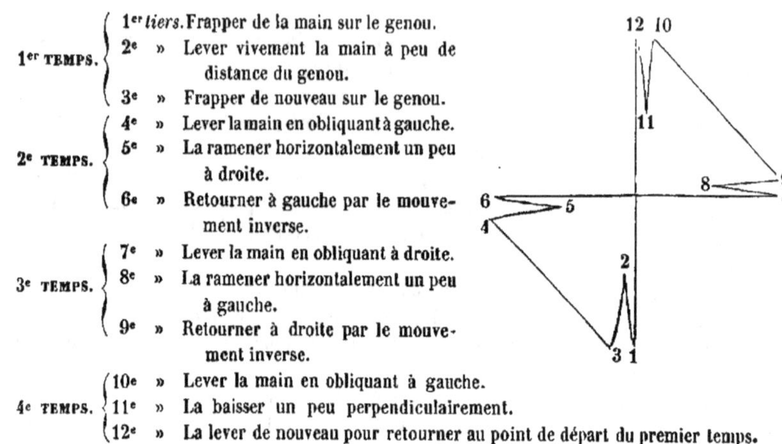

CHAPITRE IV.

SUITE DU PRÉCÉDENT.

162. Après une étude suffisante des formules à temps binaires nos 29 à 32, c'est-à-dire lorsqu'on pourra les dire facilement en leur donnant un mouvement de plus en plus accéléré, et en diminuant progressivement le second mouvement de chaque temps jusqu'à ce qu'il devienne presque imperceptible, on commencera l'étude des mêmes formules en marquant un seul mouvement pour chaque temps de la mesure, d'abord lentement, puis en augmentant aussi progressivement la vitesse du mouvement, et en lui conservant toute la régularité possible.

Les mouvements indiqués dans le précédent chapitre pour la division ternaire de chaque temps de la mesure, étant devenus familiers, on pourra commencer l'étude des formules nos 33, 34, 35, 36, qui contiennent les diverses combinaisons de l'unité ternaire et de ses divisions par tiers. Ici encore les deuxième et troisième mouvements de chaque temps devront être bien marqués en commençant, pour être diminués ensuite à mesure qu'on se familiarisera davantage avec les formules, afin de se préparer à leur suppression, en faisant bientôt passer trois notes sous un seul mouvement, ce qui se fera dans le chapitre suivant.

DE LA SYNCOPE.

163. Toutes les observations relatives à la syncope, qui se trouvent développées dans le troisième chapitre de l'*Unité de durée*, s'appliquent à la mesure.

Les divers temps dont se compose une mesure ont entre eux les mêmes rapports d'intensité que les fractions correspondantes de l'unité. Ainsi, on a dans les mesures :

	A DEUX TEMPS.		A TROIS TEMPS.			A QUATRE TEMPS.			
les	1er	2e	1er	2e	3e	1er	2e	3e	4e *temps.*
	fort	faible	fort	faible	mi-fort	fort	faible	mi-fort	faible

D'où il suit qu'il y a syncope toutes les fois qu'un son commence à un temps quelconque autre que le premier d'une mesure, et qu'il se prolonge sur la mesure suivante, parce que cette prolongation arrive nécessairement à un temps plus fort que celui du point de départ.

164. Les syncopes, qui sont la prolongation d'un son d'une mesure sur la mesure suivante, et c'est un des cas les plus fréquents, s'écrivent toujours dans l'usage en répétant la note *syncopée* dans la seconde mesure, et en la liant avec celle de la première au moyen de la courbe ⏝. Exemple :

On voit que, dans notre système, nous avons généralisé cette manière de noter, en l'appliquant à l'unité et à ses fractions, comme on l'applique ici à la mesure.

Les formules rhythmiques qui suivent la *Théorie de la Mesure* contiennent quelques exemples de syncopes; mais on ne doit pas les exécuter à la première étude qui sera faite de ces formules; on pourra lire toutes les notes comme si elles appartenaient à des sons différents. Dans une deuxième étude, on se bornera à indiquer le commencement du son, sans répéter les notes de prolongation.

165. Nous avons déjà démontré que la manière dont on emploie le point dans l'écriture usuelle est le seul obstacle à l'adoption du système de notation créé par Galin pour la durée.

La manière dont Galin se sert du point (n° 132) est, il faut en convenir, plus rationnelle; elle est une conséquence de son idée de réunir sous le même trait les diverses fractions de l'unité. Toutefois, il est utile d'examiner si, en employant le point comme lui, on obtiendrait plus de clarté et plus d'économie dans les signes qu'en se bornant à apporter dans leur emploi toutes les améliorations possibles.

Si les irrégularités qui pourront encore se rencontrer dans les signes ne nuisent pas à leur clarté, et si, d'un autre côté, l'on trouve une compensation dans l'économie qui résultera de leur conservation, ne vaudra-t-il pas mieux ne rien changer à une manière de les envisager consacrée par un long usage et par tant de chefs-d'œuvre.

La langue musicale est comme toutes les langues. Les additions successives qui furent faites aux signes musicaux à chaque nouveau progrès de l'art étant partielles, la langue et les signes qui nous ont été transmis ne peuvent avoir l'homogénéité qu'aurait un système de signes créé aujourd'hui dans l'état de perfection relative qu'a atteint la science musicale.

Vouloir réformer radicalement l'écriture musicale à cause de quelques irrégularités dans les signes, est une entreprise aussi difficile que celle de vouloir réformer une langue parce que la construction de certaines locutions est irrégulière.

N'est-il pas plus sage de perfectionner les signes usités, dans les limites du possible, en introduisant dans l'emploi qu'on en fait une méthode qui leur donne toute la clarté dont ils sont susceptibles.

166. Voici un exemple des deux cas signalés plus haut, lorsque le point est employé par Galin pour exprimer des tiers de prolongation et pour exprimer des syncopes :

TIERS DE PROLONGATION.   et   SYNCOPES.

que nous traduisons par   et

Dans l'exemple A, la coupe usuelle de l'unité est une abréviation de celle de Galin; elle ne nuit pas à la clarté de l'écriture, lorsqu'elle est au milieu d'autres coupes dont on place les fractions sous un trait diviseur. Cette méthode est plus brève que celle de Galin; il y a économie du trait et du point.

Dans l'exemple B, le système que nous adoptons est aussi clair que celui de Galin, par l'emploi de la courbe qui annonce la syncope ; mais l'économie de signes est de son côté.

Il y aurait équilibre de raisons pour et contre les deux systèmes, si les coupes des exemples ci-dessus se présentaient aussi fréquemment les unes que les autres dans la pratique ; mais si l'on observe que la prolongation d'un son se fait presque toujours par des fractions sous-doubles du signe principal, et que l'exemple ci-dessus de la prolongation par tiers est presque le seul que l'on rencontre, hors le cas de syncope ;

Que, d'un autre côté, cette coupe est très fréquente dans le système ternaire, tandis que l'exemple de prolongation ou syncope de l'exemple B est comparativement rare, puisqu'on rencontre cent cas du premier exemple pour un du second, on conclura que la préférence doit être acquise à la seconde ligne, puisqu'elle offre autant de clarté et plus d'économie que la première, indépendamment de l'avantage de ne rien changer à la manière dont les praticiens ont l'habitude d'envisager les signes, c'est-à-dire à la manière dont ils sont usités dans toute la musique existante.

Ces diverses considérations nous ont décidé à employer, dans le recueil qui forme la partie pratique de cet ouvrage, le système de notation que nous venons d'indiquer.

CHAPITRE V.

SUITE DU PRÉCÉDENT.

167. Les différentes divisions de la mesure ayant été décrites dans le précédent chapitre, et l'étude des fractionnements de l'unité ou du temps devant se faire à part, comme il a été dit, nous nous bornerons désormais à indiquer comment les formules rhythmiques doivent être étudiées.

L'étude des formules rhythmiques n°s 29 à 32, telle qu'elle a été indiquée dans la précédente section, ayant fait acquérir l'habitude d'exprimer deux syllabes sous un seul mouvement, on pourra commencer l'étude des quatre formules à subdivision binaire, n°s 37 à 40, en reprenant les doubles mouvements de la main pour marquer les deux moitiés de chaque unité. De cette manière, la première étude de ces formules n'offrira pas de difficultés, puisqu'elle ne présentera jamais que deux quarts à exprimer pour chaque mouvement de la main.

Il faut avoir soin de bien marquer ces mouvements pour commencer, et de les faire un peu lentement ; on lira ensuite les formules de plus vite en plus vite, en diminuant progressivement le mouvement secondaire de chaque temps pour se préparer à le supprimer lors de la seconde étude des formules dans le chapitre suivant.

Cette précaution, qui a déjà été recommandée précédemment, rendra facile l'étude des formules des mesures à temps ternaires, n°s 33 à 36, par un seul mouvement de la main pour chaque temps. On devra les étudier ainsi, afin de s'habituer à exprimer les trois syllabes de chaque unité sous un seul mouvement de la main.

Cette division de l'unité en trois parties étant moins facile que celle par deux, il est bien de répéter ces formules avec beaucoup de soin, afin de n'être pas arrêté dans l'étude de celles qui suivront.

CHAPITRE VI.

SUITE DES PRÉCÉDENTS.

168. Il faut, dans cette section, reprendre l'étude des formules n⁰ˢ 37 à 40 (étudiées dans la précédente, au moyen de deux mouvements de la main pour chaque unité). Si l'on a suivi exactement la marche indiquée, on n'éprouvera aucune difficulté à lire ces formules en faisant un seul mouvement de la main pour chaque unité. On les dira d'abord lentement, puis de plus vite en plus vite.

Les formules n⁰ˢ 41 à 44, qui offrent un grand nombre de coupes de l'unité ternaire à subdivisions binaires, ne présenteront aucune difficulté sérieuse pour la première étude qu'on en fera ici, puisqu'en reprenant les trois mouvements de la main pour chaque temps, on n'aura jamais que deux sixièmes à exprimer sous un mouvement, en se conformant à ce qui a été dit relativement à la vitesse.

Le but de ces divers mouvements étant de bien faire observer l'effet de chaque partie de l'unité, c'est sur cet effet que l'attention doit se porter particulièrement, afin que lorsqu'on supprime les mouvements secondaires de la main, l'oreille soit assez formée pour servir seule de guide.

CHAPITRE VII.

SUITE DES PRÉCÉDENTS.

169. Au point où nous sommes arrivés, l'oreille a acquis l'habitude de diviser une unité de temps en deux et quatre parties égales dans le système binaire, et en trois et six dans le système ternaire.

La division ternaire n'a été appliquée jusqu'ici qu'à l'unité; on reprendra, pour étudier les formules n⁰ˢ 45, 46 et 47, les deux mouvements de la main pour chaque temps, afin de se familiariser avec la subdivision ternaire de l'unité binaire. Les trois notes dont se compose chaque moitié de l'unité ayant entre elles les mêmes rapports que les trois tiers de l'unité ternaire, ici plus que jamais on devra ne pas se presser en commençant cette étude, et n'augmenter la vitesse qu'en proportion de l'habileté qu'on acquerra dans l'expression de ces coupes.

A cette étude, on joindra la deuxième des formules n⁰ˢ 41 à 44, pour s'exercer à exprimer les six sixièmes de l'unité ternaire pendant un seul mouvement de la main.

Les formules n⁰ˢ 49, 50, 51 contiennent la subdivision ternaire de l'unité ternaire. Elles devront être étudiées en reprenant les trois mouvements de la main pour chaque temps, afin de ne faire d'abord passer que trois notes sous chaque mouvement, et de bien remarquer l'effet des trois groupes dont se compose l'unité.

La formule n⁰ 48 contient un mélange de la division ternaire et de la division binaire. Il va sans dire que les moitiés subdivisées en trois parties doivent être exprimées aussi promptement que les moitiés subdivisées en deux; par conséquent, les mouvements qui les indiquent doivent être égaux en durée.

Cette observation s'applique aussi à la formule n⁰ 52, qui est un mélange de la division binaire et de la division ternaire. Les groupes de deux notes sont d'une durée égale à ceux de trois.

Ces formules sont plus que suffisantes pour familiariser promptement avec les difficultés rhythmiques. Nous n'en donnons pas avec des coupes plus avancées, qui se rencontrent rarement dans la pratique, surtout avec les signes que nous avons adoptés; et, d'un autre côté, nous avons indiqué dans l'étude de l'unité de durée comment on pourrait simplifier les coupes à triples traits, en les considérant comme des coupes à traits doubles que l'on exécuterait deux fois plus vite.

Pour servir de guide à cet égard, on trouvera sous les n⁰ˢ 53 et 54 la réduction des formules n⁰ˢ 39 et 40 en coupes à triples traits.

EXERCICES PRATIQUES DE DURÉE.

ÉTUDES SUR L'UNITÉ DE DURÉE ET SES SUBDIVISIONS.

(Voir n°s 109 à 134.)

N° 1.
Nommez : 1 2 1 2 1 1 1 2 1 2 1 2 1 1 1
F L F L F L. F L. F L. 2 fois. F L F L F L F L. F L. F L. F L. 4 fois.

N° 2.
chut chut chut chut chut chut chut

N° 3.
F L. F L. 2 fois.

N° 4.
1 2 3 | 1 3 | 1 | 1 | 1 2 3 | 1 2 3 | 1 2 | 1 | 1 | 1 2 3
2 fois les 3 mouv.

N° 5.
2 3 | 1 | 1 | 1 2 3 | 1 | 1 3 | 3 | 1 2 | 1 | 2 | 1 2 3

N° 6.
1 2 3 4 | 1 3 4 | 1 2 3 | 1 2 3 | 1 3 4

N° 7.
1 2 3 4 5 6 | 1 3 4 5 6 | 1 2 3 5

N° 8.
1 2 3 ch. | 2 3 4 | 1 3 4 | 1 2 4

N° 9.
1 ch. 3 ch. | 1 ch. 4 | 2 4 | 2 3

N° 10.

N° 11.

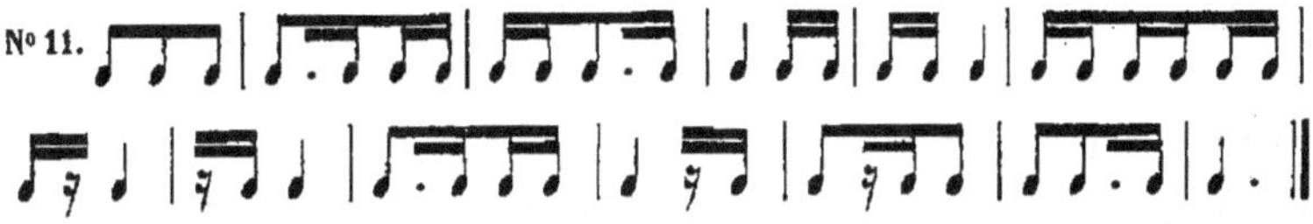

N° 12.

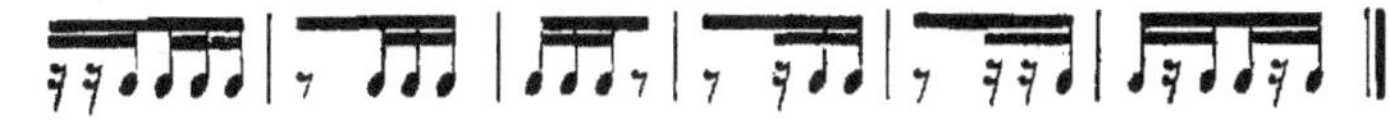

FORMULES RHYTHMIQUES

POUR SERVIR A L'ÉTUDE DE LA MESURE.

N° 13.

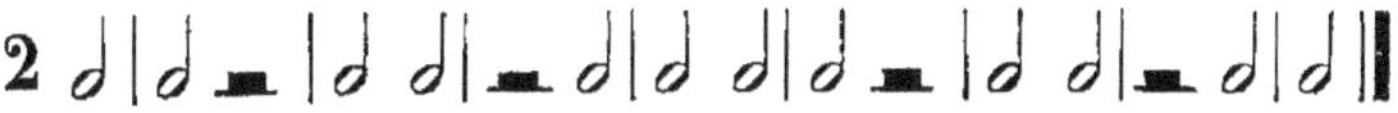

N° 14.

N° 15.

N° 16.

N° 17.

N° 18.

N° 19.

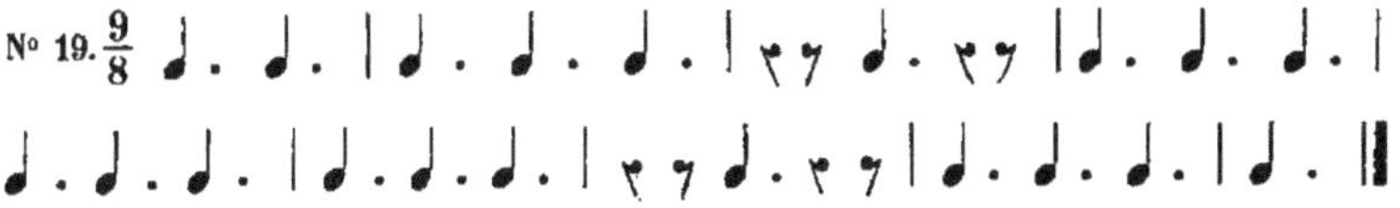

N° 20.

Les formules suivantes ont pour objet unique l'étude des effets de durée; *elles doivent être étudiées sans chanter*, comme les précédents exercices. Il ne faut pas chercher dans ces phrases autre chose que des combinaisons rhythmiques auxquelles il est essentiel de s'habituer à appliquer des noms de notes au lieu de chiffres. Cette connaissance acquise, ainsi que celle de l'intonation, il ne restera plus qu'à les réunir progressivement à la lecture *à livre ouvert* des airs qui forment le troisième livre de cette Partie.

Ces formules, à l'exception des deux dernières, n°ˢ 53 et 54, sont divisées par séries de quatre.

Nous nous bornerons à indiquer en tête de chaque série les numéros de la théorie où se trouve décrite la manière dont l'étude doit en être faite.

FORMULES 29 A 32.

Nº 29. (1re Étude, nº 160.)   (2e Étude, nº 162.)

Nº 30.

Nº 31.

Nº 32.

FORMULES 33 A 36.

Nº 33. (1re Étude, nº 162.)   (2e Étude, nº 167.)

Nº 34.

Nº 35.

N° 36.

FORMULES 37 A 40.

N° 37. (1re Etude, n° 167.)

(2e Étude, n° 168.)

N° 38.

N° 39.

N° 40.

FORMULES 41 A 44.

No 41. (1re Étude, no 168.)   (2e Étude, no 169.)

No 42.

No 43.

No 44.

FORMULES 45 A 48.

FORMULES 49 A 52.

N° 51.
9/8
N° 52. ℅
12/8
℅
(Voir la formule n° 40).
N° 53.
2/4
(Voir la formule n° 34.)
N° 54.
3/8

EXPLICATION

DE QUELQUES SIGNES ET ABRÉVIATIONS.

Point d'Orgue ⌒. — Lorsque ce signe est placé, soit sur une note, soit sur un silence, il faut donner au signe sur lequel il est placé une valeur au moins triple de celle qu'il aurait sans le point de *repos* ou d'*arrêt*. Il arrive aussi que le *Point d'Orgue* se place sur une note pour donner à un chanteur la liberté d'y faire entendre un trait de fantaisie, c'est-à dire qui n'est pas noté. D'autres fois, ce trait lui-même est écrit, et c'est ordinairement en notes plus petites que les autres.

Notes d'Agrément. — Ces notes, qu'on rencontre fréquemment dans la musique moderne, sont presque toujours placées à une seconde de celle qui les suit, et on leur donne une valeur égale à la moitié de celle-ci. Ainsi les notes : s'exécutent comme s'il y avait : Il arrive aussi qu'on donne à la petite note plus ou moins de la moitié de la durée de la note suivante,

Cette petite note prend aussi le nom d'*Appoggiatura*, du mot latin *appoggiare*, qui signifie *appuyer*. Lorsque la note qui précède l'*appoggiatura* est sur la même ligne, on dit que l'*appoggiatura* est préparée.

Petit Groupe, *ou* **Grupetto.** — Les notes qui composent le *Groupe* sont comme les notes d'agrément, plus petites que les autres. Il y a des *groupes* de différentes espèces ; les uns sont écrits, les autres indiqués par le signe ∾.

Ce qui distingue l'*appoggiatura* du *grupetto*, c'est que la durée des notes de celui-ci est ordinairement prise sur le temps qui le précède.

Trille, *tr.* — Effet de chant ou d'instrument qui consiste à frapper rapidement et régulièrement la note au-dessus de laquelle le signe *tr* est placé et une note voisine. Il ne faut pas confondre, comme on le fait souvent, cette expression avec celle de *cadence*.

Mordant ∿. Ce signe, placé au-dessus d'une note, indique aussi un ornement composé de plusieurs notes que l'on peut varier.

Notes détachées et piquées. — On rencontre quelquefois des notes surmontées de points, soit allongés, comme ♪ ♪, soit ronds comme ♪ ♪. Les premiers servent à indiquer les notes détachées que l'on désigne par le terme italien *Staccato*. Ces notes doivent être produites d'une manière brève, ainsi que le *piqué*, qui est indiqué par des points ronds ; celui-ci cependant est plus doux.

Nota. — Toutes les indications qui précèdent appartiennent, on le voit, à l'exécution instrumentale ou du chant proprement dit. Elles ne sont mentionnées ici qu'afin d'éviter que le lecteur soit arrêté par des signes dont il ne connaîtrait pas la signification.

Doubles Notes sur la même portée. — On écrit quelquefois deux parties sur la même portée. Cette économie d'espace rend la lecture difficile lorsqu'on n'a pas une longue pratique de ces sortes d'abréviations. Voici une mesure écrite de cette manière :

Les notes qui appartiennent à la voix aiguë ont la queue tournée en haut ; celles pour la voix grave ont la queue tournée en bas ; celle qui a une queue tournée vers le haut et une vers le bas appartient aux deux voix en même temps.

Abréviations. — On se sert, dans l'écriture musicale, d'une foule de signes plus ou moins arbitraires ; en voici quelques exemples qui sont plus particulièrement usités dans la musique instrumentale.

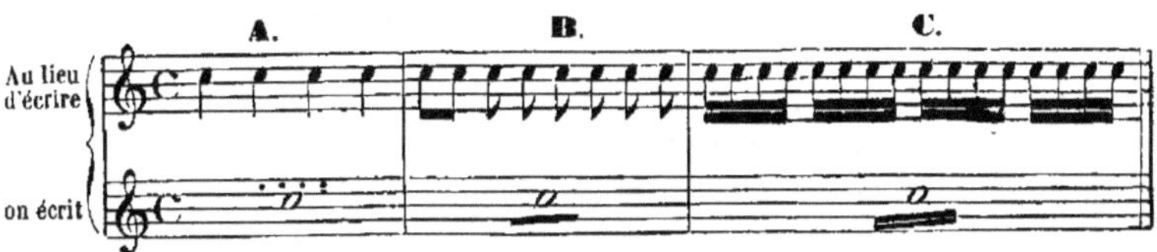

Dans l'exemple **A**, on remplace les quatre noires par la ronde surmontée d'autant de points qu'elle représente de noires.

Exemple **B**. On remplace les huit croches par la ronde avec un trait au-dessous, qui signifie que l'on doit convertir la ronde en notes à un trait, c'est-à-dire en croches.

Exemple **C**. La ronde avec un double trait doit être convertie en seize doubles-croches.

Si c'était une mesure $\frac{12}{8}$, il faudrait une ronde pointée, qui vaudrait douze croches, ou vingt-quatre doubles-croches.

Le signe ∕ sert à indiquer qu'une note doit être répétée autant de fois qu'il y a de traits; ex. :

Lorsque le même groupe de notes est reproduit plusieurs fois dans la même mesure et dans les suivantes, on l'indique au moyen d'un trait au-dessus duquel on met quelquefois le mot *idem*. Exemple :

DES SILENCES. — Lorsque, dans un morceau à plusieurs parties, il y en a une qui doit cesser de se faire entendre pendant un certain nombre de mesures, on l'indique sur la portée au moyen du signe de la pause que nous connaissons, et de ceux qu'on appelle *Bâtons* de deux et quatre pauses, que l'on répète aussi souvent qu'il le faut pour compléter le nombre voulu de mesures. Exemple :

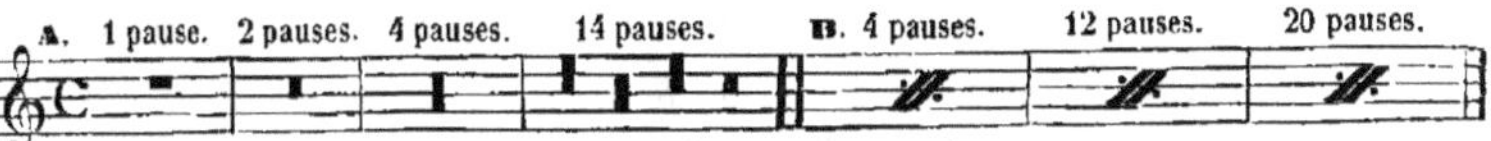

Ou bien on abrége encore, comme dans l'exemple **B**, en faisant deux traits dans le milieu de la portée, et en mettant au-dessus, en chiffres, le nombre de pauses qu'il faut observer.

Da Capo al segno 𝄋 est une expression italienne qui annonce que l'on doit reprendre l'air à l'endroit où l'on a déjà vu le signe 𝄋. On abrége le plus souvent cette indication par *Da Capo*, ou simplement *D. C.*

Lorsque *D. C.* est écrit sans signe, il faut reprendre au commencement du morceau.

GUIDON ∿. — Ce signe n'est plus en usage; il se plaçait autrefois, au bout de la portée, sur la même ligne où devait être placée la première note de la portée suivante. C'était un signe d'avertissement.

V. S. — Ces lettres, placées au bas d'une page, sont l'abréviation des mots italiens : *Volti subito*, qui signifient : *Tournez vite*.

Fin. Ce signe, placé dans le courant d'un morceau, annonce que, lorsqu'on aura trouvé à la fin le signe ‖ de renvoi qui ramène au commencement on devra continuer jusqu'à ce double trait accompagné du mot *Fin*, où se termine l'air. La première fois, on ne doit le considérer que comme un avertissement.

Ces deux barres verticales avec des points en dedans signifient qu'il faut lire deux fois tout ce qui est entre ces deux barres.

Ce signe sert au même usage que le précédent. On appelle les traits verticaux doubles : *Barres de reprise.*

Lorsqu'on trouve ce signe sans avoir d'abord rencontré celui-ci ▐ː, il faut reprendre au commencement du morceau.

On appelle ces signes une *Double Reprise,* c'est-à-dire qu'il faut lire deux fois ce qui se trouve entre les deux premières barres, et deux fois ensuite ce qui se trouve entre la deuxième et la troisième.

Ces deux systèmes de barres ont la même signification. Les points qui accompagnent les barres du milieu annoncent qu'il faut reprendre ce qui précède, mais que, dans la *deuxième exécution*, il ne faut pas tenir compte de ce qui est écrit entre les deux barres au-dessus desquelles sont écrits les mots *première fois,* et qu'il faut le remplacer par ce qui est écrit entre les deux barres au dessus desquelles est l'indication *deuxième fois.*

sont autant de signes destinés à renvoyer le lecteur de l'endroit où il les trouve pour la seconde fois à celui où il les a vus pour la première fois.

MOTS ET SIGNES EMPLOYÉS POUR INDIQUER L'EXPRESSION.

Abréviations	Termes Italiens.	Signification.
	Agitato	Agité, en saccadant un peu le son.
	A piacere, ou	
	Ad libitum	A volonté.
	Assai	Beaucoup.
	Brioso	Avec gaîté, avec éclat.
	Comodo	Sans forcer le mouvement.
	Con brio	Avec gaîté, avec éclat.
	Con fuoco	Avec feu.
Cresc. <	*Crescendo*	En augmentant le son.
Dim. >	*Decrescendo* *Diminuendo*	En diminuant le son.
Dol.	*Dolce*	Doux.
F.	*Forte*	Fort.
FF	*Fortissimo*	Très fort.
	Marcato	Marqué.
	Mesto	Triste.
M. V.	*Mezza voce*	A demi-voix.
M. F.	*Mezzo forte*	Demi-fort.
	Molto	Beaucoup.
	Mosso	Avec émotion.
	Pastorale	Genre pastoral.

Abréviations	Termes Italiens.	Signification.
	Piacevole	D'une manière agréable.
PP.	*Pianissimo*	Très doux.
P.	*Piano*	Doucement.
	Piena voce	A pleine voix.
Ral.	*Rallentando*	En ralentissant.
Rinf. ou *Fz.*	*Rinforzando*	En renforçant le son.
	Risoluto	Résolument.
	Semplice	Simplement.
Sicil.	*Siciliano*	Mélodie sicilienne.
Sfz.	*Sforzando*	En forçant le son.
	Smanioso	D'une manière furieuse.
Smorz.	*Smorzando*	En laissant mourir le son.
	Solo	Une voix seule.
	Sostenuto	Soutenu.
	Sotto voce	A demi-voix.
	Spiritoso	Avec esprit.
String.	*Stringendo*	En allant plus vite, peu à peu.
	Tutta forza	Avec toute la force.
	Tutti	Tous.
	Vigoroso	Avec vigueur.

LIVRE TROISIÈME.

TRANSPOSITION MUSICALE.

La Transposition a pour but l'exécution de la musique dans un Ton autre que celui dans lequel elle a été primitivement écrite. Souvent un chanteur doit exécuter de la musique qui dépasse les limites de sa voix ; il faut bien la ramener à ces limites, et, dans ce cas, l'accompagnateur doit transposer. Si, par exemple, l'air est écrit en *ut* et qu'il soit trop élevé d'une tierce mineure, il devra jouer en *la*, en supposant trois dièses à la clé. Ici la difficulté est toute entière dans l'accompagnement ; elle est nulle pour la voix.

D'autres fois, la musique est écrite sur une clé qui n'est pas familière au chanteur ; il faut alors qu'il sache transposer, afin de pouvoir lire cette musique comme si elle était écrite à la clé qu'il connaît.

Indépendamment de la transposition orale, c'est-à-dire qui se fait instantanément en lisant la musique, on fait aussi fréquemment usage de la transposition écrite. Celle-ci dispense les exécutants de transposer en lisant.

La transposition écrite est donc utile, surtout aux personnes qui n'ont pas assez d'habileté pour transposer à première vue.

Les diverses manières dont les signes accidentels de la musique peuvent être modifiés par la transposition ont toujours fait considérer cette partie de la lecture musicale comme l'une des plus difficiles. Aussi nous sommes-nous attaché, dans ce petit Traité, à dégager de toute obscurité la théorie de la transformation des signes, afin de donner aux élèves le moyen de les apprécier promptement et avec connaissance de cause.

Ce Traité est divisé en quatre sections, qui ont pour objet :

1° De jeter un coup-d'œil rétrospectif sur la théorie des clés et sur celle de la formation des Tons.

2° La transposition à toutes les clés, de tous les Tons sans signes accidentels.

3° La transposition des Tons par bémols ⎫
4°   —   —   par dièses ⎭ avec des signes accidentels.

Chaque section est suivie d'une série de questions, qui ont pour but de rendre familiers tous les éléments de la Transposition ; ces questions sont numérotées, et les réponses se trouvent à la fin du Traité, sous le même numéro de la section correspondante de la *Clé des Exercices*.

Iʳᵉ SECTION.

L'étude théorique et pratique de la Transposition exige la connaissance préalable et approfondie de tout ce qui a rapport à la théorie des clés et à celle de la formation des Tons; pour ne pas répéter ici ce qui a été dit à ce sujet lorsque nous avons traité de l'intonation, nous renverrons le lecteur:

Pour les clés, aux paragraphes. . . . . 27 à 32 ⎫
Pour les Tons,   —   . . . . 45 à 55 ⎬ du Livre 1ᵉʳ.
Nous recommandons aussi l'étude des paragraphes 56 à 58 ⎭

Les observations qui suivent sont purement théoriques; elles complètent celles qui se trouvent comprises dans les paragraphes indiqués ci-dessus, et s'adressent aux personnes qui aiment à se rendre compte des opérations qu'elles exécutent. Toutefois comme ces matières sont un peu abstraites et peuvent paraître au-dessus des forces de quelques élèves, on peut sans inconvénient pour la pratique, les laisser de côté, sauf à y revenir plus tard.

OBSERVATIONS SUR LE RÔLE DE LA QUINTE MINEURE OU DIMINUÉE.

La gamme majeure d'*ut* contient (voir nᵒˢ 24 et 25) six quintes majeures et une seule quinte mineure, appelée aussi fausse quinte ou quinte diminuée, qui est *si-fa*.

Au point de vue de la théorie de la transposition, les deux termes de cet intervalle remplissent un rôle très important et très utile à étudier: l'intervalle *si-fa* est le point de jonction des quintes majeures ascendantes et descendantes que contient la gamme. En effet, si l'on considère ces successions de quintes comme un cercle que l'on peut consulter de droite à gauche, pour former la série des bémols, ou de gauche à droite, pour former celle des dièses, on obtient la figure ci-après.

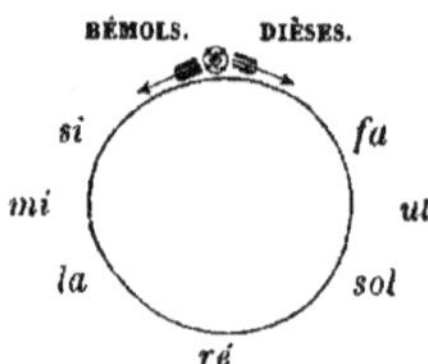

Si l'on remplace le terme supérieur *fa* de l'intervalle *si-fa* par *fa*♯, la quinte mineure *si-fa* est elle-même remplacée par la quinte majeure, *si-fa*♯, et la quinte suivante, *fa*♯-*ut*, est mineure. Successivement, si l'on remplace *ut* par *ut*♯, la quinte *fa*♯-*ut*♯ est majeure, et la suivante, *ut*♯-*sol* mineure.

Si, au lieu d'élever le terme supérieur, on abaisse le terme inférieur de l'intervalle *si-fa*, on obtient la quinte majeure descendante *fa-si*♭, et la quinte *si*♭-*mi* est mineure; si on abaisse *mi*, on obtient la quinte majeure descendante *si*♭-*mi*♭, et la suivante, *mi*♭-*la*, est mineure.

L'intervalle de quinte mineure se trouve donc toujours à la suite du dernier dièse ou du dernier bémol arrivé chacun dans sa série respective.

Il est aisé d'en comprendre la cause, qui est une conséquence de la loi de formation des gammes majeures.

Si est la note sensible du Ton d'*ut; fa* en est la sous-dominante: donc, dans toutes les gammes majeures, cet intervalle unique de quinte mineure se trouve de la note sensible à la sous-dominante au-dessus. Or, dans les Tons par dièses, le dernier dièse étant toujours note sensible, il faut bien que la quinte au-dessus à la sous-dominante soit mineure, puisqu'elle est diminuée d'un demi-ton par le dièse de la quinte précédente, et que, si elle était majeure, elle ne serait pas semblable à *si-fa*, de la gamme d'*ut*, modèle de toutes les gammes majeures.

Dans les Tons par bémols, le dernier bémol étant toujours sous-dominante, il faut bien aussi que la quinte au-dessous à la sensible soit mineure, puisqu'elle est diminuée d'un demi-ton par le bémol de la quinte précédente, et que, si elle était majeure, elle ne serait pas semblable à *fa-si*, quinte mineure descendante.

Les deux termes de l'intervalle de quinte mineure sont donc, pour ainsi dire, le point de jonction d'un Ton quelconque à ses adjacents, à une quinte au-dessus ou au-dessous.

OBSERVATION IMPORTANTE.

Si l'on compare une gamme quelconque par bémols à une autre gamme par dièses (Tableau 54), on voit que, dans la quinte mineure ou diminuée du ton par dièse, le terme supérieur qui est une note naturelle, correspond, quant à sa propriété, au dernier bémol du Ton qui sert de terme de comparaison, ils forment l'un et l'autre le 4e degré de la gamme dont ils font partie. La quinte majeure au-dessus de la sous-dominante du Ton par dièses, qui est la seconde des notes naturelles de cette gamme, (en suivant l'ordre des quintes ascendantes) correspond à l'avant-dernier bémol, et ainsi de suite jusqu'au premier.

Si l'on compare au contraire la gamme par dièses à la gamme par bémols, on voit que la quinte mineure au-dessous du dernier bémol, qui est en même temps la note sensible du Ton et note naturelle correspond, comme propriété, au dernier dièse du Ton qui sert de terme de comparaison. La quinte majeure au-dessous de la sensible (qui est la seconde des notes naturelles de cette gamme, en suivant l'ordre des quintes descendantes) correspond à l'avant-dernier dièse, et ainsi de suite jusqu'au premier.

Donc, non seulement la quinte mineure sert dans la gamme modèle *ut* de point de jonction à la série des quintes ascendantes ou dièses, et à la série des quintes descendantes ou bémols, mais elle sert encore de point de jonction d'une tonalité quelconque à celle de la quinte au-dessus ou au-dessous, et de plus, elle relie entre elles les propriétés de deux gammes quelconques.

Un exemple rendra ce qui précède tout-à-fait évident:

Soit la gamme de *si♭* à comparer à la gamme de *ré*; c'est-à-dire, trouver dans la gamme de *ré* les notes qui correspondent à *si♭* et à *mi♭* de la gamme de *si♭*.

Les deux dièses du Ton de *ré* sont *fa♯* et *ut♯*. La quinte mineure *ut♯-sol* sert de point de jonction aux propriétés des deux Tons; en effet, *sol*, sous-dominante du Ton de *ré*, correspond à la sous-dominante du Ton de *si♭*, qui n'est autre que le dernier *bémol mi*. En continuant à monter par quinte, au-dessus de *sol*, on trouve *ré*, qui correspond à *si♭*, quinte majeure au-dessus de *mi♭*, ce qui est facile à vérifier; *si♭* et *ré* étant les deux notes toniques, on a:

$$
\begin{array}{ccc@{\,}c@{\,}ccc}
fa\sharp & ut\sharp\ sol & \left(\ ré\ \right. & & la & mi & si\ (1)\\
ré & la\quad mi\flat & \left. si\flat\ \right) & & fa & ut & sol
\end{array}
$$

Ainsi, les deux Tons contenant ensemble quatre accidents, la série des quintes ascendantes, *fa♯-ut♯*, et *sol-ré*, indique d'abord les deux dièses consécutifs *fa* et *ut* du Ton de *ré*, et ensuite, *sol, ré,* correspondant, quant aux propriétés, aux deux bémols *mi* et *si* du Ton de *si♭*; en continuant à monter, on trouve *la, mi, si* naturels, correspondant à *fa, ut* et *sol* naturels, du Ton de *si♭*.

(1) Au lieu de placer ici les notes d'après l'ordre diatonique de la gamme, nous les plaçons par quintes, afin de rendre plus apparente la succession des dièses et des bémols.

Si, au contraire, on veut comparer à la gamme de *ré* celle de *si♭*, la série des quintes descendantes donne d'abord *si♭*, *mi♭*, pour les deux bémols constitutifs du Ton de *si♭*, puis, continuant à descendre par quinte, on trouve *la naturel*, note sensible du Ton de *si♭*, à une quinte mineure de la sous-dominante *mi♭*. La note sensible du Ton de *si♭* correspond, comme propriété, à *ut♯*, note sensible du Ton de *ré*. En descendant encore d'une quinte au-dessous de *la*, on trouve *ré*, médiante du Ton de *si♭* correspondant à *fa♯*, médiante du Ton de *ré*.

En continuant à descendre, on trouve *sol, ut, fa* naturels correspondant à *si, mi, la*, notes naturelles du Ton de *ré*.

$$
\begin{array}{cccccc}
la & mi & si & fa♯ & ut♯ & sol \\
fa & ut & sol & ré & la & mi♭
\end{array}
\left(\begin{array}{c} ré \\ si♭ \end{array}\right)
$$
←⇦ A consulter de droite à gauche.

EXERCICES DE LA Ire SECTION.

Quel est le nom, sur la portée, de la | *d'après la clé de*

1. 4e ligne — ut 1re ligne
2. 3e » — ut 2e »
3. 5e » — ut 3e »
4. 2e interligne — ut 4e »
5. 3e » — ut 2e »
6. 3e » — ut 3e »
7. 1er » — ut 4e »
8. 3e » — ut 1re »
9. 1re ligne — fa 3e »
10. 5e » — fa 3e »
11. 2e interligne — fa 4e »
12. 1re ligne — fa 4e »
13. 4e interligne — fa 3e »
14. 3e » — fa 4e »
15. 3e ligne — fa 4e »
16. 1re » — fa 3e »

Quelle clé donne le nom de | *à la ligne de la portée*

17. La, — 2e ligne
18. Sol, — 4e »
19. Mi, — 5e »
20. Sol, — 3e »
21. Si, — 2e »
22. Fa, — 1re »
23. Sol, — 3e »
24. Si, — 5e »
25. Ré, — 1er interl.
26. Mi, — 3e »

27. Ut, — 1er interl.
28. Sol, — 4e »
29. Ré, — 1er »
30. Fa, — 4e »
31. Ré, — 3e »
32. Mi, — 2e »

Quelle est, à partir du ton d'UT, la série

33. Des quintes ascendantes.
34. Des quintes descendantes.

Quels sont les accidents qui constituent les Tons de

35. La.
36. Mi♭.
37. Si.
38. La♭.
39. Ré.
40. Ré♭.
41. Fa♯.
42. Si♭.
43. Mi.
44. Fa.

} Mode majeur.

Quel est le Ton annoncé à la clé par

45. 2 bémols.
46. 3 dièses.
47. 5 bémols.
48. 4 dièses.
49. 3 bémols.

50. 2 dièses.
51. 4 bémols.
52. 5 dièses.
53. 6 bémols.
54. 6 dièses.

Quel est le

55. 3e bémol.
56. 4e dièse.
57. 5e bémol.
58. 2e dièse.
59. 2e bémol.
60. 3e dièse.
61. 4e bémol.
62. 5e dièse.
63. 6e bémol.
64. 6e dièse.

Quel est le numéro d'arrivée des dièses et bémols suivants :

65. La bémol.
66. Ré dièse.
67. Si bémol.
68. La dièse.
69. Mi bémol.
70. Mi dièse.
71. Ré bémol.
74. Sol dièse.
73. Ut dièse.
72. Sol bémol.

Si des Tons suivants on s'élève d'une seconde majeure, quelle sera la nouvelle tonalité et son armure ?

75. de ut.
76. » mi.
77. » la.
78. » ré♭.
79. de fa.
80. » la♭.
81. » sol.
82. » si♭.
83. de ré.
84. » mi♭.
85. » sol♭.
86. » si.

Si des Tons suivants on descend d'une seconde majeure, quelle sera la nouvelle tonalité et son armure ?

87. de ut.
88. » mi.
89. » la.
90. » ré♭.
91. de fa.
92. » la♭.
93. » sol.
94. » ré.
95. de si♭.
96. » mi♭.
97. » sol♭.
98. » si.

Quelle est la propriété de	A quelles notes du Ton de	correspondent les ♯ du Ton de	A quelles notes du Ton de	correspondent les ♭ du Ton de
99. *fa* ♯ dans le ton de *sol.*	109. *mi* — *ré.*		119. *ré* — *ré* ♭.	
100. *ut* ♯ — *la.*	110. *si* — *la.*		120. *sol* — *si* ♭.	
101. *sol* ♯ — *mi.*	111. *sol* — *la.*		121. *la* — *la* ♭.	
102. *fa* ♯ — *si.*	112. *ré* — *mi.*		122. *mi* — *ré* ♭.	
103. *ré* ♯ — *fa* ♯.	113. *la* — *si.*		123. *si* — *la* ♭.	
104. *si* ♭ — *fa.*	114. *mi* ♭ — *mi.*		124. *ré* ♭ — *mi* ♭.	
105. *la* ♭ — *ré* ♭.	115. *si* ♭ — *la.*		125. *la* ♭ — *si* ♭.	
106. *mi* ♭ — *la* ♭.	116. *fa* — *ré.*		126. *sol* ♭ — *fa.*	
107. *si* ♭ — *ré* ♭.	117. *mi* ♭ — *si.*		127. *fa* — *mi* ♭.	
108. *mi* ♭ — *si* ♭.	118. *la* ♭ — *si.*		128. *si* ♭ — *la* ♭.	

IIᵉ SECTION.

Si l'on a bien compris les questions traitées dans la première Section, on s'apercevra bientôt que la Transposition n'est autre chose que l'application de ce qui a été dit.

Soit proposé de transposer oralement en *la* ou en *fa*, c'est-à-dire en deux Tons différents un air écrit en UT *sur la clé de* SOL.

Il faut chercher :

1° Sur quelle ligne de la portée est la note tonique du Ton à transposer.

2° Quelle clé donne le nom de *la* à la ligne tonique, et, pour la deuxième question, quelle clé donne à la même ligne le nom de *fa*.

La tonique *ut* sur la clé de *sol* est placée au troisième interligne. Pour trouver quelle clé appelle ce troisième interligne *la*, il faut, par la pensée, échelonner sur la portée les notes de la gamme à partir d'*ut* devenu *la*, sur *ré* qui devient *si*, sur *mi* qui devient *ut*, et, en descendant, sur *si* qui devient *sol*, sur *la* qui devient *fa*, et ainsi de suite, jusqu'à ce qu'enfin on rencontre le nom de l'une des trois clés sur l'une des quatre premières lignes de la portée; ici on trouve que le troisième interligne étant *la*, il appartient à la clé d'UT 1ʳᵉ *ligne*.

Le même 3ᵉ interligne étant *fa*, c'est la clé d'*ut* 2ᵉ *ligne*.

Gamme d'*ut* sur la clé de *sol.*

La clé étant déterminée, il faut l'armer. Puisqu'on donne à la note tonique un son différent, il faut aussi donner aux degrés de la nouvelle échelle les rapports qui existent entre ceux de l'échelle primitive. Or, *la* étant considéré comme note tonique, exige trois dièses à la clé, et les dièses se posant de la même manière à toutes les clés sont *fa*, *ut*, *sol*, comme on le voit en B.

Fa étant note tonique exige *si* ♭, comme on le voit en C.

Si l'on voulait appeler la tonique *sol*, il faudrait un dièse à la clé de *fa* 3ᵉ ligne.

Il faut faire beaucoup de ces transformations, et s'habituer à les faire, pour ainsi dire, au premier coup-d'œil.

Le précédent exemple de transformation orale peut servir à montrer comment s'exécute la transposition écrite.

On procède de la même manière, c'est-à-dire comme s'il s'agissait de la transposition orale. On détermine la place de la tonique, et on cherche les clés qui dénomment *la* et *fa*, la ligne sur laquelle elle se trouve placée. — Il y a ensuite une autre opération à faire ; elle consiste à écrire sur la clé qu'on a choisie pour la transposition écrite, ce qu'on lit, et comme on le lit sur la clé de *sol*.

Le plus souvent, cette transposition se fait sur la même clé. Ainsi, supposons que la transposition écrite du Ton d'*ut* doive se faire en *la* ou en *fa* même clé. Voici quelles sont les opérations de l'intelligence :

*Transposition du Ton d'*UT*, clé de* SOL*, en* LA *et en* FA*, même clé.*

La première portée A représente deux gammes d'*ut* à transposer, l'une en *la* et l'autre en *fa*. L'opération indiquée à la deuxième ligne est la même que dans l'exemple précédent. On pense et on lit comme à la 2ᵉ ligne B, c'est-à-dire comme si le Ton de *la* était écrit sur la clé d'*ut* 1ʳᵉ *ligne*, et le ton de *fa*, sur la clé d'*ut* 2ᵉ *ligne*; on écrit comme à la portée C, en donnant à chaque degré des Tons *la* et *fa*, la place qui lui est assignée par la clé de *sol*.

Dans ce qui va suivre, chaque exemple contiendra le résultat de la transposition lue et de la transposition écrite, afin que l'on puisse bien se rendre compte des opérations successives nécessitées par cette transformation.

Ce qui a été dit relativement à la transposition du Ton d'*ut* peut s'appliquer de même à tous les autres Tons par dièses et par bémols, comme on le verra du reste par les exemples.

DU DIÈSE, DU BÉMOL ET DU BÉCARRE ACCIDENTELS DANS LA TRANSPOSITION.

La principale difficulté de la transposition est dans l'appréciation des signes accidentels, qui viennent modifier les degrés du Ton indiqué par l'armure de la clé, et dans leur reproduction exacte au Ton dans lequel on veut transposer. En effet, ces signes peuvent se rapporter :

1° à des notes altérées dans le premier Ton et naturelles dans le deuxième,
2°   —   naturelles   —   —   altérées   —   —
3°   —   *id.*   —   —   naturelles   —   —
4°   —   altérées   —   —   altérées   —   —

Ces quatre circonstances ne se présentent jamais que deux ou trois à la fois.

On a déjà vu qu'un accident, lorsque les notes correspondantes des deux Tons ne sont pas de même nature, ne peut pas être traduit par le même signe.

Il faut, pour transposer, calculer à l'avance l'effet des accidents sur les degrés du Ton à transposer, et la manière dont ces accidents doivent être traduits dans le Ton transposé. A cet effet, il faut prévoir les diverses circonstances qui peuvent se rencontrer dans la pratique.

On peut avoir à transposer :

1° Un Ton par dièses en un autre Ton par dièses plus avancé (1).
2° Un Ton par dièses en un autre Ton par dièses moins avancé (2) jusqu'au Ton d'*ut* inclusivement.
3° Un Ton par dièses en un Ton par bémols, quand la somme des accidents qui composent les deux armures égale 7.
4° Un Ton par dièses en un Ton par bémols, quand cette somme est moindre que 7.
5° Un Ton par dièses en un Ton par bémols, quand cette somme dépasse 7.
6° Un Ton par bémols en un autre Ton par bémols plus avancé.
7° Un Ton par bémols en un autre Ton par bémols moins avancé, jusqu'au ton d'*ut* inclusivement.
8° Un Ton par bémols en un Ton par dièses, quand la somme des accidents composant les deux armures égale 7.
9° Un Ton par bémols en un Ton par dièses, quand cette somme est moindre que 7.
10° Un Ton par bémols en un Ton par dièses, quand cette somme dépasse 7.

Chacun de ces faits présente des circonstances particulières, qu'il faut examiner pour en déduire les règles générales.

Il nous reste une observation à faire sur l'emploi de l'expression *degré*, appliquée fréquemment par la suite aux accidents dont les notes d'une gamme peuvent être frappées, et qui sont les suivants :

Le double dièse . . . . . ♯♯ ou ✕
Le dièse . . . . ♯.
Le bécarre. . . . . . . ♮
Le bémol . . . . ♭.
Le double bémol. . . . . ♭♭.

Ces divers signes indiquent dans l'usage une différence de demi-ton de l'un à l'autre ; le mot *degré* est employé pour exprimer l'intervalle qui sépare, par exemple, un bémol d'un bécarre ou d'un double bémol. Ainsi, quand nous dirons qu'un bémol

____

(1) C'est-à-dire ayant plus de dièses.   (2) Ayant moins de dièses.

doit être traduit par un signe d'un degré supérieur, cela voudra dire qu'il sera traduit par un bécarre, ou un bécarre par un dièse, ou un dièse par un double dièse. Un degré inférieur sera: pour le dièse, le bécarre; pour le bécarre, le bémol.

Deux degrés supérieurs seront: pour le bémol, le dièse; pour le bécarre, le double dièse. Deux degrés inférieurs seront: pour le dièse, le bémol; pour le bécarre, le double-bémol.

EXERCICES DE LA IIe SECTION.

Indiquer la position de la tonique sur la portée, et le Ton dans lequel il faudrait transposer pour lire, au moyen de la clé de SOL, *de la musique écrite sur les clés et dans les Tons ci-après:*

1. en *sol*, clef de *fa* 4e ligne.	4. en *la*, clé de *ut* 4e ligne	7. en *ré*♭, clé d'*ut* 4e ligne.
2. » *ré*, » *fa* 3e »	5. » *la*, » *fa* 4e »	8. » *si*, » *ut* 3e »
3. » *mi*♭, « *ut* 1re »	6. » *si*♭, » *ut* 2e »	9. » *la*, » *ut* 1re »

Quelle clé exigerait la transposition orale de musique écrite sur la clé de SOL *dans les Tons suivants:*

10. de *si* en *la*.	17. de *si* en *sol*.	24. de *la* en *si*♭.
11. » *la* » *sol*.	18. » *la* » *fa*.	25. » *ré* » *fa*.
12. » *mi* » *ré*.	19. » *mi* » *si*.	26. » *mi*♭ » *la*.
13. » *fa* » *ut*.	20. » *sol* » *ré*.	27. » *mi* » *sol*.
14. » *si*♭ » *fa*.	21. » *ut* » *ré*.	28. » *ré* » *la*.
15. » *ré* » *sol*.	22. » *sol* » *la*.	29. » *la* » *ut*.
16. » *ut* » *la*.	23. » *si*♭ » *sol*.	30. » *si* » *ré*.

IIIE SECTION.

TONS PAR DIÈSES.

TRANSPOSITION D'UN TON PAR DIÈSES EN UN AUTRE TON PAR DIÈSES PLUS AVANCÉ.

Soit le Ton de *ré majeur* à transposer dans le Ton de *mi majeur*.

Dans un Ton quelconque par dièses, le dernier dièse remplissant toujours la fonction de sensible, l'avant-dernier celle de médiante, etc., il en résulte que les deux derniers accidents, *sol* ♯ et *ré* ♯ du Ton de *mi*, correspondent, quant aux propriétés, aux deux dièses *fa* et *ut* du Ton de *ré*.

Dans l'exemple ci-dessous et dans les suivants, la gamme diatonique est remplacée par la progression des quintes ascendantes, qui donne toutes les notes de la gamme. Les numéros placés au-dessous de la portée indiquent le numéro d'arrivée de chaque dièse à la clé. Cette disposition permet de voir d'un coup-d'œil l'effet des accidents, et la manière dont ils se combinent.

Après avoir déterminé l'armure de la clé, comme dans les précédents exemples, et indiqué l'arrivée des dièses à la clé d'*ut* 3ᵉ *ligne* (portée nᵒ 2), en ayant soin de laisser les quintes dans le même ordre qu'à la portée nᵒ 1, voici ce qu'on peut observer :

A. *Sol*♯ et *ré*♯ du Ton de *mi* correspondent à *fa*♯ et *ut*♯ du Ton de *ré*.

B. *La, mi, si* naturels du Ton de *mi* correspondent à *sol, ré, la* naturels du Ton de *ré*.

C. Les deux premiers accidents, *fa*♯ et *ut*♯, du Ton de *mi*, qui ont les propriétés de sous-sensible et de sous-médiante, correspondent, dans le Ton de *ré*, à *si, mi* naturels, c'est-à-dire aux deux premières quintes descendantes à partir de *si*, ce qui est conforme à ce qui a été dit.

Il reste à apprécier comment les accidents, qui, dans le Ton primitif, peuvent modifier les trois catégories de sons qui s'y rencontrent, doivent être traduits dans le nouveau Ton.

Les notes qui sont de même nature dans les deux Tons, c'est-à-dire qui sont diésées comme A, ou naturelles comme B dans les deux Tons, conservent aux accidents les mêmes signes.

Il n'en est pas de même des notes de la case C, qui sont *mi* et *si* naturels du Ton de *ré*, remplacés dans le Ton de *mi* par *fa*♯ et *ut*♯, c'est-à-dire par des notes déjà accompagnées d'un signe d'élévation. Tout accident qui altérera les notes *mi, si* devra donc être traduit dans le Ton de *mi* par un signe immédiatement supérieur ainsi que cela est indiqué par l'exemple.

En résumé, dans la transposition d'un Ton par dièses en un autre Ton par dièses plus avancé, les dièses que ce dernier contient en plus, sont toujours les *premiers* de la série *fa, ut, sol*, et correspondent à des notes naturelles du Ton à transposer, c'est pourquoi, les accidents qui modifient ces notes doivent être traduits par des signes d'un *degré supérieur*.

Les autres notes diésées ou naturelles, correspondant à des notes de *même espèce* dans les deux Tons, conservent les mêmes signes aux accidents qui les modifient.

TRANSPOSITION D'UN TON PAR DIÈSES EN UN AUTRE TON PAR DIÈSES MOINS AVANCÉ

JUSQU'AU TON D'*UT* INCLUSIVEMENT.

Soit le ton de *si majeur* à transposer en *la majeur* :

Nᵒ 2.

Comme dans l'exemple précédent et comme toujours, les trois dièses du nouveau Ton correspondent aux derniers du Ton primitif; mais ici, les deux dièses qui, dans l'exemple précédent, remplaçaient des notes naturelles, sont eux-mêmes remplacés par elles.

Dans l'exemple précédent, l'armure du nouveau Ton contenant les accidents de l'armure primitive, pouvait indiquer les degrés des deux échelles modifiés par les dièses. Ici au contraire, la nouvelle armure est contenue dans la première, et ne peut par conséquent, indiquer les dièses dont la première excède la deuxième; mais il suffit d'observer que dans cette transposition, la tonalité se trouve rejetée de deux quintes en arrière; et, en consultant la série des quintes descendantes, on trouve que la première quinte *fa* ♯ est rejetée sur *mi*, et la seconde *ut* ♯, sur *si*, ce qui est conforme à l'indication des chiffres de l'exemple.

Cet exemple présente comme le précédent, trois catégories de notes, dont deux, B et C, sont composées de notes de la même espèce dans les deux Tons. On sait déjà que les accidents qui peuvent les modifier sont représentés par les mêmes signes.

La catégorie A est composée de notes de nature différente; *si* et *mi* naturels, dans le nouveau Ton correspondent à *fa* ♯ et *ut* ♯ du Ton primitif. Les accidents placés devant ces notes, doivent donc être traduits par des signes d'un degré inférieur comme on le voit par l'exemple.

Pour savoir quelles sont *dans le nouveau Ton* les notes qui correspondent aux dièses dont l'armure primitive excède la nouvelle, il suffit de prendre, dans la série des quintes descendantes *si*, *mi*, *la*, etc., un nombre de quintes égal au nombre de dièses cherchés. (On pourrait les trouver aussi en les prenant à la fin de la série des quintes ascendantes.)

Ce qui précède peut s'appliquer à la transposition en *ut* d'un Ton ayant un nombre quelconque de dièses. Le Ton *d'ut* n'ayant pas d'accidents, tous ceux qui constituent le Ton à transposer font partie de la catégorie A ci-dessus, et doivent être traités de la même manière. Les autres notes étant de même espèce, les accidents doivent aussi être représentés par les mêmes signes. — Ainsi, pour transposer le Ton de *la* en *ut*, les trois dièses *fa*, *ut*, *sol*, du Ton de *la*, correspondraient aux trois quintes *si*, *mi*, *la* de la série des quintes descendantes, *dont les accidents seraient traduits par des signes d'un degré inférieur.*

TRANSPOSITION D'UN TON PAR DIÈSES EN UN TON PAR BÉMOLS, QUAND LA SOMME DES ACCIDENTS DES DEUX ARMURES ÉGALE 7.

Deux armures étant données, l'une par dièses, et l'autre par bémols, si la somme des accidents, dont les deux armures sont composées, égale le nombre 7, c'est que la tonalité est sur la même ligne de la portée, et dans ce cas, tous les degrés du Ton par bémols sont à un demi-ton au-dessous des degrés qui leur correspondent dans le Ton par dièses (53).

Soit le Ton de *la* avec trois dièses à transposer en *la* bémol, avec quatre bémols; ensemble sept accidents.

Cette espèce de transposition ne peut présenter que deux espèces de notes :

A. Les dièses du Ton de *la* correspondant aux notes naturelles de *la* bémol;

B. Les notes naturelles du Ton de *la* correspondant aux bémols de *la* bémol.

Chaque catégorie du nouveau Ton étant à un degré d'élévation inférieur à celui de la catégorie correspondante du Ton primitif, *tous les signes accidentels* doivent de même être traduits par des *signes d'un degré inférieur*, comme l'indique l'exemple.

Dans cette espèce de transposition, il est très facile de reconnaître les notes appartenant à chacune des deux catégories. L'armure du nouveau Ton par bémols indique les quatre quintes *si, mi, la, ré* pour les bémols; les trois autres quintes *sol, ut, fa,* de la série sont les notes naturelles du Ton de *la* bémol correspondant aux dièses du Ton de *la* naturel.

TRANSPOSITION D'UN TON PAR DIÈSES EN UN TON PAR BÉMOLS QUAND LA SOMME DES ACCIDENTS DES DEUX ARMURES EST MOINDRE QUE 7.

Soit le Ton de *la* à transposer en *fa*.

Le premier de ces Tons contient trois dièses, et le second, un bémol; ensemble, quatre accidents.

Si de 7, nombre des notes de la gamme, on déduit 4, somme des accidents des deux armures, il reste 3, qui est le nombre des notes naturelles dans les deux Tons.

Cet exemple présente les mêmes circonstances que le précédent, en ce qui concerne les notes A et B, affectées de dièses ou de bémols dans les deux Tons, c'est-à-dire, les notes naturelles ou bémolisées du Ton de *fa* sont à un demi-ton au-dessous des notes naturelles ou diésées du Ton de *la*, auxquelles elles correspondent, et par conséquent, les accidents qui les modifient, doivent aussi être traduits par des signes d'un degré inférieur.

Quant aux notes naturelles qui se correspondent dans les deux Tons, il est évident qu'elles doivent conserver les *mêmes signes*.

Les notes naturelles sont, dans ce cas, les dernières de la série des quintes descendantes. On a pour les quatre accidents composant les deux armures, *si, mi, la, ré;* et *sol, ut, fa*, pour les notes naturelles.

TRANSPOSITION D'UN TON PAR DIÈSES EN UN TON PAR BÉMOLS QUAND LA SOMME DES ACCIDENTS DES DEUX ARMURES DÉPASSE 7.

Soit le Ton de *la* à transposer en *ré* bémol.

Le Ton de *la* a trois dièses, et le Ton de *ré* bémol, cinq bémols; ensemble, huit accidents. Or, comme il n'y a que sept notes dans la gamme, ce qui dépasse ce nombre indique des notes qui sont en même temps frappées d'un dièse dans le premier Ton, et d'un bémol dans l'autre, c'est-à-dire que les deux séries des quintes ascendantes et descendantes se croisent.

Rien de plus facile que de trouver ces notes exceptionelles. Dans la série des quintes ascendantes et descendantes, (dont la progression est en sens inverse,) le dernier dièse étant toujours contre le dernier bémol, le croisement ne peut avoir lieu par la fin des séries. En effet, dans l'exemple ci-dessus, le croisement existe au commencement, et l'excédant du nombre 8 sur 7, c'est-à-dire 1, correspond à la fois, à la première quinte descendante *si*♭, et à la première quinte ascendante *fa*♯.

S'il y avait deux quintes descendantes, la première, *si*♭, serait sous la deuxième quinte ascendante *ut*♯, *mi*♭ sous la première *fa*♯, et ainsi de suite.

Les notes des catégories B et C sont identiques à celles A et B de l'exemple nº 3, c'est-à-dire, les notes du Ton par bémols sont d'un degré inférieur à celles du Ton par dièses, et les accidents qui les modifient doivent être traduits par des signes d'un degré inférieur.

Quant à la *quinte exceptionelle si*♭, qui est à deux degrés au-dessous de la note qu'elle remplace, c'est-à-dire de *fa*♯, les accidents qui peuvent modifier cette dernière note et toutes celles de même nature doivent être traduits par des signes *inférieurs de deux degrés,* comme l'indique l'exemple.

Avant de transposer les fragments dont se composent les exercices suivants, on fera bien d'étudier le résumé placé à la fin de la quatrième section. Nous ne le plaçons pas ici, afin de ne pas interrompre l'examen des faits dont le résumé sert à déduire les règles à observer dans la pratique.

EXERCICES DE LA IIIᵉ SECTION(1).

(1) Les numéros **1, 2,** 3, etc., servent de renvoi aux mêmes numéros de la clé des exercices, et les lettres A, B à la transposition effectuée de ces fragments.

IVᵉ SECTION.

TONS PAR BÉMOLS.

TRANSPOSITION D'UN TON PAR BÉMOLS EN UN AUTRE TON PAR BÉMOLS PLUS AVANCÉ.

Soit à transposer le Ton de *si*♭ en *ré*♭.

Nº 6. — Traduction des signes accidentels.

Le dernier bémol, dans un Ton quelconque, remplissant toujours les fonctions de sous-dominante, et l'avant-dernier, celles de tonique, les notes A, *mi*♭ et *si*♭ du Ton de *si*♭ correspondent à *ré*♭ et *sol*♭ du Ton de *ré*♭; les trois premières quintes de ce dernier Ton remplacent trois notes naturelles du Ton de *si*♭; ces notes sont les trois premières de la série des quintes descendantes puisque le Ton de *si*♭ est à trois quintes au-dessus du Ton de *ré*♭.

La case B contient les deux dernières quintes *ut* et *fa* naturels du Ton de *ré*♭, elles remplacent les quintes naturelles *la* et *ré* du Ton primitif.

Les notes A et B sont de même espèce dans les deux Tons. Les accidents qui les modifient conservent les mêmes signes.

Les notes *si*♭, *mi*♭, *la*♭ du nouveau Ton, étant inférieures d'un degré aux notes naturelles qu'elles remplacent, exigent la traduction des signes accidentels par un signe d'un degré inférieur, comme on le voit par l'exemple, case C.

TRANSPOSITION D'UN TON PAR BÉMOLS EN UN AUTRE TON PAR BÉMOLS MOINS AVANCÉ JUSQU'AU TON D'*UT* INCLUSIVEMENT.

Soit le Ton de *ré*♮ à transposer en *mi*♭.

Nº 7. — Traduction des signes accidentels.

Cet exemple est pour les bémols ce que le n° 2 est pour les Tons par dièses. Les trois bémols *si, mi, la* du nouveau Ton correspondent aux trois derniers du Ton de *ré*.

Pour trouver dans le nouveau Ton les notes qui correspondent aux deux premiers bémols du Ton de *ré*♭, il faut les prendre en arrière du premier bémol, dans la série des quintes ascendantes, et l'on trouve *fa* et *ut* remplaçant *mi*♭ et *si*♭.

Les catégories B et C, sont composées de notes de même espèce; les accidents qui les modifient restent les mêmes.

Les notes *mi*♭, *si*♭, du Ton de *ré*♭, catégorie A, étant remplacées par *ut* et *fa* naturels, qui sont à un degré au-dessus, les accidents qui les modifient sont traduits par un *signe d'un degré supérieur.*

Dans la transposition en *ut*, toutes les notes de cette gamme appartiendraient aux catégories A et C.

TRANSPOSITION D'UN TON PAR BÉMOLS EN UN TON PAR DIÈSES QUAND LA SOMME DES ACCIDENTS DES DEUX ARMURES ÉGALE 7.

La somme des accidents de deux armures l'une par dièses, l'autre par bémols, étant égale à 7, indique la tonalité sur la même ligne de la portée, le Ton par bémols étant un demi-ton au-dessous de celui par dièses (53).

De même aussi, les notes bémolisées dans un Ton sont naturelles dans l'autre, et réciproquement, les notes diésées du nouveau Ton sont naturelles dans le premier.

Soit à transposer le Ton de *mi*♭ en *mi*.

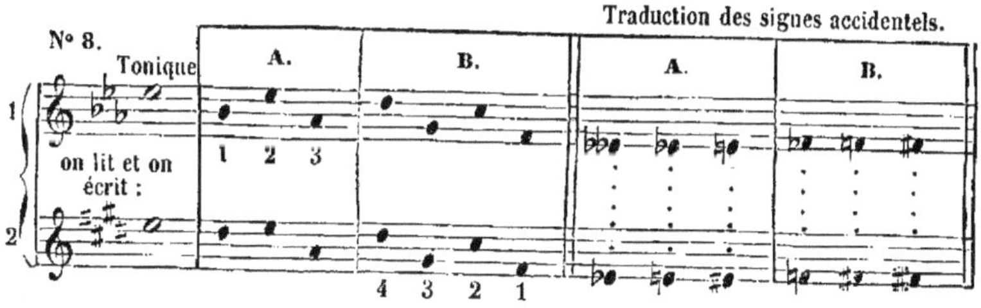

N° 8. Tonique — on lit et on écrit :

Traduction des signes accidentels.

A.   B.   A.   B.

1 2 3

4 3 2 1

Il n'y a rien à ajouter dans cet exemple à ce qui a été dit dans l'exemple correspondant des Tons par dièses. Les opérations se font ici sur la série des quintes ascendantes au lieu des quintes descendantes; mais on a vu comment il faut procéder dans tous les cas.

Ici, tous les degrés du Ton par dièses étant d'un demi-ton au-dessus des degrés correspondants du Ton par bémols à transposer, il s'ensuit que tous les accidents qui les modifient, doivent être traduits par des signes d'un degré supérieur.

TRANSPOSITION D'UN TON PAR BÉMOLS EN UN TON PAR DIÈSES QUAND LA SOMME
DES ACCIDENTS DES DEUX ARMURES EST MOINDRE QUE 7.

Soit à transposer le Ton de *mi*♭ en *sol*.

N° 9.

Traduction des signes accidentels.

Tonique.	A.	B.	C.	A. B.	C.
on lit :	1 2 3			Comme au n° 8 un degré au-dessus.	Ces notes, naturelles dans les deux Tons, conservent les mêmes signes.
on écrit :		1			

En déduisant de 7 le nombre total des accidents des deux armures, on obtient par
le reste le nombre des notes qui sont naturelles dans les deux Tons; ce reste est ici 3.

La série des quintes ascendantes donne *fa*♯, puis, *ut*, *sol*, *ré* pour les bémols, et
enfin, *la*, *mi*, *si* pour les notes naturelles.

Les deux premières catégories, A, B, étant de tout point conformes à l'exemple
précédent, doivent être traitées de la même manière, c'est-à-dire que les accidents
doivent être traduits par des signes d'un degré supérieur.

La catégorie C composée de notes de même espèce, c'est-à-dire naturelles dans
les deux Tons, conserve les mêmes signes dans la traduction.

TRANSPOSITION D'UN TON PAR BÉMOLS EN UN TON PAR DIÈSES QUAND LA SOMME
DES ACCIDENTS DES DEUX ARMURES DÉPASSE 7.

Soit à transposer le Ton de *mi*♭ en *si*.

N° 10.

Traduction des signes accidentels.

Tonique.	A.	B.	C.	A.	B. C.
on lit :	1	2 3			Comme au n° 8, un degré au-dessus.
on écrit :	1		5 4 3 2		

En déduisant 7 de la somme des accidents des deux armures, on obtient par le
reste le nombre des notes qui sont à la fois diésées dans un Ton, et bémolisées dans
l'autre. Ces notes sont faciles à trouver; elles sont, comme on l'a déjà vu, les premières de la série des quintes du Ton transposé. Ici, c'est la série des quintes ascendantes.

La somme des accidents étant 8, en déduisant 7, il reste 1, c'est-à-dire que la première quinte *fa* ♯, remplace *si* ♭ du Ton primitif.

Si le reste était 2, *fa* ♯ remplacerait *mi* ♭, et *ut* ♯ remplacerait *si* ♭, et ainsi de suite.

Les deux catégories, B et C, étant semblables à l'exemple n° 8, doivent être traitées de la même manière, c'est-à-dire que leurs accidents sont traduits par un signe supérieur.

Quant à la catégorie A, *fa* ♯ étant de deux degrés plus élevé que *si* ♭, les signes accidentels qui peuvent modifier celui-ci, doivent être traduits, comme l'indique l'exemple, par un signe également plus élevé de deux degrés.

EXERCICES DE LA IVe SECTION.

RÉSUMÉ.

Dans les deux dernières sections de ce Traité, nous avons passé en revue tous les faits particuliers qu'offre la transformation des signes accidentels dans la pratique. Nous allons généraliser ces observations, en considérant les faits d'un nouveau point de vue, afin de les mettre, autant que possible, à la portée de toutes les intelligences.

Les élèves feront bien de s'aider du TABLEAU COMPARATEUR des gammes (p. 162), pour comprendre plus aisément les raisonnements qui vont suivre. Ils pourront ainsi en vérifier l'exactitude, ce qu' est le meilleur moyen d'acquérir de l'assurance dans l'application des règles.

Nous appelons ce Tableau, *Comparateur,* parce qu'en effet il a été créé dans le seul but de comparer toutes les gammes majeures, entre elles. Il est formé de deux bandes B et C, sur lesquelles sont inscrites toutes les quintes de notre système musical, depuis les premiers doubles bémols jusqu'aux premiers doubles dièses. Ces quintes sont écrites sur la portée et en chiffres, afin que chacun puisse étudier au moyen du système de signes qu'il préfère.

1re OBSERVATION. — Au milieu du tableau, on trouve un espace A-A, destiné à isoler du reste de la série inscrite sur chacune des bandes B et C, sept notes quelconques; ces sept notes offrent une succession de six quintes majeures. On peut faire passer dans l'espace A-A toutes les notes d'une série, en faisant glisser les bandes à droite ou à gauche.

Le groupe des quintes naturelles *fa, ut, sol, ré, la, mi, si,* étant placé dans l'espace A-A, donne toutes les notes de la gamme d'*ut.* En faisant glisser la bande de manière à introduire dans cet espace *fa* ♯, on obtient les notes de la gamme de *sol* par la suppression de *fa* naturel; on obtiendrait de même toutes les gammes par dièses. — En faisant glisser la bande du côté opposé, de manière à introduire dans l'espace A-A la quinte *si* ♭, on fait disparaître *si* ♮, et on obtient tous les degrés de la gamme de *fa.* On obtiendrait de même toutes les gammes par bémols.

2e OBSERVATION. — Une gamme quelconque étant placée dans l'espace A-A, sa tonique est toujours la seconde quinte en allant de gauche à droite, au point indiqué par la lettre T.

La cause de cette particularité est facile à comprendre, si l'on se reporte à la disposition des sept notes naturelles *fa, ut, sol,* etc., dont se compose la gamme d'*ut,* modèle de toutes les autres. Dans ce groupe, la première note est *fa,* quatrième note du Ton; la seconde est *ut,* note tonique, et la dernière *si,* note sensible. D'un autre côté, ces sept notes offrent la succession des six quintes majeures de la gamme; les deux termes de la quinte mineure *si-fa* sont placés aux deux extrémités de la série. (Nous considérons toujours ces successions de quintes comme un cercle, ou plutôt comme une circonférence (p. 144), qui est ici développée, mais dont on peut, par la pensée, rapprocher les extrémités; cela permet de supposer qu'en allant de *si* à *fa* on continue de monter.)

La quinte majeure au-dessous de *fa* est *si* ♭; la quinte majeure au-dessus de *si* est *fa* ♯. (A vérifier sur le tableau.)

Le même raisonnement peut s'appliquer aux termes extrêmes d'un groupe quelconque de sept notes consécutives prises dans la série.

3e OBSERVATION. — Conséquence de ce qui précède. Quel que soit le point de la série auquel on arrête l'une des bandes B ou C, on obtient, dans l'espace A-A, les sept notes d'une gamme, dont on peut comparer les rapports, terme à terme, avec ceux d'une gamme quelconque placée au-dessous, en faisant glisser l'autre bande.

Il suffit, pour cela, de placer la note tonique de chacune de ces gammes, exactement au-dessous de la lettre T.

On peut donc, à l'aide du *Comparateur,* vérifier l'exactitude des faits particuliers analysés dans les deux précédentes sections de ce Traité. Les élèves retireront une grande utilité de cette vérification, en ce qu'elle leur fera envisager les mêmes questions de deux points de vue. En effet, la disposition des quintes dans les exemples a pour base l'armure de la clé, tandis que, dans le *Comparateur*, cette base est la tonique.

Ces analyses ont deux buts distincts:

1° Étant donnée une transposition à effectuer d'un Ton dans un autre, trouver les notes qui, dans ce dernier, exigent la modification des signes accidentels, s'il s'en rencontre dans le morceau à transposer.

2° Indiquer comment ces signes accidentels doivent être traduits, c'est-à-dire par quels signes ils doivent être remplacés.

Les faits qui se rattachent à la première question forment deux groupes principaux :

D'une part, ceux dont les accidents de l'armure à transposer et de l'armure transposée sont de même nature, c'est-à-dire dièses *ou* bémols, dans les deux armures. (Exemples 1, 2, 6, 7.)

Et, d'autre part, ceux dont les accidents sont de nature différente, c'est-à-dire dièses, dans une armure, *et* bémols dans l'autre. (Exemples 3, 4, 5, 8, 9, 10.)

1° *Si les accidents constitutifs sont de même nature dans les deux Tons,* quelles sont les notes naturelles qui, dans la gamme dont l'armure a le moins d'accidents, correspondent à des notes altérées dans l'autre? (Exemples 1, 2, 6, 7.)

Dans ce cas, *la différence* entre le nombre d'accidents des deux armures indique le nombre des quintes qui séparent les deux tonalités, et réclame une modification dans les signes accidentels.

Ces quintes sont toujours les premières de la série descendante *si, mi, la,* etc., lorsqu'il s'agit des Tons par dièses. (Exemples 1, 2.) Elles sont toujours les premières de la série ascendante *fa, ut, sol,* etc., lorsqu'il s'agit des Tons par bémols. (Exemples 6, 7.)

Si l'on veut énoncer en une série continue (dans le Ton le moins avancé), les quintes correspondantes à celles de l'autre armure, il suffit de les compter, en partant du dernier accident de l'armure; en descendant, s'il s'agit des dièses; en montant, s'il s'agit des bémols.

Exemple : Soit à comparer les gammes de *ré* et de *mi.* Le Ton de *mi* a quatre dièses. Le dernier dièse du Ton de *ré* est *ut* ♯. Les quatre quintes descendantes à partir d'*ut* ♯ sont: *ut* ♯, *fa* ♯, *si, mi;* les notes *si, mi,* du Ton de *ré,* correspondent au deux premiers dièses du Ton de *mi;* c'est-à-dire *fa* ♯ et *ut* ♯.

Soit à comparer les gammes de *la* ♭ et de *si* ♭. Le Ton de *la* ♭ a quatre bémols; le Ton de *si* ♭ en a deux, dont le dernier est *mi* ♭. En remontant, on trouve les quintes *mi* ♭, *si* ♭, *fa, ut;* ces deux dernières correspondent aux deux premiers bémols du Ton de *la* ♭; c'est-à-dire *si* ♭ et *mi* ♭.

2° *Si les accidents constitutifs des deux tonalités sont de nature différente,* on trouve les notes qui se correspondent dans les deux Tons, en comptant (dans la série indiquée par les accidents du *Ton dans lequel on transpose*) un nombre de quintes continues égal à la somme des accidents qui composent les deux armures (3, 4, 8, 9); c'est-à-dire dans la série ascendante *fa, ut, sol,* etc., lorsqu'on transpose dans un Ton par dièses et dans la série descendante *si, mi, la,* etc., lorsqu'on transpose dans un Ton par bémols.

Dans ce cas, *la somme* des accidents qui composent les deux armures, indique le nombre des quintes qui séparent les deux tonalités. De plus, lorsque cette somme n'atteint pas le nombre 7, sa différence avec ce nombre indique la quantité des notes naturelles dans les deux Tons.

Exemple : Soit le Ton de *mi* ♭ à transposer en *ré* (total: cinq accidents pour les deux armures), on a *fa* ♯, *ut* ♯, *sol, ré, la ;* ces trois dernières notes correspondent aux trois quintes *si* ♭, *mi* ♭, *la* ♭, du Ton de *mi* ♭.

Soit, au contraire, le Ton de *ré* à transposer en *mi* ♭ (total semblable, cinq accidents). La série descendante donne *si* ♭, *mi* ♭, *la* ♭, *ré, sol;* ces deux dernières notes correspondent à *fa* ♯ et *ut* ♯ du Ton de *ré,* et ainsi des autres. (*A vérifier à l'aide du* Comparateur.)

Si la somme des accidents des deux armures dépasse le chiffre 7, il y a, dans la transposition, un nombre de doubles dièses ou de doubles bémols égal au chiffre indiqué par cet excédant.

Ces notes sont toujours les premières de la série ascendante *fa* ♯, *ut* ♯, *sol* ♯, etc., lorsqu'on transpose dans un Ton par dièses. (Exemple 10.)

Elles sont toujours les premières de la série descendante *si* ♭, *mi* ♭, *la* ♭, etc., lorsqu'on transpose dans un Ton par bémols (5).

TRADUCTION DES SIGNES ACCIDENTELS. Quand on a reconnu la nature des notes qui remplacent celles du Ton à transposer, il est facile de déterminer les modifications que doivent subir les signes accidentels dont peuvent être affectées celles de ces notes qui ne sont pas de nature semblable dans les deux Tons.

Les signes accidentels, cela est évident, doivent conserver entre eux les mêmes rapports, le même nombre de degrés que les notes constitutives de chaque Ton; c'est-à-dire, si une note naturelle du Ton à transposer est remplacée dans le Ton transposé par une note diésée, qui est plus élevée d'un degré, les signes accidentels, placés devant cette note naturelle, doivent aussi être remplacés par des signes plus élevés d'un degré (le *bémol* devient *bécarre*, le *dièse* devient *double dièse*, etc.) Si cette note naturelle est remplacée par un bémol, qui est moins élevé d'un degré, les signes accidentels placés devant la note naturelle doivent être traduits ou remplacés par des signes d'un degré inférieur (le *dièse* devient *bécarre*, le *bémol* devient *double bémol*, etc.).

Le Tableau suivant résume toutes les circonstances qui peuvent se présenter :

NATURE DE LA NOTE DU TON à transposer.	NATURE DE LA NOTE de remplacement.	DISTANCE de la NOTE A TRANSPOSER à la NOTE TRANSPOSÉE. NOMBRE DE DEGRÉS		TOUT SIGNE ACCIDENTEL PLACÉ DEVANT LA NOTE A TRANSPOSER doit être :	NUMÉROS des EXEMPLES où la règle est appliquée.
		au-dessus.	au-dessous.		
Bécarre	Dièse. . . .	1	»	Élevé d'un degré. . . .	1
	Bémol . . .	»	1	Abaissé d'un degré . . .	6
Dièse . . .	Bécarre . . .	»	1	Abaissé d'un degré . . .	2
	Bémol . . .	»	2	Abaissé de deux degrés. .	5
Bémol . . .	Bécarre . . .	1	»	Élevé d'un degré. . . .	7
	Dièse. . . .	2	»	Élevé de deux degrés . .	10
Double dièse .	Dièse. . . .	»	1	Abaissé d'un degré . . .	2
	Bécarre . . .	»	2	Abaissé de deux degrés. .	5
Double bémol.	Bémol . . .	1	»	Élevé d'un degré. . . .	7
	Bécarre . . .	2	»	Élevé de deux degrés . .	10

Nous avons cru faire une chose utile en développant un peu longuement les principes de la transposition; nous croyons que si cette partie essentielle de la lecture musicale est peu répandue, il faut l'attribuer moins à sa difficulté et à l'indifférence des amateurs de musique qu'à l'absence de livres propres à en propager la connaissance et l'usage. Nous terminerons par un conseil aux jeunes élèves. Il ne suffit pas de bien comprendre le mécanisme de la transposition; il faut en faire de fréquentes applications dans des exercices. soit écrits, soit oraux; c'est le seul moyen d'acquérir l'habileté nécessaire pour transposer à livre ouvert.

COMPARATEUR DES GAMMES,

POUR SERVIR A L'ÉTUDE DE LA TRANSPOSITION.

(D'APRÈS LE *SOLFÉGE NATIONAL*, PAR P. GUERRE.)

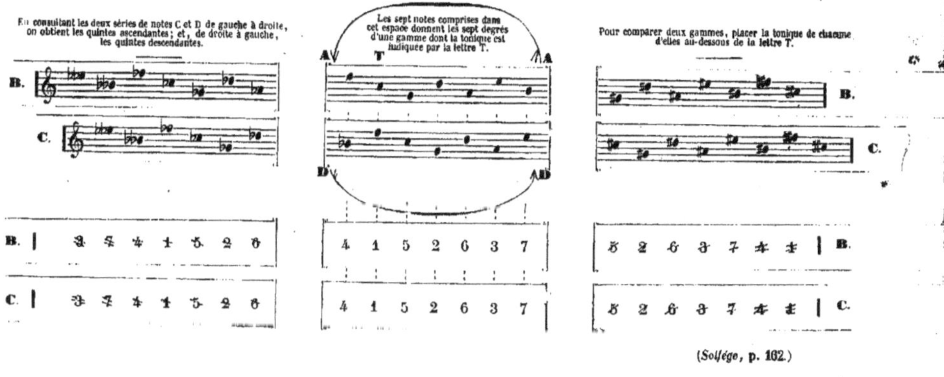

(*Solfége*, p. 162.)

CLÉ DES EXERCICES.

Iʳᵉ SECTION.

1. Si.
2. mi.
3. Sol.
4. Sol.
5. Fa.
6. Ré.
7. Mi.
8. La.
9. Si.
10. Ut.
11. Ut.
12. Sol.
13. Si.
14. Mi.
15. Ré.
16. Si.

17. Ut 3e ligne.
18. Ut 2e »
19. Ut 4e »
20. Ut 1re »
21. Fa 4e »
22. Ut 3e »
23. Ut 1re »
24. Ut 2e »
25. Ut 1re ligne.
26. Fa 4e »
27. Fa 3e »
28. Fa 4e »
29. Ut 1re »
30. Ut 3e »
31. Ut 3e »
32. Fa 3e »

33. Fa, ut, sol, ré, la, mi, si.
34. Si, mi, la, ré, sol, ut, fa.

35. Fa♯, ut♯, sol♯.
36. Si♭, mi♭, la♭.
37. Fa♯, ut♯, sol♯, ré♯, la♯.
38. Si♭, mi♭, la♭, ré♭.
39. Fa♯, ut♯.
40. Si♭, mi♭, la♭, ré♭, sol♭.
41. Fa♯, ut♯, sol♯, ré♯, la♯, mi♯.
42. Si♭, mi♭.
43. Fa♯, ut♯, sol♯, ré♯.
44. Si♭

45. Si♭.
46. La.
47. Ré♭.
48. Mi.
49. Mi♭.
50. Ré.
51. La♭.
52. Si.
53. Sol♭.
54. Fa♯.

55. La♭.
56. Ré♯.
57. Sol♭,
58. Ut♯.
59. Mi♭.
60. Sol♯.
61. Ré♭.
62. La♯.
63. Ut♭.
64. Mi♯.

65. Le troisième.
66. Le quatrième.
67. Le premier.
68. Le cinquième.
69. Le deuxième.
70. Le sixième.
71. Le quatrième.
72. Le troisième.
73. Le deuxième.
74. Le cinquième.

avec
75. Ré — fa♯, ut♯.
76. Fa♯ — fa♯, ut♯, sol♯, ré♯, la♯, mi♯.
77. Si — fa♯, ut♯, sol♯, ré♯, la♯.
78. Mi♭ — si♭, mi♭, la♭.
79. Sol — fa♯.
80. Si♭ — si♭, mi♭.
81. La — fa♯, ut♯, sol♯.
82. Ut — sans accidents.
83. Mi — fa♯, ut♯, sol♯, ré♯.
84. Fa — si♭.
85. La♭ — si♭, mi♭, la♭, ré♭.
86. Ut♯ — fa♯, ut♯, sol♯, ré♯, la♯, mi♯, si♯.

avec
87. Si♭ — si♭, mi♭.
88. Ré — fa♯, ut♯.
89. Sol — fa♯.
90. Ut♭ — si♭, mi♭, la♭, ré♭, sol♭, ut♭, fa♭.
91. Mi♭ — si♭, mi♭, la♭.
92. Sol♭ — si♭, mi♭, la♭, ré♭, sol♭, ut♭.
93. Fa — si♭.
94. Ut — sans accidents.
95. La♭ — si♭, mi♭, la♭, ré♭.
96. Ré♭ — si♭, mi♭, la♭, ré♭, sol♭.
97. Fa♭ — si♭♭, mi♭, la♭, ré♭, sol♭, ut♭, fa♭.
98. La — fa♯, ut♯, sol♯.

99. Sensible.
100. Médiante.
101. Médiante.
102. Dominante.
103. Sous sensible.
104. Sous-dominante.
105. Dominante.
105. Dominante.
107. Sous-sensible.
108. Sous-dominante.

à
109. sol♯, ré♯, du Ton de mi.
110. sol♯, ré♯, la♯, — mi.
111. mi, si, fa♯, — sol.
112. mi, si, fa♯, ut♯, — ré.
113. mi, si, fa♯, ut♯, sol♯, — la.
114. fa, ut, sol, ré, — mi♭.
115. sol, ré, la, — si♭.
116. la, mi, — fa.
117. si♭, fa, ut, sol, — mi♭.
118. mi♭, si♭, fa, ut, sol. — la♭.
119. si, mi, la, ré, sol. — ré.
120. sol, ut, — sol.
121. si, mi, la, ré, — la♮.
122. ut♯, fu♯, si, mi, la, — mi♭.
123. ut♯, fa♯, si, mi, — si.
124. la♭, ré♭, sol♭, — ré♭.
125. mi♭, la♭, — la♭.
126. ut♭, — sol♭.
127. ut, fa, si♭ — fa.
128. ut, fa, si♭, mi♭, — si♭.

IIᵉ SECTION.

	transposer à la clé de sol.
1. 4e interligne	— en mi.
2. 2e ligne	— » sol.
3. 2e »	— » sol.
4. 3e »	— » si♭.
5. 1er interligne	— » fa.
6. 1er »	— » fa.
7. 1re ligne	— » mi♭.
8. 2e interligne	— » la.
9. 3e »	— » ut.

10. Ut 4e ligne.
11. Ut 4e »
12. Ut 4e »
13. Fa 3e »
14. Fa 3e »
15. Ut 2e »
16. Ut 1re »
17. Fa 4e »
18. Ut 1re »
19. Fa 3e »
20. Fa 3e »

21. Ut 3e ligne.
22. Ut 3e »
23. Ut 1re »
24. Ut 3e »
25. Fa 4e »
26. Ut 2e »
27. Fa 4e »
28. Fa 3e »
29. Fa 4e »
30. Fa 4e »

IIIᵉ SECTION. — CLÉ DES EXERCICES.

IVᵉ SECTION.

EXEMPLE DE TRANSPOSITION D'UN FRAGMENT DE MUSIQUE POUR PIANO.

PRÈS D'UNE AMIE, NOCTURNE A DEUX VOIX.

Musique de F. Masini.

POUR TRANSPOSER EN *SOL* LE FRAGMENT QUI PRÉCÈDE,
On lit :

POUR TRANSPOSER EN *SOL* LE FRAGMENT QUI PRÉCÈDE,

On lit :

Ou l'on écrit :

DE LA CONSTRUCTION MÉLODIQUE.

Ce chapitre est tout entier puisé dans le *Traité de Mélodie* de Reicha ; son titre indique bien que notre but n'est pas de traiter de la composition de la mélodie, mais seulement de donner quelques notions élémentaires sur la construction des phrases mélodiques. On dit souvent que les élèves des solféges ne savent pas phraser la musique, c'est-à-dire qu'ils ne savent pas reconnaître les endroits sur lesquels ils devraient appuyer et ceux sur lesquels ils devraient se reposer et respirer. Ils ne peuvent puiser cette connaissance dans les solféges, puisque ceux-ci n'en disent rien. Pour la plupart, la musique est ce que serait, pour la majorité des lecteurs, un discours écrit sans ponctuation et dans lequel on pourrait à peine distinguer la fin d'une phrase. Il ne suffit pas, pour lire la musique, d'observer les repos indiqués par les silences ; il y en a aussi sur certaines notes de chaque phrase musicale, sans parler de l'accent qui est tout à fait en dehors de notre sujet.

Les notions que nous plaçons ici seront complétées par ce que nous dirons bientôt des modulations dans le but de faciliter l'analyse d'une mélodie.

Tout ce qui a rapport aux temps forts et aux temps faibles de la mesure, étant traité dans le livre 1er, nous y renvoyons le lecteur.

Une mélodie est composée de *périodes* comme le discours. Les périodes sont longues ou courtes. Plus elles sont longues, plus elles contiennent de *membres*. Les plus courtes sont celles qui ne contiennent que deux membres. Mais comme chaque règle a son exception, il arrive qu'on peut créer quelquefois aussi des périodes d'un seul membre ; mais on ne peut pas en faire beaucoup d'usage ; on pourrait les appeler *périodes irrégulières*.

Par *membre* d'une période, on entend surtout la succession des sons dans cette partie de la période, et on appelle *rhythme* ce qui s'applique à la cadence et à la durée des sons. Le *membre* peut être composé d'un ou de plusieurs *dessins*.

Le *dessin* est la manière d'après laquelle les sons se succèdent dans un membre mélodique ; cela peut se faire d'une infinité de manières, car la moindre variation dans la valeur des notes donne un dessin nouveau.

Un dessin, pour qu'on puisse le distinguer d'un autre, doit avoir un petit point de *repos*. Ce repos s'appelle *cadence* ; on en distingue de plusieurs espèces.

Ces *cadences* ou points de repos servent, en musique, à séparer une idée d'avec une autre, comme la ponctuation dans le discours. Si la mélodie en était privée, toutes les idées se confondraient et demeureraient nécessairement sans intérêt. Ainsi, ces points de repos sont d'une grande importance. Il y en a principalement deux , dont un *final*, qui sépare une période d'une autre, et l'autre *demi-final* (demi-cadence), qui sépare les idées appartenant à une période.

La mélodie a différents moyens de marquer ses repos : 1° par une note plus longue que celle qui précède la cadence ; 2° par une pause ; 3° par le temps de la mesure sur lequel se fait la cadence ; 4° par de certaines notes de la gamme que la nature exige. Ces notes sont, par exemple :

La mélodie est donc plus riche en demi-cadences qu'en cadences entières, qu'on appelle *parfaites*. En effet, il y a une seule note dans la gamme (la tonique) pour faire une cadence parfaite, tandis qu'il y en a quatre pour faire les demi-cadences.

On peut diviser les cadences non-seulement en cadences parfaites et en demi-cadences, mais encore en quarts et en trois-quarts de cadences; car les repos mélodiques sont de différents degrés ; il y en a qui sont plus faibles qu'une demi-cadence, et d'autres plus forts, sans atteindre néanmoins le degré d'une cadence entière.

La quatrième note et la sixième d'une gamme, par exemple *fa* et *la* dans le Ton d'*ut*, ne donnent jamais une véritable demi-cadence; mais néanmoins il n'est pas impossible de terminer un membre et par conséquent aussi un rhythme avec une de ces deux notes, selon la nature des idées du compositeur, et l'adresse avec laquelle il saura bien les déterminer : dans ce cas on peut envisager la conclusion de ce membre ou de ce rhythme comme une exception en fait de demi-cadence. Il est vrai qu'en général une demi-cadence détermine un membre et un rhythme ; mais il arrive aussi quelquefois que le rhythme à son tour détermine une demi-cadence, si toutes les autres conditions sont exactement observées. Dans ce second cas, la demi-cadence peut se faire non-seulement sur les deux notes mentionnées de la gamme, mais encore sur la tonique même.

On pourrait comparer le quart de cadence à une virgule, la désignant par le signe (,), la demi-cadence avec le signe (;) ou le double point (:), et la cadence parfaite avec le point (.). Par conséquent, un dessin mélodique (s'il ne forme pas un membre entier) est terminé par une virgule, le membre entier par un point-et-virgule, et la période par un point.

Le premier dessin d'un membre composé de deux dessins doit avoir une cadence faible, un quart par exemple, pour le distinguer du dessin suivant terminé par la demi-cadence.

Le quart de cadence a fort souvent beaucoup de ressemblance avec une demi-cadence; mais il n'a pas sa force. La cause en est qu'avec un quart de cadence le rhythme n'est pas à sa fin; on ne s'attend pas par conséquent à une demi-cadence qui ne peut avoir lieu qu'à la fin d'un membre où le rhythme est terminé. Par la même cause, une demi-cadence peut ressembler à une cadence parfaite, et n'en pas produire l'effet.

EXEMPLE D'UN QUART DE CADENCE ET D'UNE DEMI-CADENCE.

Le dessin mélodique est presque toujours, comme on vient de le voir, plus petit qu'un rhythme, car plusieurs dessins peuvent former un seul rhythme. Le cas contraire ne peut pas exister. Un millier de périodes peuvent se ressembler en fait de rhythme (c'est-à-dire avoir un rhythme de la même quantité de mesures) mais elles ne peuvent pas se ressembler par rapport au dessin, car il n'y aurait pas de différence entre elles. C'est pourquoi le dessin peut varier à chaque moment pendant que le rhythme reste le même.

La cadence qui sépare un dessin de l'autre dans le même membre peut être souvent si faible qu'à peine on la prendrait pour une cadence ; mais pour la cadence qui termine un rhythme, il faut toujours qu'elle soit bien prononcée, car sans cela on ne pourrait pas distinguer un rhythme d'un autre ; ce serait une faute impardonnable qui détruirait totalement la symétrie entre les membres d'une période. De là vient que, dans l'exemple suivant, le rhythme est de huit mesures et non point de quatre comme à l'ordinaire.

MEMBRE D'UNE PÉRIODE ET RHYTHME DE HUIT MESURES.

Chacun sent, dans cet exemple, qu'après la quatrième mesure il n'existe pas une demi-cadence, qu'au moins le rhythme exigerait ; ce n'est qu'à la huitième mesure qu'une véritable demi-cadence a lieu, laquelle sépare ce rhythme de huit mesures de celui qui doit nécessairement le suivre.

On voit par cet exemple que, dans un seul rhythme, il peut y avoir jusqu'à quatre dessins. C'est pourquoi un dessin, généralement parlant, est plus court qu'un rhythme.

Il y a pareillement des différences entre un membre et un dessin ; un membre peut être composé de différents dessins (comme l'exemple ci-dessus cité de huit mesures composé de quatre dessins qui ne font qu'un membre) ; mais un membre est toujours en même temps un rhythme ; car il faut qu'il ait, comme celui-ci, ou une demi-cadence ou (lorsqu'il est le dernier membre d'une période) une cadence parfaite, pour pouvoir être distingué d'un autre membre.

Nous avons vu, dans ce qui précède, que le *membre* et le *rhythme* sont employés à peu près dans la même acception. Cependant il y a entre les deux une différence qu'il est nécessaire de faire ici. Le membre et le rhythme sont égaux quant à la quantité de mesures ; mais ils diffèrent en ce que le rhythme ne fait que compter la quantité de mesures d'un membre, tandis que celui-ci s'occupe du dessin, et, tout en gardant la même quantité de mesures (c'est-à-dire en gardant le même rhythme), le membre peut varier son dessin. Tantôt le membre n'a qu'un seul dessin, tantôt il peut en avoir deux, trois et même plus ; et une période peut être régulière par rapport au rhythme, et très défectueuse par rapport au dessin de ses membres, comme il arrive quand un compositeur lie deux dessins hétérogènes, et détruit par là l'unité de sa mélodie.

Le rhythme va de deux mesures en deux mesures, ou de quatre en quatre, de huit en huit, c'est-à-dire de nombre pair en nombre pair égal, ou bien de trois en trois, ou même de cinq en cinq, c'est-à-dire de nombre impair en nombre impair égal ; partout il exige de l'ordre et de la symétrie.

Nous avons vu cependant qu'on rencontre quelquefois des périodes irrégulières qui sont d'un seul membre, et par conséquent d'un seul rhythme sans compagnon. Par exemple la première période de l'air si connu : *Charmante Gabrielle*, n'est composée que d'un seul membre.

La seconde période du même air est régulière, parce qu'elle a une demi-cadence dans la cinquième mesure, et que le rhythme a son compagnon, ce qui manque à la première période. Exemple :

PREMIÈRE PÉRIODE EN UN SEUL MEMBRE.

RHYTHME DE SIX MESURES, SANS COMPAGNON.

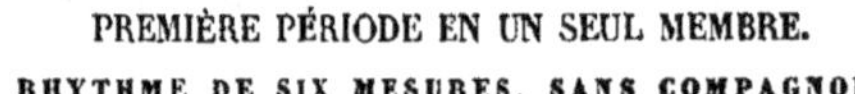

DEUXIÈME PÉRIODE.

L'air national anglais : *God save the King,* offre un exemple du même genre. Exemple :

PREMIÈRE PÉRIODE D'UN SEUL MEMBRE.

DEUXIÈME PÉRIODE COMPOSÉE DE MÊME D'UN SEUL MEMBRE.

RHYTHME DE HUIT MESURES.

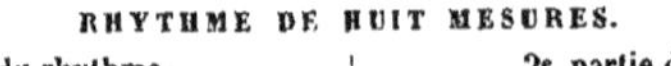

La deuxième période de cet air mérite aussi d'être remarquée, car elle n'a pas une demi-cadence, et par conséquent elle n'a qu'un seul membre et qu'un seul rhythme; malgré cela elle produit l'effet d'une période plus régulière que la première. La cause en est qu'elle a un rhythme long, lequel est divisible en deux parties égales; de sorte qu'on croit sentir un rhythme de quatre mesures et son compagnon. C'est ce qu'on ne trouve pas dans la première période, car 1° le rhythme n'en est pas assez long; 2° le quart de cadence tombe dans la quatrième mesure et non dans la troisième, ce qui empêche de diviser cette première période en deux parties égales; mais on pourrait la diviser en trois, et c'est la raison pour laquelle cette période, quoique irrégulière, ne produit pas un effet désagréable; il y a une espèce de symétrie provenant de ce que chaque dessin contient deux mesures qui donnent à la mélodie une marche régulière et qui produit l'effet suivant : 1-2-1-2-1-2.

On peut tirer de là cette règle, pour des périodes d'un seul membre (principalement quand le rhythme dépasse le nombre de quatre mesures): le rhythme qui forme une période doit être divisible en deux, trois ou quatre parties égales.

Les membres d'une période sont composés comme on l'a vu : 1° de dessins égaux sans altérations de notes; 2° de dessins égaux avec changements de notes; 3° de dessins inégaux.

Les seconds sont les meilleurs; ils ont plus de variétés que les premiers, et plus d'unité que les troisièmes.

EXEMPLE D'UNE PÉRIODE DE TROIS MEMBRES OU DE TROIS RHYTHMES.

1er membre composé de deux dessins différents.

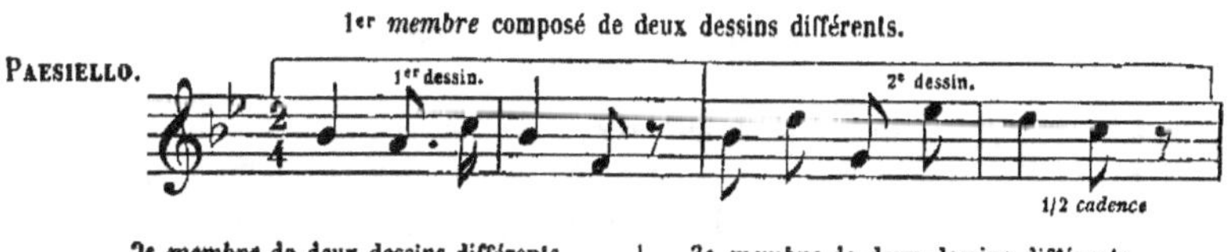

2e membre de deux dessins différents. | *3e membre* de deux dessins différents.

(Les airs choisis par Reicha pour servir d'exemples ne nous paraissent pas notés très exactement; néanmoins nous les laissons tels qu'ils se trouvent dans son Traité, cela ne pouvant modifier en rien les observations auxquels ils donnent lieu.)

RÉSUMÉ.

1. *Un quart de cadence.* Point de repos plus faible qu'une demi-cadence, et qui sert à séparer un dessin mélodique de l'autre.

2. *Demi-cadence.* Qui sépare un membre d'un rhythme de l'autre, et qui doit être par conséquent plus forte que le quart de cadence.

3. *Trois quarts de cadence.* Repos plus fort que la demi-cadence et plus faible que la cadence entière, mais qui termine une période aussi bien que cette dernière. Là différence n'existe que dans le temps où l'on finit: ainsi la 1re période d'un air de deux reprises qui finit sur la dominante ne serait qu'un trois-quarts de cadence, parce qu'il exige une autre période pour revenir à la tonique.

4. *Cadence parfaite.* Qui termine la période d'une manière positive, ce qui n'empêche pas d'y ajouter d'autres périodes si on le juge à propos.

5. *Cadence interrompue.* Si au lieu de la note finale on tombe sur une autre, ou bien si l'on saute subitement de la note finale sur une autre note.

6. *Dessin mélodique.* Petite idée séparée par un quart de cadence, et dont deux ou trois doivent former un membre qui doit former lui-même une demi-cadence.

7. *Le membre d'une période* composée d'un seul ou de plusieurs dessins doit faire un rhythme et former une demi-cadence.

8. *La période* peut être composée de différents *dessins* et de différents *membres;* sa cadence est finale ou bien d'un trois-quarts de cadence (qu'on peut appeler cadence relative au Ton).

9. *Rhythme.* Etendue en nombre symétrique et comparatif d'un membre mélodique; il peut avoir toutes les cadences, hors le quart de cadence.

DES MODULATIONS.

Moduler, c'est, nous l'avons dit (96), passer d'un Ton ou d'un mode à un autre dans le courant d'un morceau.

Nous ne voulons pas ici traiter à fond cette question qui est du domaine de la composition; nous indiquerons seulement les lois générales qui ont été adoptées par les maîtres de l'art, afin que le lecteur puisse, en étudiant, reconnaître par quels moyens ils ont su produire tant de merveilleux effets.

Une règle fondamentale, dont on s'écarte rarement sans blesser l'oreille, veut que l'on module dans les Tons les plus rapprochés du Ton principal, et qui, par conséquent, exigent le moins de modifications.

Ainsi d'un Ton majeur on peut moduler: à sa dominante ou sous-dominante aussi en majeur, ces deux modulations exigent un seul changement; aux trois Tons mineurs relatifs du Ton principal, de sa dominante et de sa sous-dominante; deux de ces gammes, celles de la médiante et de la sous-sensible, ont deux notes de leur accord de tonique communes avec le Ton primitif, et les cinq premiers degrés de la troisième, qui est la sous-médiante, se trouvent dans le Ton majeur.

D'un *Ton mineur* on peut moduler: à sa dominante et à sa sous-dominante en mineur, et aux majeurs relatifs de ces trois Tons.

On module aussi à sa *sensible abaissée* en majeur; cette modulation a pour cause, on le voit, une irrégularité du mode mineur. La tonalité, en se portant sur cette note, n'exige que deux changements, tandis que plusieurs des précédentes modulations en exigent trois.

Enfin, en conservant la même tonique, on peut changer de *mode*, c'est-à-dire passer du majeur au mineur, et réciproquement.

On peut voir (page 183), le tableau résumé de ces modulations à partir des deux gammes d'*ut majeur* et de *la mineur*.

Nous allons examiner successivement les particularités de chacune de ces modulations, afin de rendre ce qui précède moins abstrait.

Ce que nous dirons des Tons d'*ut majeur* et *la mineur* pourra être appliqué à tous les autres.

MODULATIONS DU TON D'*UT MAJEUR*.

1. *A la dominante* SOL *en majeur.*

Cette modulation est très fréquente; elle n'exige que le remplacement de la sous-dominante *fa* par la sensible *fa* ♯.

Les six premières notes *sol, la, si, ut, ré, mi* de la nouvelle gamme se trouvent sans altération dans celle d'*ut*.

Enfin les trois notes de l'accord *sol, si, ré* sont les premières de l'accord de dominante *sol, si, ré, fa,* qui caractérise le Ton d'*ut* avec tant d'énergie.

2. *A la sous-dominante* FA *en majeur.*

Ici encore il y a un seul changement dans l'échelle, celui de la sensible *si* remplacée par la sous-dominante *si* ♭.

Cette modulation est l'inverse de la précédente; les trois notes de l'accord d'*ut* deviennent les trois premières de l'accord de septième de dominante du *Ton de fa.*

Ce nouveau Ton a bien six cordes communes avec le Ton d'*ut*; mais le quatrième degré étant altéré, elles ne se succèdent pas comme dans la modulation à la dominante.

Cette modulation est beaucoup moins usitée que la précédente.

3. *A la sous-sensible* LA *en mineur.*

En ne tenant pas compte des irrégularités que la pratique introduit dans le mode mineur, on sait qu'à l'exception de la dominante *sol* du Ton d'*ut majeur,* qui est remplacée par la sensible *sol* ♯ de *la mineur,* les autres degrés restent les mêmes dans les deux gammes; de plus, l'accord mineur *la, ut, mi* a deux cordes communes avec l'accord majeur *ut, mi, sol.*

Tant de rapports entre ces deux Tons expliquent bien cette modulation.

4. *A la médiante* MI *en mineur.*

Cette tonalité exige deux changements dans l'échelle: *fa* et *ré* naturels sont remplacés par *fa* ♯, qui caractérise le majeur relatif, et par *ré* ♯, note sensible de la gamme mineure; cette modulation est admise parce que le Ton de *mi mineur* a deux notes de son accord *mi, sol, si* communes avec l'accord *ut, mi, sol* du Ton d'*ut,* et de plus il est le mineur relatif du Ton de *sol majeur.*

5. *A la sous-médiante* RÉ *en mineur.*

Il y a ici encore deux changements: *si* est remplacé par *si* ♭ et *ut* par *ut* ♯.

Aucune des notes de l'accord mineur *ré, fa, la* ne se trouve dans les notes de l'accord *ut, mi, sol.* Toutefois, les cinq premières notes consécutives *ré, mi, fa, sol, la* lui sont communes avec le Ton d'*ut;* c'est ce qui explique pourquoi cette modulation est acceptée par l'oreille.

6. *Au mineur de même base.*

Les différences du majeur au mineur sont, nous l'avons vu, à la *tierce* et à la *sixte*. Il en résulte que l'accord mineur *ut, mi♭, sol* a la même tonique et la même dominante que l'accord majeur *ut, mi, sol*. La sensible, la sous-dominante et la sous-médiante sont aussi les mêmes, sauf les différences de propriétés qui résultent du changement de mode.

Dans toutes ces modulations, il y a toujours un assez grand nombre de rapports entre la tonalité principale et celle dans laquelle on module; il n'y a jamais qu'un ou deux changements au plus dans l'échelle primitive.

MODULATIONS DU TON DE *LA MINEUR.*

7. *A la dominante* MI *en mineur.*

Cette modulation entraîne trois changements dans la gamme de *la mineur,* savoir : le remplacement de *fa* par *fa* ♯, de *sol* ♯ par *sol* ♮, et celui de *ré* par *ré* ♯.

8. *A la sous-dominante* RÉ *en mineur.*

Cet exemple, comme le précédent, exige trois modifications dans l'échelle de *la mineur,* le remplacement de *sol* ♯ par *sol* ♮, de *si* par *si*♭, et enfin d'*ut* par *ut* ♯.

9. *A la médiante* UT *en majeur.*

Cet exemple est l'inverse du n° 3. Nous y renvoyons le lecteur.

10. *A la sensible abaissée* SOL *en majeur.*

Cette modulation peut paraître assez singulière (la note *sol* figurant dans la gamme mineure par exception); cependant on la rencontre quelquefois, peut-être parce qu'elle exige seulement deux modifications dans l'échelle mineure, tandis que plusieurs autres en exigent trois.

11. *A la sous-sensible* FA *en majeur.*

Cette modulation exige aussi trois changements dans l'échelle mineure; mais, dans son accord tonique *fa, la, ut,* on trouve deux notes de l'accord de *la mineur, la, ut, mi.*

12. *Au majeur de même base.*

Cette modulation est l'inverse du n° 5. Nous y renvoyons le lecteur.

On voit, par ce qui précède, que les Tons mineurs dans lesquels on peut moduler en partant d'un autre Ton mineur sont loin d'offrir les mêmes caractères d'affinité que les Tons du mode majeur. Aussi, très souvent, on commence par moduler dans les Tons majeurs relatifs.

Nous avons indiqué seulement les combinaisons deux à deux des Tons dans lesquels on peut moduler, en partant du *mode majeur* ou du *mode mineur*; mais on comprend que la tonalité de chaque modulation peut à son tour devenir le point de départ d'un nouveau changement; ce mélange des Tons et des modes est un champ sans limites, par la multitude des combinaisons qu'il offre au compositeur.

On se sert fréquemment de modulations transitoires pour arriver à d'autres plus éloignées de la tonalité primitive, et que l'on ne pourrait aborder directement sans blesser l'oreille.

Ainsi, on ne pourrait moduler directement du Ton d'*ut majeur* au Ton de *la majeur*; mais au moyen d'une *modulation transitoire*, c'est-à-dire de courte durée en *la mineur*, on peut passer de cette nouvelle tonalité à son majeur de même base.

Du Ton d'*ut majeur* on peut moduler en *mi mineur*, et de celui-ci en *mi majeur*, avec quatre dièses.

Il arrive assez souvent que les modulations transitoires sont peu caractérisées, ce qui peut faire supposer qu'il est permis de passer directement d'une tonalité à une autre qui en est éloignée de plusieurs quintes; mais un examen attentif ne tarde pas à faire reconnaître que les modulations en apparence les plus extraordinaires sont presque toujours soumises aux règles que nous venons d'exposer.

En analysant une mélodie, il faut se souvenir qu'un signe d'élévation (dièse ou bécarre) accidentel est, le plus souvent, la sensible de la note immédiatement au-dessus de lui et sur laquelle se porte la tonalité. De même un signe de dépression (bémol ou bécarre) accidentel est ordinairement la sous-dominante du Ton dans lequel on module. En commençant par s'assurer si, dans le fragment à analyser, rien ne contredit cette supposition, on arrivera souvent au but sans s'égarer dans de longues et inutiles recherches.

On ne module pas à la sensible dans l'un ni dans l'autre mode, à cause de l'éloignement de cette tonalité à la tonalité primitive. Pour le même motif, la tonalité ne peut pas se porter sur la sous-médiante du mode mineur.

Il faut remarquer en passant que la quinte au-dessus de ces trois notes est mineure, tandis que partout ailleurs elle est majeure.

Pour terminer ce chapitre, nous avons à ajouter, ainsi que nous l'avons annoncé dans le Livre 1er (86), quelques mots sur les transitions enharmoniques.

On a vu quelle différence d'effet produisent à l'audition un dièse et un bémol. Cependant à l'exception des instruments à cordes, tels que le violon, le violoncelle, etc., tous les autres sont construits de telle sorte que le dièse d'une note est représenté par le même son que le bémol de la seconde majeure au-dessus. Le piano est construit d'après ce principe : les cinq dièses et les cinq bémols (dix sons) que l'on trouve dans les gammes chromatiques du n° 81, sont représentés par les cinq touches noires. En un mot, cet instrument et tous ceux du même genre produisent la gamme A, du n° 86, qui suppose chaque seconde majeure divisée en deux parties égales.

Si jusqu'à ce jour cet instrument n'a pas été construit de manière à produire avec justesse chaque dièse ou chaque bémol, c'est qu'on n'a pas pu parvenir à le faire d'une manière convenable. Cette imperfection de l'instrument a été la source de quelques licences dans les compositions des plus grands maîtres; quelques auteurs sont même allés jusqu'à considérer comme une richesse de l'art ce qui est une pauvreté de l'instrument.

Pour en donner une idée, supposons qu'un compositeur par une série de modulations soit parvenu du Ton de *la majeur* à celui de *fa* ♯ *majeur*, et qu'il veuille continuer à moduler de quinte en quinte en montant ; comme il ne le pourrait sans aborder des Tons avec des doubles dièses que le piano ne peut non plus produire avec justesse, il considère que la touche qui donne la tonique *fa* ♯ donne aussi *sol* ♭ ; alors, au lieu de continuer en *fa* ♯ avec six dièses, il se suppose en *sol* ♭ avec six bémols, et continue à monter de quinte en quinte ; il suffit de diminuer successivement le nombre des bémols.

Par ce moyen, il pourrait toujours moduler en élevant la tonalité, comme en suivant la marche inverse il pourrait toujours moduler en l'abaissant. Il n'y a dans ceci qu'une substitution de noms ; mais il n'y a pas de modulation réelle. De plus, pour écrire ces passages, on est dans la nécessité de grouper les signes de telle sorte qu'au premier aspect il semble que le compositeur module en franchissant douze quintes d'un seul coup, ce qui est impossible.

Au point de jonction de ces modulations se trouve un intervalle enharmonique.

Ces transitions peuvent se faire avec ou sans changement d'armure. Elles sont ordinairement facilitées par un arrêt sur le son qui sert de point de transition, ce qui permet au lecteur de lui appliquer un nouveau nom.

EXEMPLE D'UNE TRANSITION ENHARMONIQUE.

Les mêmes touches du piano servent à produire les notes de ces accords qui sont liées par un trait et celles des gammes dont ils font partie.

Ces transitions seraient difficiles si elles devaient être exécutées rigoureusement ; mais la difficulté n'est qu'apparente ; elle est toute entière dans l'appréciation des signes, la voix ne faisant pas et ne pouvant pas faire autrement que le piano qui accompagne. De même que le compositeur prend la licence de se servir d'un son qu'il suppose exact pour franchir douze quintes d'un seul bond, le chanteur, de son côté, prend celle de se servir du même son pour opérer la transition, et il voudrait faire autrement que cela lui serait impossible, l'accompagnement frappant les mêmes touches dans les deux Tons.

APPENDICE.

NOTE
SUR L'APPLICATION DES LIVRES 1 ET 2 DU *SOLFÉGE NATIONAL*
A L'ENSEIGNEMENT PRIMAIRE.

Le Tableau de la page 185 de ce livre indique la manière dont ses diverses parties doivent être étudiées, qu'il s'agisse de l'enseignement individuel ou collectif. Toutefois, les professeurs et toutes les personnes qui s'intéressent à la propagation de l'enseignement populaire de la musique en France seront bien aises, nous le croyons, de trouver ici une description sommaire de l'application à cet enseignement des procédés nouveaux exposés dans le *Solfége national.*

La lecture musicale se compose de plusieurs éléments essentiels, que nous avons séparés dans le but d'isoler les difficultés et de les vaincre plus aisément. Ces éléments sont d'abord : l'Intonation, le Rhythme et la Théorie musicale. A ces difficultés principales, on peut ajouter la volubilité à acquérir dans l'énonciation du nom des notes sur la portée, et enfin l'application à la lecture pratique des connaissances acquises dans ces diverses branches de l'étude.

Il ne s'agit pas, on le conçoit, du plus ou du moins de goût dans l'exécution ; nous ne traitons pas ici du chant perfectionné : c'est bien assez de demander aux commençants la justesse de l'intonation et la précision du rhythme. Il y a là des difficultés suffisantes pour absorber toute l'attention de jeunes intelligences.

Le temps consacré à chaque leçon doit être partagé entre l'étude de chacun de ces éléments.

Supposons que l'on veuille appliquer la méthode à une classe composée de cinquante ou soixante élèves, plus ou moins. Dans ce nombre, quelques uns auront déjà reçu des notions de musique, d'autres auront plus ou moins d'aptitude pour cette étude. Il faut tenir compte de toutes ces différences d'organisation, ou de connaissances acquises, si l'on veut obtenir de chaque élève toute la somme possible de progrès.

Le chapitre premier, de l'*Intonation* et du *Rhythme*, peut servir à faire un cours préparatoire très propre à mesurer le degré d'aptitude des élèves. Avant d'être admis au cours définitif, chacun d'eux devra subir une épreuve individuelle. On fera, par exemple, solfier les exercices non rhythmés du premier Tableau, faire une lecture des premières formules rhythmiques, lire les notes sur la portée avec toute la volubilité possible, etc.

Ce premier pas franchi, tous les élèves de la classe pourront étudier ensemble, et chacun pourra faire tous les progrès que lui permettront son organisation et le temps qu'il consacrera à l'étude. Pour bien comprendre la cause de ce résultat, il faut suivre successivement tous les exercices d'une leçon.

I. *Lecture sur la portée.* — Cet exercice n'a d'autre but que d'habituer les élèves à exprimer rapidement le nom des notes, abstraction faite de toute idée de rhythme ou d'intonation.

Les élèves peuvent être divisés en plusieurs groupes plus ou moins nombreux. Les plus avancés servent de *moniteurs.* Dans tous les groupes, chaque élève lit à son tour, à haute voix, quelques lignes des exercices des pages 11, 12, 13. Les autres suivent et lisent mentalement les mêmes exercices.

Le professeur inspecte chaque groupe et fait lire les moniteurs.

II. *Intonation.* — Les intervalles de la gamme qui se trouvent dans le Ton d'*ut* (Tableau n° 2) sont reproduits dans les autres Tons, de sorte que, du n° 2 au n° 8 inclusivement, tous les Tableaux sont semblables. Les intervalles de chacun d'eux diffèrent seulement par leur position sur la portée, selon qu'ils représentent des sons plus ou moins aigus ; mais pour la voix, il s'agit seulement d'exprimer les rapports des sons entre eux, ce qu'elle peut faire avec une égale facilité, quel que soit le son qui serve de terme de comparaison, pourvu que les limites des intervalles ne dépassent pas son diapason; peu importe donc le nom que l'on applique aux deux termes d'un intervalle, puisque la voix peut leur donner tel degré d'acuité ou de gravité que l'on veut.

Supposons maintenant la classe composée d'élèves de différentes forces, c'est-à-dire dont une partie étudie le Tableau n° 2, une autre le n° 3, une autre le n° 4, et ainsi de suite jusqu'au n° 8. Tous les groupes auront besoin des mêmes précautions, des mêmes ménagements, car tous auront le même genre de difficultés à vaincre, celui de l'étude sous des noms différents de rapports identiques.

Pour faire solfier ensemble tous ces groupes, il suffit donc de leur donner un point de départ commun, c'est-à-dire un son que le groupe du premier Tableau appellera *ut*, celui du second *fa*, celui du troisième *si* ♭. — Tous solfieront en réalité dans le même Ton, mais en appelant les notes différemment.

Dans chaque groupe, le professeur désigne l'élève le plus avancé pour transmettre le nom de la tonique. Cette manière de procéder est très avantageuse, en ce que les progrès de chaque élève dépendent tout à fait de son aptitude et de son travail; il n'y a pas de temps perdu comme dans beaucoup de méthodes, où les élèves studieux, et doués d'une bonne organisation, sont retardés par ceux de leurs condisciples moins désireux d'apprendre ou ayant moins d'aptitude; souvent aussi ces derniers, découragés de ne pouvoir suivre les autres, abandonnent l'étude. Ici, au contraire, quel que soit leur degré d'aptitude, ils ont toujours des compagnons à peu près de leur force, ce qui est très propre à entretenir ou à développer leur émulation.

On assure encore ce résultat en faisant de temps à autre concourir les élèves pour l'exécution individuelle des exercices.

III. *Rhythme.* — L'étude des formules rhythmiques a de l'analogie avec celle des exercices d'intonation. En effet, elle est aussi divisée en six classes. Chaque groupe a pour objet d'étude une série de quatre formules du rhythme binaire, et une autre de quatre formules du rhythme ternaire. Toutes ces formules sont composées de huit mesures, et celles de même espèce sont disposées de la même manière.

La seule différence qui existe entre elles consiste en ce que les formules de la première série n'ont pas de trait diviseur, tandis que celles de la seconde ont un trait, celles de la troisième deux, etc.; en un mot, dans chaque série, les formules sont composées de coupes de plus en plus compliquées; mais comme ces formules doivent être lues en *parlant* et non en *chantant*, il sera souvent possible de faire exécuter des lectures rhythmiques par toutes les classes en même temps.

Ainsi, l'on peut faire dire, par exemple, en faisant les deux mouvements de la main pour chaque temps binaire, les formules 21 à 24 par une classe, les formules 29 à 32 par une autre, les formules 37 à 40 par une troisième, les formules 45 à 48 par une quatrième, etc.

Cette uniformité de mouvements exécutés avec ensemble a beaucoup d'attrait pour les élèves, surtout lorsque chaque groupe connait assez les formules pour leur donner un mouvement un peu accéléré qui exige une certaine volubilité de la part des groupes les plus avancés.

Il n'est pas indispensable que cette étude soit toujours faite ensemble, comme celle de l'Intonation; il n'y a aucun inconvénient à ce que chaque groupe étudie isolément, mais l'exécution des formules rhythmiques par tous les groupes, de temps en temps, a l'avantage d'habituer les élèves à l'ensemble des mouvements et à l'audition de divers effets rhythmiques à la fois.

Cette répétition journalière des mêmes coupes ne tarde pas à les graver dans l'oreille, et comme les signes graphiques de cette partie de l'écriture musicale parlent aux yeux autant qu'à l'intelligence, les élèves peuvent bientôt reproduire ces effets avec une exactitude surprenante.

IV. *Théorie.* — Si l'enseignement s'adresse à des enfants, c'est vers la pratique surtout qu'il convient de diriger leurs efforts. Il ne faut leur enseigner de la théorie que les points indispensables à l'intelligence des signes. Non que les démonstrations théoriques ne puissent être comprises par eux, l'expérience prouve le contraire; mais, en général, les faits sur lesquels s'appuie la Théorie musicale sont très nombreux et offrent peu de prise à la mémoire; les enfants ne peuvent trouver aucun avantage à en faire une étude sérieuse, parce qu'ils les oublient bientôt (1).

Quoiqu'il en soit, qu'on veuille enseigner seulement les points principaux, indispensables de la théorie, ou qu'on veuille l'enseigner dans tous ses détails, la direction de son étude est subordonnée à la manière dont le cours est organisé. Ainsi, dans le cas où l'on voudrait diriger une classe de manière à pouvoir admettre journellement de nouveaux élèves, le système des moniteurs pour chaque classe est préférable; il serait ici en harmonie avec la division des autres parties de l'étude. Ce système peut être aussi préférable, même pour une classe composée d'élèves sédentaires, par ce motif que les aptitudes ne sont pas toutes les mêmes, et que l'enseignement simultané a cet inconvénient ou de laisser en arrière les intelligences tardives, ou de retarder les intelligences précoces.

Pour l'application de notre système, il serait facile d'extraire de la Théorie du *Solfége national* les Tableaux qui contiennent les points essentiels de la Théorie, et de les transporter sur de grands tableaux avec des figures visibles à une certaine distance, afin que le moniteur de chaque groupe en pût faire la démonstration.

En procédant par la méthode simultanée, il ne faut pas craindre de se répéter et de revenir fréquemment sur les démonstrations antérieures.

V. *Lecture pratique.* — Pour terminer la leçon, chaque groupe fait une lecture rhythmique d'un ou de plusieurs des airs de la série correspondante à sa classe, et en dit une fois tout bas l'intonation pour les solfier ensuite en mesure sans autre préparation.

C'est à ces exercices de lecture à *livre ouvert*, que l'on mesure bien les progrès des élèves, par le degré de facilité avec lequel ils les exécutent.

Parmi les élèves d'une classe, les uns ont plus d'aptitude pour l'Intonation que pour le Rhythme, et réciproquement. Par la division de l'étude telle que nous venons de l'indiquer, on peut favoriser dans chaque élève le développement de son aptitude particulière, en le classant dans des groupes différents à chaque exercice; tel élève pourra être dans le premier groupe pour l'Intonation, et dans le deuxième ou le troisième pour le Rhythme, ou être dans le premier ou le second pour le Rhythme et dans le troisième ou quatrième pour l'Intonation, etc.

Lorsque les élèves ont acquis quelque assurance à l'Intonation, on peut leur faire solfier quelques morceaux d'ensemble, des canons, afin de les habituer à chanter en partie; mais c'est seulement après plusieurs mois d'étude, quand ils sont dans le cas d'étudier seuls, que l'on peut songer à les classer par genre de voix, et à leur faire chanter des morceaux avec paroles. Vouloir obtenir ce résultat immédiatement, c'est perdre un temps précieux pour l'étude à des répétitions interminables pour l'exécution de quelques morceaux qui en exigeront à peine une ou deux en procédant comme nous l'indiquons; c'est-à-dire en commençant par rendre les élèves musiciens, au lieu de songer à les faire paraître tels sans qu'ils le soient réellement.

Si la musique était toujours écrite dans un mode ou dans un Ton unique, comme les 300 premiers airs de la Partie pratique, l'étude des formules et des exercices d'Intonation, telle qu'elle est

---

(1) Nous regrettons que le cadre de cette note ne nous permette pas d'y placer une description complète des procédés mnémoniques à l'aide desquels les élèves de notre Méthode se rendent maîtres, sans effort, et pour ainsi dire en jouant, de toute la Théorie musicale, avec des détails qui échappent souvent même à des praticiens exercés. En attendant que nous puissions faire connaître ces moyens dont l'application a toujours donné les meilleurs résultats, nous ne pouvons que renvoyer à la note des pages 20 et 21 de la brochure que nous avons fait imprimer en 1850, sous le titre de : *Intonation musicale, ou l'Étude des dièses et bémols réduite à sa plus simple expression.*

TABLEAU SYNOPTIQUE

DE L'APPLICATION DES LIVRES 1 ET 2 DE LA 1re PARTIE DU SOLFÉGE NATIONAL A L'ENSEIGNEMENT MUTUEL OU SIMULTANÉ.

Nota. Les colonnes verticales séparent les titres résumés de l'étude, et les colonnes horizontales se répartissent entre les classes indiquées par les chiffres 1 à 7; la progression est la même, que l'enseignement soit mutuel ou simultané. — Les numéros placés entre deux parenthèses indiquent les paragraphes des Livres 1 et 2 où se trouvent exposés les faits énoncés ici. — Le cadre tracé pour le Cours peut servir pour un second, en remplaçant les airs de la Lecture pratique par les sept séries principales formées par les airs n° 381 à 977. Dans ce 1er Cours, on étudiera avec plus de soin toutes les questions théoriques, et, au lieu de solfier les formules et les exercices d'intonation, on les vocalisera. On continuera l'étude des dernières formules rythmiques. On pourra compléter ce qui précède par quelques exercices d'écriture de musique sous la dictée de la note ou d'un battement.

THÉORIE DE L'INTONATION	THÉORIE DE LA DURÉE		FORMULES ET EXERCICES PRATIQUES			LECTURE MUSICALE PRATIQUE
	UNITÉ DE DURÉE.	MESURE.	INTONATION.	RHYTHME — UNITÉ DE DURÉE.	RHYTHME — MESURE.	
La gamme se compose des notes ut, ré, mi, fa, sol, la, si, ut; l'ut aigu peut servir de point de départ à une autre gamme semblable composée de sons plus aigus, de même que l'ut grave peut servir de point de départ à une autre gamme descendante composée de sons plus graves (1 à 9). — L'étendue moyenne, ou diapason des voix, varie de 9 à 12 degrés diatoniques (10). — On écrit la musique sur cinq lignes et dans leurs interlignes; l'ensemble de ces lignes et interlignes se nomme portée, les sons plus aigus ou plus graves s'écrivent au-dessus et au-dessous de la portée à l'aide de nouvelles lignes qu'on appelle supplémentaires (11). — Exercices pour apprendre à reconnaître promptement les sons des notes sur la portée (12). — Ce qu'on entend par intervalles en musique; unisson, seconde, tierce, quarte, etc. De l'emploi des chiffres pour faciliter la démonstration et l'intelligence de la théorie (13 et 14). — Les compléments d'intervalles sont ceux qui complètent l'octave (15 et 16). — Les intervalles redoublés, triplés, etc., dépassent une ou deux octaves, etc. (17).	La durée d'un son n'a de valeur musicale que par sa comparaison à un ou plusieurs autres sons. Cette durée s'apprécie à l'aide de mouvements qui leur servent de commune mesure (105 et 106). — De l'unité de durée ♩ sa division en deux parties égales ♫ (107). — Indication de ces deux parties à l'aide du mouvement (103). — [illegible]. — Le point vaut la moitié du signe qui le précède. — L'unité se divise aussi en trois parties dont la forme la plus simple est celle-ci: ♫♫ (113). — Mouvements pour indiquer ces trois parties de l'unité ternaire (115).	La division des sons et des silences par groupes de 2, 3 ou 4 se reproduisant périodiquement avec les mêmes rapports d'intensité et de durée, constitue ce qu'on appelle la mesure (142). Mesure à 2 temps (143). » 4 » (144, 145). » 3 » (146). Mesures binaires et mesures ternaires (143).	Premier Tableau, pages 57 et suivantes, §§ 88 à 91. Lorsque, dans un cours, on fait chanter au tableau en se servant d'une baguette, on le fait d'abord en écrivant simplement, les unes au-dessus des autres, les notes sur lesquelles on veut exercer les élèves (fig. 1); puis, lorsqu'on a expliqué l'usage de la portée, on peut faire le même exercice en traçant la figure 2. (Fig. 1) (Fig. 2) On n'écrit d'abord que les notes dont on a besoin.	Étude des exercices n° 1, 2 et 3 sur l'unité binaire, et n° 4 et 5 sur l'unité ternaire.	Mouvements de la mesure à quatre temps. Première étude des formules n° 13 à 20 sans portée. On expliquera plus tard la signification des signes de mesure placés en tête de chaque formule; le nombre des unités placées dans une mesure suffit ici pour indiquer la nature des mouvements.	En attendant que les élèves puissent déchiffrer ou lire à première vue les airs de la partie pratique, on terminera la leçon, en faisant chanter au Tableau sur les syllabes, puis sur la portée (voir ci-contre aux exercices d'intonation), de petits airs sur les six notes, sol, la, si, ut, ré, mi, tels que les numéros 47, 48, etc., ou d'autres, composés des six premières notes de la gamme d'ut, et qui peuvent aussi être chantés sur l'hexacorde de sol, tels que les airs n° 1, 40, 42, etc.
La Gamme se compose de cinq secondes majeures et deux mineures, ou de cinq tons et deux demi-tons (22). — Les deux secondes mineures sont placées du troisième au quatrième degré et du septième au huitième (23). — Dans les intervalles de même nom, c'est-à-dire contenant le même nombre de degrés, on appelle intervalles majeurs ceux qui ont un demi ton de plus que les autres; par opposition, ces derniers sont appelés mineurs (29). Un intervalle majeur a pour complément un intervalle mineur, et réciproquement (34). — La nature d'un intervalle redoublé est indiquée par l'intervalle simple, à cause de l'égalité des octaves (26). — La portée de cinq lignes est comparable à une portée générale de onze lignes représentant tous les sons que peuvent émettre du grave à l'aigu les différentes voix réunies (28, 30). — Chaque espèce de voix n'employant que cinq lignes de la portée générale, on a créé trois signes ou clefs, pour indiquer à quelle partie de la portée générale appartiennent ces cinq lignes (31, 32). — On appelle accord l'émission simultanée de plusieurs sons produisant un effet agréable à l'oreille; on dit alors que l'accord est plaqué. On l'appelle [illegible] lorsque ces mêmes notes sont émises successivement. — La Gamme contient trois accords majeurs, trois mineurs [illegible] (35 à 37). — Chaque degré de la gamme remplit une fonction ou a des propriétés qui lui ont fait donner une dénomination particulière (38, 39). — L'accord fa, la, ut prolongé donne l'impression de la tonalité [illegible] et exige le rétablissement du sol de la gamme d'ut par un son plus aigu faisant fonction de sensible; on appelle ce nouveau son sol dièse. On obtient aussi une nouvelle échelle qui diffère de la première par la position et le nombre des secondes mineures (40, 41). — Cette nouvelle échelle prend le nom de gamme mineure; elle a trois secondes mineures, du deuxième au troisième degré, du cinquième au sixième et du septième au huitième (42). — Seconde et quinte maximes [illegible] — Quarte et septième diminuées (44).	Division de chaque moitié de l'unité ou du temps en deux quarts, ♫♫ ♫♫. Mouvements de la main correspondant à cette division. Rapports d'intensité de ces diverses fractions de l'unité (119 et 120).	Manière de battre la mesure à quatre temps en modifiant le mouvement, de manière à indiquer la division de chaque temps en deux parties égales. Des mouvements de cette mesure, on déduit ceux des mesures à 2 et à 3 temps (148).	Deuxième Tableau (pages 60 et suivantes). Étude sur la portée, des formules 1, 2, 3, page 61. — Exercices a, b, c, d, e, f et A, B. Formules 4 et 5 préparatoires au mode mineur. — Exercices D et E, et progressivement C et F. — Exercices sur les notes des accords. Voir l'instruction spéciale (page 54). Étude des formules 6 à 9 (pour préparer à celles des Tons par bémols), et des formules complémentaires (n° 10 à 13). Études des formules 14 et 15 contenant les intervalles caractéristiques du mode mineur.	Étude de l'exercice n° 6 avec les doubles mouvements de la main, indiqués n° 116 à 118. Exercice n° 7 avec les doubles mouvements de la main (119 et 120).	Première étude des formules 21 à 34 sur la portée, c'est-à-dire en prononçant le nom des notes. Première étude des n° 25 à 26, en faisant un mouvement pour chaque temps. Deuxième étude des n° 31 à 34, en faisant deux mouvements de la main pour chaque temps.	Continuation des précédents exercices sur les notes ut, ré, mi, fa, sol, la, etc. Lorsque les élèves connaîtront suffisamment les intonations du deuxième Tableau et les formules rythmiques correspondant à chaque série, on pourra commencer à leur faire lire, en battant la progression indiquée, les airs: N° 1 à 33. N° 335 à 359.
En remplaçant le son si, septième degré de la gamme d'ut, par un son plus bas, si bémol, on obtient à partir de fa une nouvelle gamme semblable à la gamme d'ut. — En appliquant le même raisonnement à la gamme de fa, c'est-à-dire en remplaçant son septième degré par un son plus bas, à une seconde mineure du sixième, on forme une nouvelle gamme dont la tonique est si bémol, successivement, en descendant toujours et abaissant chaque nouvelle quinte, on trouve . . . . . . si♭, mi♭, la♭, ré♭, sol♭, ut♭, fa♭, et on a autant de nouvelles gammes dont les toniques sont . . . . fa, si♭, mi♭, la♭, ré♭, sol♭, ut♭,	Le signe de silence y correspond aux signes des quarts et des sixièmes d'intensité (121 et 122). Le point de prolongation des demi-unités vaut un quart. — — deux tiers vaut un sixième (121 et 122).	Nous usons des signes de durée (160). — Réduction de toutes les mesures à six (150). — Manière d'indiquer chaque tiers de l'unité par un mouvement de la main dans la mesure à 4 temps ternaires. On déduit les autres de celle-ci.	Troisième Tableau (page 65). On ne commencera l'étude de ce tableau qu'après l'explication de la formule 6 de la gamme de fa. Les formules 5 à 9 transposées en fa donnent tous les intervalles nouveaux produits par l'introduction du si♭. — Répéter quelques-unes des formules avant de passer aux exercices.	Exercices n° 8 et 9 binaires. — 20 et 21 ternaires.	Formules 35 à 52 avec deux mouvements pour chaque temps. Deuxième étude des formules 25 à 26 avec trois mouvements pour chaque temps.	N° 34 à 39. N° 345 à 346.
En remplaçant fa, quatrième degré de la gamme d'ut, par un son plus élevé qu'on nomme fa dièse, et qui est à une seconde mineure de la note supérieure, on obtient à partir de sol une autre gamme semblable à celle d'ut, et en appliquant le même raisonnement à la gamme de sol, c'est-à-dire en remplaçant son quatrième degré sol par un son dièse à une seconde mineure du cinquième degré, on forme une nouvelle gamme dont la tonique, successivement, en montant toujours et en élevant chaque nouvelle quinte, on a la succession des quintes . . . . fa♯, ut♯, ré♯, sol♯, la♯, mi♯, si♯, et on a autant de nouvelles gammes dont les toniques sont . . sol, ré, la, mi, si, fa♯, ut♯. [illegible]	Le remplacement d'un temps faible de l'unité par un temps fort se prolongeant sur l'unité suivante produit la syncope (123). — Nouvelle manière d'écrire la syncope (124, 125). — Syncopes de l'unité binaire (128 et 129). — Syncopes du système ternaire (131). — Manière d'apprécier la durée d'une note syncopée quelconque (132).	Syncopes d'une mesure à la suivante.	Continuation de l'étude du troisième Tableau. Recommander aux élèves la fréquente répétition des formules et l'étude des combinaisons du seconde de la tonique avec ceux de la note dominante dans chaque nouveau Ton et à tous les renversements. Étude et répétition des formules du quatrième Tableau après l'explication préalable de la formation de la gamme de si♭.	Premier exercice sur le syncope (xx Tableau). Deuxième étude des précédents exercices en supprimant les mouvements secondaires.	Deuxième étude des formules 21 à 24, tout en faisant seulement un mouvement pour chaque temps. Première étude des formules 33 à 36 avec trois mouvements pour chaque temps.	N° 40 à 47. N° 247 à 264.
Deux gammes majeures étant données, l'une dans les Tons par dièses et l'autre dans les Tons par bémols, si le nombre des accidents qui composent les deux armures est 7, les deux toniques sont sur la même ligne de la portée, et réciproquement; ces deux gammes ont entre elles la même analogie qui existe entre les gammes d'ut bémol et d'ut naturel, ou d'ut naturel et d'ut dièse (54, 55, 56). — Ces Tonalités sont toutes distantes de sept quintes l'une de l'autre. — Pour élever une Tonalité quelconque d'un ton, il faut supprimer deux bémols ou introduire deux dièses. — Au contraire, pour abaisser une Tonalité quelconque d'un ton, il faut supprimer deux dièses ou introduire deux bémols (48). Les dièses arrivent dans l'ordre inverse des bémols. dièses → fa, ut, sol, ré, la, mi, si, ← bémols. — À l'aide de cette remarque, on peut reconnaître les propriétés de chacun des accidents constitutifs d'une gamme quelconque ainsi que celles des autres degrés (61). — Théorie de l'étude de l'intonation des Tons par dièses et par bémols. On réduit cette étude des trois quarts au moins (58 et 59). — Application des homonymes à la dénomination des notes dièsées ou bémolisées (60).	Division de chaque moitif de l'unité en trois parties ou sixièmes, ♫♫♫ ♫♫♫; rapports d'intensité de ces sixièmes entre eux; doubles triolets (133). Les silences et les points de prolongation sont peu usités dans ces coupes.	Application aux Formules.	Suite de l'étude des formules du quatrième Tableau; exercices d'intonation comme dans les précédents. Formation de la gamme de si♭. Première étude des formules du cinquième Tableau.	Suite de la quatrième étude des précédents exercices.	Troisième étude des n° 37 à 40 à deux mouvements par temps. Deuxième étude des n° 33 à 36 à un mouvement par temps.	N° 65 à 127. N° 266 à 271.
[illegible] que la note devant laquelle il est placé doit être naturelle. — Ce signe est employé pour détruire l'effet d'un dièse ou d'un bémol constitutifs ou accidentels. Devant une note bémolisée, il dénature un son plus aigu, et devant une note dièsée, un son plus grave. Son influence s'exerce sur toutes les notes de même nom, quelle que soit l'octave, pourvu que ce soit dans le même mesure et qu'un nouveau dièse ou un nouveau bémol ne détruise pas l'effet du bécarre [illegible]. — La tierce et la sixte sont les deux degrés caractéristiques du mode; elles sont majeures dans le mode majeur, et mineures dans le mode mineur. Comment, dans la pratique, on altère le deuxième tétracorde des gammes mineures (56). — L'armure de la clef peut toujours annoncer un Ton majeur ou son mineur relatif (57). — Caractères particuliers des deux modes. Tableau comparatif des gammes mineures (68 à 70).	Mélange des subdivisions binaires et ternaires dans la même unité (177 et 178).	Application aux Formules.	Suite de l'étude des formules du cinquième Tableau. Développement continuel du nombre des intervalles à étudier. — Exercices à l'unisson. Formation de la gamme de la♭. Première étude des formules du sixième Tableau.	Étude des sous-divisions mixtes de l'unité. Étude des coupes du Chronomètre de P. Galin.	Deuxième étude des n° 37 à 40 à un mouvement par temps. 1re étude des n° 41 à 44 à trois mouvements par temps.	N° 128 à 200. N° 272 à 276.
Le passage du mode majeur au mode mineur de même ton « s'annonce à la clef par la disparition de trois quintes descendantes à partir de la sensible du mode majeur inclusivement. Réciproquement, le passage du mode mineur au mode majeur de même ton s'annonce à la clef par l'élévation de trois quintes ascendantes à partir de la sous-sensible du Ton mineur inclusivement (73 à 78). Les bémols placés à la clef sont appelés bécarres de désarmement (79). — Ce qu'on appelle gammes diatoniques, chromatiques et enharmoniques (80 à 82).	Chaque quart ou sixième de l'unité peut, à son tour, être subdivisé en deux ou trois parties égales. Des moyens de simplifier l'exécution de ces coupes (141).	Application aux Formules.	Suite de l'étude du sixième Tableau. Étude des Tableaux 7 et 8, comme celle des précédents. Ces deux Tableaux réunis n'offrent plus que trois intervalles nouveaux à étudier.	Suite au Tableau de la manière de simplifier les coupes à triples triolets.	1re étude des n° 45 à 47 à deux mouvements par temps. 2e étude des n° 41 à 44 à un mouvement par temps. 3e étude des n° 45 à 47 à un mouvement par temps; et ainsi de suite pour les derniers.	N° 201 à 257. N° 277 à 300½.

décrite ici, serait suffisante, puisqu'elle a pour objet l'enseignement des intervalles dans chaque mode et dans chaque Ton; mais presque toujours la musique, et surtout la musique moderne, est plus ou moins chargée de modulations. On entend par *modulation* (voir la note de la page 53), le passage d'un Ton ou d'un mode à un autre dans le courant d'un morceau.

Ces *modulations* se font d'après certaines lois qui ont été exposées dans le chapitre précédent. Nous anticipons un peu ici, afin que, dès à présent, les personnes qui s'occupent d'enseignement puissent reconnaître que cette première Partie contient les éléments nécessaires pour familiariser les élèves avec les difficultés que les modulations présentent dans la lecture musicale. Nous nous bornerons à leur rappeler que les règles adoptées par les compositeurs permettent de passer ou de moduler :

D'UN TON MAJEUR

7.
6. A la sous-sensible en mineur.
5. A la dominante en majeur.
4. A la sous-dominante en majeur.
3. A la médiante en mineur.
2. A la sous-médiante en mineur.
1. A son mineur de même base.

D'UN TON MINEUR

5. A la sensible abaissée en majeur.
4. A la sous-sensible en majeur.
3. A la dominante en mineur.
2. A la sous-dominante en mineur.
1. A la médiante en majeur.
7.
6. A son majeur de même base.

On ne module pas à la sensible quel que soit le mode; on ne module pas non plus à la sous-médiante du mode mineur.

Les transitions d'un Ton ou d'un mode à un autre offrent souvent des difficultés sérieuses aux élèves ; voici comment on peut les leur rendre familières :

Supposons qu'un élève ait étudié d'après notre système et connaisse bien les intervalles des Tons d'*ut* et de *fa majeur;*

Si on lui présente un air écrit en *ut* avec une modulation en *fa majeur*, c'est-à-dire avec le *si* ♭ accidentel, il pourra d'abord éprouver quelque embarras à exprimer le *si* ♭, selon que la transition d'un Ton à l'autre sera plus ou moins brusque. Cet embarras ne vient pas des intervalles, puisqu'il les connaît et les sait exprimer dans chaque Ton séparément; mais il vient de la transformation des propriétés de la note *tonique ut* en *dominante*, de *fa sous-dominante* en note *tonique*, et surtout du remplacement de la *sensible si*, par la *sous-dominante si* ♭, etc.

Il éprouverait une difficulté semblable pour passer du Ton de *fa* au Ton d'*ut majeur*, qui ferait succéder *si* naturel à *si* ♭.

Il faut donc lui donner le moyen d'habituer sa voix et son oreille à toutes les modulations usitées, et même, si l'on veut, à d'autres plus extraordinaires. Rien ne sera plus facile; il suffit encore ici de lui enseigner à se servir de ce qu'il sait pour apprendre ce qu'il ne sait pas.

MODE MAJEUR.

1. *Modulation à la sous-dominante en majeur.*

Exemple : Air écrit en *ut majeur* avec modulation en *fa majeur*.

Nota. Nous spécifions ici afin de rendre ce que nous avons à dire plus intelligible, mais le lecteur généralisera en appliquant ce que nous disons d'un Ton à tous les autres.

Dans cette modulation, il faut, nous l'avons déjà dit, faire succéder *si* ♭ à *si* naturel.

Dans le Tableau n° 2 (Ton d'*ut*), on trouve dans les formules n°ˢ 10 à 13 toutes les combinaisons de la sensible *si* avec les autres degrés de la gamme d'*ut*.

Dans le Tableau n° 3 (Ton de *fa*), on trouve dans les formules n°ˢ 6 à 9 toutes les combinaisons de la sous-dominante *si* ♭ avec les autres degrés de la gamme de *fa*.

Que l'on chante, par exemple, l'une des formules n° 10 ou 11 du second Tableau ; qu'on la fasse suivre de l'une des formules 6 ou 7 du troisième, comme si ces deux phrases appartenaient au même air, et que l'on revienne ensuite à la première formule pour finir sur la tonique de départ. On peut supposer que le bémol des formules en *fa majeur* accompagne chacune des notes qu'il modifie au lieu d'être placé à la clé.

Ces formules étant bien connues, on n'éprouvera aucune difficulté à les faire succéder l'une à l'autre, et par conséquent à exprimer les *si* ♭ après les *si* naturels.

2. — *Modulation à la dominante en majeur.*

Exemple : Air en *fa majeur* avec modulation en *ut majeur.*

NOTA. Les propriétés des divers degrés de chaque gamme et les accidents qui les constituent étant supposés une connaissance acquise, nous nous bornerons à indiquer ici les formules qu'il faut faire succéder l'une à l'autre pour obtenir un effet cherché.

Pour produire l'effet de cette modulation, il faut chanter, par exemple, les formules 6 ou 7 du troisième Tableau, et les faire suivre des formules 10 ou 11 du deuxième. — Cet exemple est exactement l'inverse du précédent.

3. — *Modulation à la sous-sensible en mineur.*

Exemple : Air en *ut majeur* avec modulation en *la mineur.*

A l'une des formules 6, 7, 8, 9 et 12, faire succéder l'une des formules 4, 5 ou 14; ou aux nᵒˢ 10 à 11, la formule nᵒ 15. — Toutes ces formules appartiennent au deuxième Tableau.

4. — *Modulation à la médiante en mineur.*

Exemple : Air en *fa majeur* avec modulation en *la mineur.*

Combiner les formules 10 et 11 du troisième Tableau avec les nᵒˢ 5, 6 et 14 du deuxième.

Ou la formule 8 du troisième Tableau avec le nᵒ 15 du deuxième.

5. — *Modulation à la sous-médiante en mineur.*

Exemple : Air en *ut majeur* avec modulation en *ré mineur.*

Combiner les formules 10 et 11 du deuxième Tableau avec les nᵒˢ 4, 5 et 14 du troisième.

Ou les formules 8 et 9 du deuxième Tableau avec le nᵒ 15 du troisième.

6. — *Modulation du mode majeur au mineur de même base.*

Exemple : Air en *ut majeur* avec modulation en *ut mineur.*

Combiner les formules 10 et 11 du deuxième Tableau avec les formules 4, 5, 14 et 15 du cinquième

MODE MINEUR.

En partant du mode mineur, les modulations à la tonique de même base, à la tierce et à la sixte en majeur étant l'inverse des combinaisons 3, 4 et 6 du mode majeur, nous y renvoyons le lecteur. Il suffira ici de commencer et de finir l'exercice par la formule du mineur, en plaçant la formule du majeur au milieu.

Modulations à la dominante et à la sous-dominante en mineur.

Pour la première, combiner les formules 4, 5 et 14 du Tableau de la tonique principale, avec le nᵒ 15 du Ton dans lequel on veut moduler; ou le nᵒ 15 avec le nᵒ 14, et réciproquement, pour la modulation à la sous-dominante.

Modulation à la sensible abaissée en majeur.

Exemple : Air en *ré mineur* avec modulation en *ut majeur.*

Combiner les formules 4, 5, 14 et 15 du troisième Tableau avec les formules 10 et 11 du deuxième.

Il nous est impossible de donner ici toutes les combinaisons que l'on peut faire des formules; mais celles que nous venons d'indiquer serviront de guide pour toutes les autres.

Il arrivera souvent dans ces combinaisons que, pour faire succéder certaines formules à d'autres, il sera convenable de considérer l'une d'elles comme étant écrite à l'octave inférieure ou supérieure de la notation effective, afin de n'avoir jamais, dans ces exercices, plus d'une octave à une dixième à parcourir.

Les voix les moins étendues pourront ainsi tirer tout le fruit possible de ces exercices.

FIN DE LA PREMIÈRE PARTIE.

9 782329 462189